富媒体 智能化

高等教育财经类核心课程系列教材

高等院校应用技能型精品规划教材

高等院校教育教学改革融合创新型教材

成本会计学

COST ACCOUNTING

应用 · 技能 · 实务 · 实训

李　贺　周宝莲 ◎ 主　编

赵士娇　李玲玉 ◎ 副主编

视频版 · 课程思政

上海财经大学出版社

图书在版编目(CIP)数据

成本会计学:应用·技能·实务·实训/李贺,周宝莲主编.—上海:上海财经大学出版社,2022.2

高等教育财经类核心课程系列教材

高等院校应用技能型精品规划教材

高等院校教育教学改革融合创新型教材

ISBN 978-7-5642-3931-2/F·3931

Ⅰ.①成… Ⅱ.①李…②周… Ⅲ.①成本会计-高等学校-教材 Ⅳ.①F234.2

中国版本图书馆 CIP 数据核字(2022)第 012382 号

□ 策划编辑　汝　涛

□ 责任编辑　石兴凤

□ 书籍设计　贺加贝

成本会计学

——应用·技能·实务·实训

李　贺　周宝莲 ◎主　编

赵士娇　李玲玉 ◎副主编

上海财经大学出版社出版发行

(上海市中山北一路 369 号　邮编 200083)

网　　址:http://www.sufep.com

电子邮箱:webmaster@sufep.com

全国新华书店经销

上海景条印刷有限公司印刷装订

2022 年 2 月第 1 版　2022 年 2 月第 1 次印刷

787mm×1092mm　1/16　14.5 印张　400 千字

印数:0 001—3 000　　定价:45.00 元

前　言

经济越发展，会计越重要。“成本会计学”是继“基础会计”和“中级财务会计”课程后的又一门会计专业核心课程。“成本会计学”以工业企业产品成本核算过程及产品成本核算方法为主线，按成本会计核算流程将全书分为若干项目，主要阐述成本会计核算的基本方法和程序，完成从料、工、费开始证—账—表的会计循环。鉴于“成本会计学”是一门实务性较强、核算内容较多的课程，为了使学生领会成本会计的精髓，深刻理解成本的内涵与实质，掌握成本核算与分析的方法，学会各种成本核算方法的应用技能和技巧，不断提高学生发现问题、分析问题和解决问题的能力，教材根据“项目引导、任务驱动、实操技能”，以基于工作过程为导向的课程体系的要求，组织了具备“双师型”资格的教师和企业一线工作人员，凭借多年的成本会计实践工作经验和丰富的教学经验编写了这本最新的富媒体·智能化应用技能型教材。富媒体·智能化教材实现了传统纸质教材与数字技术的融合，通过二维码，将视频、动画、音频、图文和试题库等富媒体资源呈现给学生；从教材内容的选取整合来看，实现了技能教育与产业发展的“双元”育人项目融合，并结合互联网＋融媒体的形式进行修订，注重专业教学内容与应用实践能力培养的有效对接；从教材的教学使用过程来说，实现了线下自主与线上互动的融合，学生可以在网络上自主预习、巩固、复习等。

本书的编写围绕高等教育和应用技能型人才培养目标，以提高学生的整体素质教育为基础，以能力为本位，兼顾知识教育、技能教育和素质教育；在结构安排上，采用“理论先行、实务跟进、案例同步、实训到位”的编写方式，力求结构严谨、层次分明；在表述安排上，力求语言平实凝练、通俗易懂；在内容安排上，尽可能考虑到财经类专业不同层次的不同需求，课后的应知和应会考核结合每个项目的内容技能要求而编写，以使读者在学习每一项目内容时有的放矢，增强学习效果。

根据高等院校应用技能型人才培养的需要，本书力求体现如下特色：

1. 结构合理，体系规范。本书针对高等教育会计专业课程的特点，将内容庞杂的成本会计知识系统性地呈现出来，贴近企业的具体实际应用和会计业务核算处理，针对高等教育和应用技能型院校教改的特点，坚持“必需、够用”原则，力求做到体系科学规范、内容简明实用。

2. 与时俱进，紧跟动态。会计始终是处于发展与变化之中的，而教材也应该紧跟这种发展与变化。本书结合财政部陆续修订的《企业会计准则第30号——财务报表列报》《企业会计准则第9号——职工薪酬》等准则和财政部最新颁布的《企业产品成本核算制度（试行）》的相关内容和实务变化要求，对教材进行编写，及时反映当今改革的进程和内容，使教材更加贴近企业的具体应用实践。最新政策更新截至出版日当月。

3. 突出应用，实操技能。本书从高等院校的教学规律出发，与实际接轨，介绍了最新的改革动态、理论知识和企业实践案例，以及企业会计准则和具体准则的内容，在注重必要理论的同时，强调成本会计的实际具体应用；主要引导学生“学中做”和“做中学”，一边学理论，一边将理论知识加以应用，实现理论和实际应用一体化。

4. 栏目丰富，形式生动。本书栏目形式丰富多样，每个项目设有知识目标、技能目标、素质目标、思政目标、项目引例、引例解析、做中学、提示、注意、应知考核（包括单项选择题、多项选择题、判断题、简述题）、应会考核（包括观念应用、技能应用、案例分析）、项目实训（包括实训项目、实训目的、实训情境、实训任务、实训报告）等栏目，并添加了二维码视频等，充分体现新时代互联网富媒体特色。

5. 课证融合，双证融通。为对接国务院人力资源和社会保障行政部门制定的行业标准，实行“1+X”证书制度，夯实学生可持续发展基础，鼓励学生在获得学历证书的同时，积极取得多类职业技能等级证书，拓展就业创业本领，缓解结构性就业矛盾，教材与注册会计师考试相衔接，做到考证对接、课证融合。

6. 职业素养，素质教育。本书力求在内容上有所突破，激发学生的学习兴趣和学习热情，设计适合学生掌握的考核要点，以培养和提高学生在特定业务情境中通过理论与实践知识丰富自己的创新意识，提升在具体工作中的审美素养，激发创新创造活力，最终培养当代大学生的职业情感、愉快的主观体验、稳定的情绪表现、健康的心态、良好的心境，从而获得职业认同感、职业荣誉感、职业道德感。

7. 课程资源，配套上网。为了配合课堂教学，我们精心设计和制作了教学资源（含有教师课件、参考答案、教学大纲、实验大纲、配套习题、成本会计实训专题、模拟试卷、课程标准、学习指南与习题指导等）并实现网上运行。

本教材由李贺、周宝莲担任主编；赵士娇、李玲玉担任副主编，其中，李贺撰写项目一至项目三、周宝莲撰写项目八至项目十、赵士娇撰写项目六至项目七、李玲玉撰写项目四至项目五；企业合作单位会计师事务所注册会计师肖静给予点评和指导意见，最后由李贺总撰并定稿。李明明、赵昂、李虹、张永杰、王玉春、李洪福6人负责全书教学资源包的制作。本教材适用于高等教育和应用型教育层次的会计学、审计学、财务管理、资产评估、财政学、税收学等财经类专业学生使用，也可作为自学考试和社会从业人员的业务学习辅助教材。

本教材得到出版单位、注册会计师、企业一线工作人员的大力支持，在编写过程中参阅了参考文献中的教材、著作、法律、法规、网站资料，对于以上的贡献，谨此一并表示衷心的感谢！由于编写时间仓促，加之编者水平有限，书中难免存在一些不足之处，恳请专家、学者批评指正，以便我们不断地更新、改进与完善。

编 者

2022年2月

目　录

项目一

成本会计导论

○ **知识目标**

理解:成本的经济内涵、成本的分类、成本的作用、成本会计的形成与发展;

熟知:成本会计的概念和内容、成本会计的任务、成本会计的组织机构、成本会计人员的配备、成本会计制度;

掌握:成本会计核算方式、产品成本计算目的和要求、成本计算涉及的主要会计科目、产品生产成本明细账、产品成本核算程序。

○ **技能目标**

能够结合目前的社会经济发展状况,对不同类型企业的成本会计核算活动形成一个初步的认识和基本技能。

○ **素质目标**

运用所学的成本会计导论知识研究相关案例,培养和提高学生在特定业务情境中分析问题与决策设计的能力;结合行业规范或标准,运用成本会计知识分析行为的善恶,强化学生的职业道德素养。

○ **思政目标**

能够正确理解"不忘初心"的核心要义和精神实质;树立正确的世界观、人生观和价值观,做到学思用贯通、知信行统一;通过学习成本会计导论知识,规划成本会计岗位人生职业生涯,提升在成本核算业务中的审美素养和职业素质,激发创新能力。

○ **项目引例**

龙工公司的产品成本辨析

龙工(福建)机械有限公司系中国龙工控股有限公司旗下的一家全资子公司,也是中国龙工控股有限公司重要的出口产品生产基地和实验基地。公司位于中国龙工控股有限公司的发源地、著名的革命老区福建龙岩,2005 年 5 月实施异地扩建改造,装载机的年产能从原来的 3 000 台一下子扩大到 12 000 台;2007 年再次进行整体改造,产能又增加到 20 000 台。公司占地 1 200 多亩,拥有 8 万多平方米的单体厂房;各类机械加工中心、数控车床、铣床、深孔镗滚机、全自动连续焊接机、焊接机器人等设备均从国外进口,并配套建设了大型现代化的精密铸锻件保障基地,形成了一系列高质高效的现代化机械加工、焊接、装配、组装等自动化生产线。公司产品覆盖装载机、挖掘机、叉车和路面机械四大品类,型号超过 500 种。

产品研发上,公司引进了更多的技术专家和技术人员,投入了更多的研发费用,对龙工四大类产品进行了全面梳理,对各系列新一代产品进行了立项、推进、研发、试制和试验。公司进一步加强了对核心关键零部件的技术攻关,使驱动桥、变速箱、油缸、齿轮、铸件、高端液压泵、阀等项目取得更好的发展。

公司深入推动质量职能改革，对所有的产品质量问题进行了建卡立项，全程管控，进一步加强了用户制、作业指导书、4M变更管理的工作，强化了供方产品质量的管理与把控。

经过多年发展，公司名列“福建省工业五十强”“省政府重点发展的36家骨干企业”，先后获得“福建省技术创新示范企业”“福建省高新技术企业”“省级技术中心”“福建省百家重点工业企业”和“全国百家明星侨资企业”等荣誉称号，生产的“龙工牌装载机”为“中国名牌产品”，注册的“龙工商标”为“中国驰名商标”。

请分析：根据龙工（福建）机械有限公司的案例资料，你认为龙工（福建）机械有限公司在其经营过程中可能有哪些耗费？这些都是产品成本吗？

引例解析

○ **知识精讲**

任务一　初识成本内涵

作为市场经济体制中的经济实体——企业，要进行生产经营活动，就必须耗费一定的资源（即人力、物力和财力），其所耗费资源的货币表现及其对象化便形成了所谓的成本。凡是有经济活动和业务活动的地方，就必然有成本，它是商品经济发展的产物。成本是会计理论中一个非常重要的经济概念，是经济发展到一定阶段之后才逐渐形成和完善起来的。

一、成本的经济内涵

成本是商品生产的产物。随着生产的不断发展、社会经济管理水平的不断提高以及会计体制改革的不断深化，人们对成本的认识也在不断深入。

（一）成本的一般内涵

要准确地理解什么是成本，首先要了解什么是支出、什么是费用，以便对三者进行区分。支出、费用、成本是既相互联系又相互区别的概念。在这三个概念中，“支出”这个概念的范围最大。

成本是一个会计主体在一定时期内发生的，能够以货币形式表现的一切开支及耗费。一般来说，企业的支出有收益性支出、资本性支出、营业外支出、利润分配支出和偿债性支出。其中：(1)收益性支出是指支出的效益只与本会计年度相关的支出，如企业支付的工资、水电费等；(2)资本性支出是指支出的效益与几个会计年度相关的支出，如企业购建固定资产、无形资产和其他资产的支出以及对外投资支出等；(3)营业外支出是指与企业生产经营活动没有直接关系的支出，一般不经常发生，如自然灾害造成的财产损失等；(4)利润分配支出是指在利润分配环节发生的支出；(5)偿债性支出是指为偿还各种债务而发生的支出。支出是企业成本、费用的来源。所有的成本、费用归根到底都是企业的支出。

费用是某个会计主体在一定时期内为取得营业收入而发生的各种资金耗费。美国财务会计准则委员会第6号概念公告将费用定义为：某一个体在其持续的、主要或核心业务中，因交付或生产了货品、提供了劳务或进行了其他活动而付出的其他耗用资产或因而承担的负债（或两者兼而有之）。我国《企业会计准则》将费用定义为：企业在日常活动中发生的、会导致所有者权益减少的、与向所有者分配利润无关的经济利益的总流出。显然，这两个定义都强调费用是正常经营活动中发生的各种资金耗费，通常表现为资产的减少或负债的增加。不能产生营业收入的耗费不是费用，而是损失。由此可见，费用的范围比支出要窄一些。利润分配支出、偿债性支出和营业外支出都不属于费用，只有收益性支出可直接表现为费用。资本性支出中的一部分（如购建固定资产、无形资产和其他资产的支出等）可随着生产经营活动的不断进行而分期转化为费用，另一部分（如对外投资支出）则不属于生产经营活动的资金耗费，因而不能作为费用处理。因此，费用又称为生产经营费用。

成本有广义和狭义之分。美国会计学会在成本概念与标准报告中给成本下的定义为:“成本是为了实现一定的目的而付出的(或可能要付出的)、用货币测定的价值牺牲。”这个概念通常被认为是广义的成本概念,表现为费用目的化或费用对象化。例如,购买机器设备、原材料等发生的资金耗费构成了资产的采购成本;企业为筹集资金而发生的资金耗费形成了筹资成本;教育部门的资金耗费对象化后,可以计算出培养一个学生的平均成本;科研部门的资金耗费对象化后,可以计算出科研课题的研究成本;物质生产部门为生产产品而发生的资金耗费归集后,可以计算出产品的制造成本。

【提示】成本会计所要研究和探讨的是具有典型意义的物质生产部门为制造产品而发生的资金耗费,即产品成本。

产品成本是企业为生产(制造)一定种类和数量的产品所发生的各项耗费的总和。这个概念一般被认为是狭义的成本概念。产品成本的内容因企业采用的成本核算方法不同而有所区别。在全部成本法下,产品成本是产品在生产经营过程中因产品制造、生产组织和管理而发生的全部生产经营费用的总和。此时,产品成本和费用所包含的内容基本是一致的,所不同的是费用强调发生的期间,产品成本强调费用对象化于产品。在制造成本法下,产品成本是与企业产品生产活动关系最直接、最密切的费用。产品成本是企业在产品生产(制造)过程中各个生产单位(车间或分厂)所发生的生产费用。

【注意】产品成本是为生产某种产品而发生各种耗费的总支出,是对象化的费用。产品成本是费用总额的一部分,不包括期间费用和期末未完工产品费用等。

【提示】产品成本也称为产品生产成本或产品制造成本。与企业产品生产活动没有直接关系或关系不很密切的生产经营费用作为期间费用,直接计入当期损益。目前,我国采用的是世界各国普遍采用的制造成本法。

综上所述,支出、费用和成本的联系是:三者都是企业经济资源的耗费。区别在于:支出是企业在经营活动中所发生的全部开支和耗费,费用是支出的主要组成部分,成本是生产费用的对象化,具体表现在以下几个方面:(1)内容构成不同。成本由对象化的生产费用构成,支出在发生时不能划分出生产费用和非生产费用。(2)归集的原则不同。产品成本是按权责发生制原则归集各种生产耗费,凡是本期产品应负担的耗费,即使本期没有支付,也应计入该产品成本中,如预提费用;凡是本期产品不应负担的耗费,即使本期已经支付,也不能计入该产品成本中,如待摊费用。支出是按收付实现制原则归集的各种耗费。(3)数量不一致。产品成本反映的是本期完工产品应负担的生产耗费,本期生产费用并不完全形成本期完工产品的成本,它还包括应由本期未完工产品负担的费用,同理,本期完工产品成本可能包括上期结转过来的未完工产品成本。

(二)成本的理论内涵

成本作为一个价值范畴,是商品生产发展到一定阶段的产物。马克思在对资本主义经济条件下的商品生产进行分析时指出,“按照资本主义方式生产的每一个商品 W 的价值,用公式表示是 W=C+V+M。如果从这个产品价值中减去剩余价值 M,那么在商品中剩下的只是在生产要素上耗费的资本价值 C+V 的等价物或补偿价值”“商品价值的这个部分,即补偿所消耗的生产资料价格和所使用的劳动力价格的部分,只是补偿商品使资本家自身耗费的东西。所以对资本家来说,这就是商品的成本价格”。马克思称为商品的“成本价格”的那部分商品价值指的就是商品成本,我们称之为理论成本。

我国实行社会主义市场经济体制,企业作为自主经营、自负盈亏的商品生产者和经营者,一方面要向社会提供必要的商品来满足社会的一定需要,另一方面要用产品的销售收入来补偿企业在商品生产过程中所发生的各种劳动耗费并盈利。只有这样，企业才能发展，社会才能进步，因此在社会主义市场经济中，商品价值、成本、利润等这些经济范畴仍然有其存在的客观必然性，只是它们所体现的社会经济关系与资本主义市场经济有所不同。

根据马克思关于商品经济的理论，在社会主义市场经济条件下，产品的价值仍然由三部分组成：(1)在生产过程中耗费的生产资料（包括劳动资料和劳动对象），即物化劳动的转移价值(C)；(2)劳动者活劳动消耗所创造的价值中归个人支配、主要以工资薪酬形式支付给劳动者的劳动报酬(V)；(3)劳动者活劳动消耗所创造的价值中归社会支配、主要以利润形式进行分配的部分(M)。从理论上讲，前两部分(C+V)是商品价值中的补偿部分，构成商品的成本，因此，产品成本是指生产一定种类和数量的产品所耗费的物化劳动和劳动者为自己的劳动所创造的价值的货币表现。这个概念反映了产品成本的经济性质。

马克思的成本理论界定的只是一个抽象的理论成本。理论成本不考虑生产经营活动中偶然因素和异常情况的消耗，只对正常的物化劳动和活劳动消耗进行货币计量。现实经济活动是以理论成本为指导，根据国家宏观调控和微观管理的要求来选择确定成本内容的范围。从国家宏观管理的角度考虑，国家通过有关法规制度确定成本开支范围是为了保证企业成本核算口径一致，保证成本的可比性。成本开支范围明确规定了哪些费用允许计入产品成本、哪些费用不允许计入产品成本。从微观管理的角度考虑，为了简化成本核算工作，某些难以按产品归集但又属于企业物化劳动和活劳动耗费的部分，如管理费用、财务费用、销售费用，不计入产品成本，而是作为期间费用计入当期损益。同时，为了加强经济核算，节约生产耗费，减少生产损失，某些不形成商品价值的损失性支出（如工业企业的废品损失、季节性和修理期间的停工损失等）以及劳动者为社会劳动所创造的某些价值（如财产保险费等），也作为生产费用计入产品成本。产品成本核算可以理解为资金补偿的需要，也有利于企业改进生产技术，改善经营管理，合理使用资金，减少废品，降低成本，提高经济效益。可见，实际成本可以像商品价格背离价值一样背离理论成本，当然，必须严格限制实际成本与理论成本的背离；否则，产品成本的计算就失去了理论依据。

（三）成本的多维内涵

著名会计学家杨纪琬教授认为，会计学的成本又可分为财务成本和管理成本。财务成本就是前面提到的狭义成本概念，而管理成本则是“企业内部为了提高经营管理水平，由企业自行计算的成本”。管理成本的目的性十分强烈。“不同的目的，不同的成本”观念将构建起一个多维成本的概念体系，如变动成本与固定成本、直接成本与间接成本、产品成本与期间成本、定额成本与标准成本、计划成本与历史成本、差别成本与边际成本、机会成本与应负成本、沉没成本、重置成本与付现成本、责任成本、可控成本与不可控成本、可避免成本与不可避免成本、可延缓成本与不可延缓成本、相关成本与无关成本等。

20世纪80年代末，作业成本、质量成本、资本成本、环境成本、战略成本等新的成本概念出现。这些都是微观经济领域的管理者们为适应某一管理要求而运用的成本概念。现在，成本的概念还广泛应用于宏观经济领域，如我们常说的经济改革成本、社会责任成本、产业结构调整成本、环境治理成本、人力资源发展成本、教育成本等。这一系列的成本概念组成了多维成本概念体系。随着经济的发展，人们还会提出更多的成本概念，以满足不同的需要。

二、成本的分类

（一）成本按经济用途分类

生产经营成本包括为企业生产新产品及生产过程中发生的研究与开发成本、为产品或生产过程详细规划与设计而发生的设计成本、为生产产品发生的生产成本、销售产品发生的营销成本、为将产品传递给客户发生的配送成本、向客户提供售后服务而发生的客户服务成本以及企业组织和管理生产经营活动所发生的行政管理成本。

在实务中，生产经营成本分为生产成本、销售费用和管理费用。

1. 生产成本

产品生产成本主要包括直接材料、直接人工、燃料和动力、制造费用等。

(1)直接材料，是构成产品实体的原材料以及有助于产品形成的主要材料和辅助材料。

(2)直接人工，是能够直接计入产品生产成本而发生的直接生产人员工资。

(3)燃料和动力，是直接用于产品生产而外购或自制的燃料和动力费用。

(4)制造费用，是企业为生产产品和提供劳务而发生的各项间接费用，包括企业生产部门(如生产车间)发生的水电费、固定资产折旧、无形资产摊销、管理人员的职工薪酬、劳动保护费、有关的环保费用、季节性和修理期间的停工损失等。

【提示】为了使生产成本项目能够反映生产特点，企业根据自身的特点和管理要求，可对直接材料、直接人工、燃料和动力与制造费用项目做适当增减调整。①若直接用于产品生产的外购半成品比重大，则可以将其单独列为一个“外购半成品”成本项目；②若外部加工费用比重大，则可以将“外部加工费”单独列为成本项目；③若产品成本中包含的燃料和动力费用比重非常小，则可以将其列入“制造费用”成本项目中。

2. 销售费用

销售费用主要包括与产品销售有关的营销成本、配送成本与客户服务成本等。

3. 管理费用

管理费用主要包括研究与开发成本、设计成本和行政管理成本等。

【注意】此种分类能够反映企业不同职能情况下的费用耗费，因此也称为按职能分类，有利于企业进行成本计划、控制与考核。

(二)成本按转为费用的方式分类

企业按照会计信息质量要求中的配比原则，通常将正常生产经营成本按其转为费用的方式不同分为产品成本和期间成本两项。

1. 成本转为费用方式

费用是指应从销售收入中扣除的已耗用支出。企业发生的全部成本转为费用的方式(即与收入配比方式)分为可计入存货的成本、资本化成本和费用化成本。

(1)可计入存货的成本。可计入存货的成本是指在发生时计入存货成本，在其出售时转为费用的成本，如生产耗用材料、人工成本和制造费用等计入产品成本，产品未出售前作为资产列入财务报表，产品出售时一次转为费用并从收入中扣除。此项成本按“因果关系原则”确认费用，即本期销售成本和本期销售收入存在因果关系，则需要在确认产品销售收入的同时将有关产品成本转为费用。

(2)资本化成本。资本化成本通常是先计为资产，然后逐步分期转为费用。如固定资产购置发生的支出，先计为固定资产成本，在报表中列入资产，该资产在以后使用期间内分期计提折旧并陆续转为费用。此项成本主要依据“合理、系统地分配原则”确认为费用，如非流动资产成本和本期收入并不存在必然的因果关系，但相互之间能使若干会计期受益，因此合理假设它与收入之间的受益关系，然后按照一定的规则和程序系统地将其分配到各会计期间。

(3)费用化成本。费用化成本是指在发生当期及时转为费用的成本。如企业管理人员的工资和广告宣传费在发生时立即确认为当期费用。此类成本包括能够按“因果关系原则”确认为费用和不能按“因果关系原则”以及“合理、系统地分配原则”确认为费用两种类型。前者如企业管理人员的工资按照其发生效用应在本期确认为费用;后者如广告成本可以为企业取得长期效益,难以确定哪个会计期间发挥了多少效益,因此不能立即确认为费用。

2. 产品成本

产品成本是指可以计入存货价值的成本,包括按特定目的分配给一项产品的成本总和。在会计中,按照配比原则划分产品成本和期间成本,为此要求收入和为取得收入而支出的费用要在同一会计期间确认。产品成本在产品出售前与当期收入不能配比,应按照存货报告,作为可储存成本。

【注意】只有当产品出售时才能与当期收入配比,因此在出售时将其成本转为费用。

3. 期间成本

期间成本是指不能经济、合理地归属于特定产品,因此只能在发生当期立即转为费用的不可储存成本。由于期间成本不可储存,在发生时就转为费用,因而也称为期间费用。

【提示】不论是产品成本还是期间成本,都是企业生产经营的耗费,都必须从销售收入中扣除,只是扣除的时间不同。

期间成本直接从当期收入中扣除,而产品成本要待产品销售时才能扣除。产品成本和期间成本的划分是相对的,所有正常生产经营成本,如果不列入产品成本,就必须划入期间成本。因此,计入产品成本的范围越大,期间成本的范围就越小;反之亦然。

(三)成本按其计入成本对象的方式分类

产品成本按其计入成本对象的方式分为直接成本和间接成本。这种分类可以经济、合理地把成本归属于不同的成本对象。

1. 成本对象

成本对象是指需要对成本进行单独测定的一项活动。成本对象可以是一件产品、一项设计、一个客户、一种商标、一项作业或者一个部门等。

成本对象还可分为中间成本对象和最终成本对象。其中,最终成本对象是指累计成本不能进一步分配的成本归集点。最终成本计算对象通常是一件产品或一项服务,是企业的最终产出物。中间成本对象是指累计成本还应进一步分配的归集点,有时也称成本中心。成本中心是企业中与成本相关联的某个可识别部门,是将共同成本按某个分配基础进一步分配给各成本对象的一个成本归集点,如生产加工车间、地区销售部等。企业应当设置多少中间成本对象及其之间的联系如何,取决于企业的生产组织特点和管理要求。

2. 直接成本

直接成本是直接计入各种品种、类别、批次产品成本对象的成本。一项成本是否属于直接成本,取决于它与成本对象是否存在直接关系,并且是否便于直接计入。因此,直接成本也可以说是与成本对象直接相关的成本中可以用经济、合理的方式追溯到成本对象的那部分成本,如大部分构成产品实体的原材料成本、产品专用生产线工人工资等。对于只有一种产品的企业来说,所有产品成本都是直接成本。

3. 间接成本

间接成本是指与成本对象相关联的成本中不能用一种经济、合理的方式追溯到成本对象的那部分成本。如车间辅助工人工资、厂房折旧等,大多数属于间接成本。

对于企业来说,一项成本发生后,它是直接成本还是间接成本,需要根据成本对象选择而定。如企业设有一个维修车间、若干个按生产工艺划分的生产车间,生产若干种类产品,这些种类的产品都可以单独称为成本计算的对象。维修车间工人工资直接计入维修车间成本,在具体维修过程中要分配给各生产车间成本,生产车间成本则分配至各种类最终产品。此时,维修车间工人工资对于维修车间成本来说是直接成本,而对于生产车间成本和最终产品成本来说是间接成本。

三、成本的作用

（一）产品成本是企业生产耗费的补偿尺度

产品成本明确揭示了企业为生产产品实际耗费的资本数量，因此只有按产品成本数额足额补偿，才能保证企业再生产的正常进行，否则企业就不能按原有规模进行再生产。同时，产品成本也是划分企业生产耗费和盈余的标准。

（二）产品成本是制定产品价格的重要依据

产品价格的制定应当体现价值规律的要求，使产品的价格与价值相符，同时还要考虑市场供求关系、国家经济政策、各种产品比价等相关因素，以及产品的价格能否补偿成本的耗费。产品的价格应不小于产品的成本，这是企业生存的起码条件。在市场经济条件下，人们还不能直接计算产品的价格，只能借助于产品成本间接、相对的反映，所以产品成本是制定产品价格的重要依据。

（三）产品成本是反映企业经营管理水平的综合指标

企业为了获得利润，就必须以尽可能少的投入，产出尽可能多的符合社会需要的产品和劳务。产品成本是反映企业生产经营管理工作水平的综合指标。通过成本计算，可以对生产过程中的材料利用程度、生产设备利用率、产品质量的优劣、产品结构是否合理、产品产量的大小及供产销是否衔接等状态做出直接或间接的评价。

（四）产品成本是企业进行经营决策的重要依据

企业经营管理的出发点和归宿是提高经济效益。要提高经济效益，就必须做出正确的经营决策，而影响经济效益的决定因素是成本。在一定的产品价格和税负情况下，企业在市场上的竞争，实质上就是成本费用的竞争。企业在进行经营决策时都要运用成本数据，从若干个可行方案中选择最优方案，使决策建立在可靠的基础之上，所以，产品成本是企业进行经营决策的重要依据。

任务二　成本会计认知

一、成本会计的形成与发展

成本会计是现代会计学科的一个重要分支，是随着商品经济特别是工业生产的产生、发展而逐渐形成并不断完善。工业 4.0 利用信息技术促进产业变革，伴随大数据、云数据、智能财务的兴起，新技术、新产业、新业态、新模式的经济形态也推动了成本会计向智能化时代转变。

（一）成本会计的萌芽

据史料记载，成本会计最早起源于中世纪的意大利，它是成本计算与复式簿记相结合而产生的。当复式簿记随着资本主义生产方式由商业领域渗透到工业领域时，工业簿记中的简单成本计算就预示着成本会计的萌芽。如意大利著名银行家梅迪奇与其合伙人在佛罗伦萨经营的两个毛纺制品工场采用的工业簿记中，开始分步骤（如挑选、清洗、梳刷等）设置纺织品账户，计算纺织品成本。16 世纪中期，著名的荷兰出版商普拉廷在他的账簿中设立了“用纸”账户，该账户类似于现在的原材料账，记录印刷该书耗用的纸张、工资及其他一切费用。印刷过程结束后，账户中记录的全部费用就是印刷该书的全部成本。应该说，当时的成本会计还只是非常粗简的成本核算，折旧还不是一个普遍使用的概念，也无直接费用和间接费用的划分，虽然有些家族企业在成本计算技术中引进了复式记账法，设置了一些成本明细账，但没有形成一套较为成熟的成本计算理论和体系，仍是财务会计的一个组成部分。

(二)成本会计的发展

成本会计产生以后,在整整几百年的时间里,一直没有引起人们足够的重视。那时,人们仍然看重商业贸易,工业发展较为缓慢,基本上还局限于手工作业,因而成本会计并未有突破性的发展。

成本会计作为一门独立的会计分支学科,从19世纪下半叶产生到目前为止,大致经历了以下几个发展阶段:

1. 早期成本会计阶段

成本会计最早起源于英国,19世纪的工业革命给成本会计注入了新的活力,使其飞跃发展。工业革命后,机器大生产取代了传统的手工劳动,工厂取代了工场手工作坊,生产效率迅速提高,企业数量增多,产业规模逐渐扩大,企业之间出现竞争,生产成本受到重视,成本计算的一系列方法也应运而生。当时的代表人物巴特比在《优秀的复式簿记人员》一书中提出了"主要成本"概念,并把主要成本划分为直接材料费用与直接人工费用两个部分,还提出了直接费用与间接费用的划分方法及"正规折旧制"的方法和概念。卡克和费尔斯在《工厂会计》一书中提出了材料、工资、设备、产品等工业成本计算的特有账户。诺顿在《纺织工厂簿记》中在探讨费用的分类和摊配的基础上提出了制造成本与非制造成本的划分。刘易斯在《工厂的商业组织》中进一步提出将制造成本按产品进行分配,非制造成本直接转到损益账户。这一时期成本会计的特点是建立了材料核算和管理办法以及工时记录和人工成本计算方法,确立了间接费用的分配方法,明确了制造成本的内容以及核算方法等,但是,这些特点仍局限于成本核算,提供的是历史成本数据。

2. 近代成本会计阶段

20世纪初,随着工业生产规模的进一步扩大和企业间的竞争加剧,业主们在追求产品产量的同时还追求较低的成本。业主们认为生产过程的管理不仅是对已发生的费用进行核算,更重要的是要对这些费用的发生施加有利的影响,于是开始重视科学管理,特别是生产过程的成本控制,即由以前的成本汇集转变为通过比较实际经营成果和事前设立的标准值来进行成本管理。于是,泰勒的科学管理思想中有了标准成本制度。泰勒的标准成本制度的核心在于强调提高工作效率,通过对一项工作的时间研究和动作研究,制定在一定客观条件下既可以实现又有效率的标准。标准制定出来以后就要严格执行,不允许产生一切不合理的差异。实行标准成本制度后,通过对标准成本的制定和对工人的指导、监督,以及对成本差异的计算与分析,企业可以有效控制成本。

标准成本制度的诞生是成本会计发展史上的一个里程碑,它标志着成本会计的发展已经进入一个新的阶段,标志着企业成本会计已经摆脱了传统的、完全是事后反映的状况,实现了成本核算与成本管理的有机结合,形成了成本管理的雏形。

3. 现代成本会计阶段

第二次世界大战以后,科学技术迅速发展,生产自动化程度大大提高,跨国公司大量涌现,企业规模越来越大,高新技术与世界经济大发展的基本格局已经形成。与此同时,市场竞争愈演愈烈,失业率增加,通货膨胀、银根紧缩,经济危机频繁发生,世界经济的发展迫切要求把现代化的自然科学、技术科学和社会科学的一系列成就综合应用到企业管理中。20世纪30年代至40年代,方法论和管理科学理论蓬勃发展,并深刻地影响了20世纪50年代以后的会计学领域:起初是行为科学与系统论、信息论、控制论的影响,随后是耗散结构论、协同论、突变论以及决策论、增长极限论等理论的影响。这些新兴的管理科学成就在成本会计中得到了广泛的应用,形成了与管理现代化相适应的成本会计体系,使成本会计发展到一个新的阶段。现代成本会计注重成本管理的全过程,强调成本管理不仅要做好生产过程中的成本核算和成本控制,而且要做好成本预测、决策和计划,加强成本的事前管理,同时还要注重成本的考核与分析,为成本事前管理提供信息。

这种成本管理的显著特征仍是以"产品"为中心,从企业内部进行成本管理,是就成本论成本,立足于企业的短期成本管理，而未从长远、持续地降低成本的战略上考虑，属于战术性的成本管理，所提供的会计信息已经越来越不能满足企业生产发展的需要。

4. 成本会计的新发展

20 世纪 80 年代以来，高新技术飞速发展，尤其是信息技术的崛起，极大地提高了社会生产力，促进了社会经济的发展。社会的进步与生活质量的提高使得消费需求多样化、个性化，企业新产品层出不穷，而顾客对产品质量也日益苛求。市场竞争日趋激烈，特别是国际分工合作日趋密切，使得市场竞争近似残酷。客观环境迫使企业在不断更新观念的同时研究、吸收企业管理的新理念、新方法，提高企业管理的层次和水平。人们开始重视各种专项成本的核算与管理，如质量成本管理、人力资源成本管理等。企业为了争夺市场和生存发展空间，在经营管理中将短期目标转向长期目标，由专业化职能性经营管理转向全局性决策和管理，将管理活动提高到战略层次，于是作业成本法和战略成本管理应运而生。

随着计算机辅助设计、计算机辅助制造、计算机辅助测试手段的广泛应用以及电脑一体化制造系统的形成，企业的制造环境从劳动密集型向资本密集型和技术密集型转化，产品成本结构改变，直接材料成本和直接人工成本比重下降，而制造费用比重却大幅度上升。传统的间接费用分配是在以人工费用为标准的情况下进行的。人工费用的大量减少造成分配标准不合理、费用的分配不真实。更重要的是，制造费用的发生与直接人工成本逐渐失去了相关性。例如，在高新技术环境中，一种完全自动化的生产方式出现了，也就是所有的灯都可以熄灭的“无灯工厂”。这种工厂根本就没有直接人工成本，取而代之的是大量的制造费用。此时，不论是为了提高产品成本计算的正确性，还是为了提高成本控制的有效性，产品成本核算的工作重点都应该放在制造费用的分配上。于是，人们开始重视作业成本法。作业成本法将各作业中心的成本以成本动因为依据，采用一定的方法，分配给各种产品，有效提高了成本信息的合理性，为企业进行经营决策、加强成本控制、降低产品成本提供了可靠的成本信息。

英国学者西蒙首先提出了战略成本管理的概念，将成本管理的视角由单纯的生产经营过程管理和重视股东财富，扩展到与顾客需求及利益直接相关的包括产品设计和产品使用环节的产品生命周期管理，更加关注产品的顾客可察觉价值。战略成本管理的目标立足于用户的满意度，目的是取得更高的用户满意度和市场占有率，一方面，要研究企业内部的价值链，将成本管理从企业内部向外部延伸，向前延伸到采购、规划、设计环节，向后扩展到售后服务环节；另一方面，要分析企业所在行业的价值链及竞争对手的价值链，形成知己知彼、主动把握全局的态势，以取得竞争优势。

进入 21 世纪，经济的全球化和信息化相互促进，以智能制造、大数据、云服务为技术标志，我们迎来了以工业互联网为基础、以价值链持续优化为创新模式的“工业 4.0”时代。越来越多的企业确立了数字化战略，“工业 4.0”“互联网＋”、AI 等理念，推动生产制造发生日新月异的变革，智能化生产模式大量涌现，将生产流程变得更加信息化和程序化。高度智能化的生产方式和日趋严峻的竞争环境，将促使企业的成本管理理念和方法不断改进。

综上所述，成本会计产生于工业革命之后，它的发展始终与人类社会生产力密切相关。每一次生产力的变革都会带来管理理念的变革，使成本会计的内容和职能不断地得到丰富与发展。

二、成本会计的概念和内容

动漫视频

成本会计

（一）成本会计的概念

成本会计是以成本、费用为研究对象的专业会计，从成本会计的发展过程及理论体系的变化来看，它的含义也在不断地发展和完善。

19 世纪末，成本会计强调应用会计原理，认为其只是记录一个企业的各项支出，并确定其所生产的物品(或所提供劳务)的生产和销售之总成本和单位成本,即记录型成本会计。20 世纪中期左右,随着泰勒制的广泛实施,会计领域提出了与之配合的“标准成本”“预算成本”和“差异分析”,成本会计的范围也随之扩大,它不仅是会计核算和成本计算的结合,而且包括成本控制,形成了管理型的成本会计。在目前激烈的市场竞争环境下,成本会计应是收集和提供各种决策所需的信息,为经营管理直至制定非经常性的战略决策,以及制定组织机构的重要方针提供依据,即战略型的成本会计。

综上所述,成本会计是以货币为主要计量单位,运用会计的基本原理和一般原则,采用一定的技术方法,对企业生产经营过程中发生的各项耗费进行连续、系统、全面、综合的核算和监督的一种管理活动。

由于成本有广义和狭义之分,因此成本会计也可分为狭义成本会计和广义成本会计。狭义成本会计对生产经营过程中发生的费用进行归集、分配,计算出有关成本计算对象的总成本和单位成本,并加以分析和考核。狭义成本会计侧重于产品成本的核算。广义成本会计即现代成本会计,是成本会计与管理的直接结合,按照成本最优化的要求,采用现代数学和数理统计的原理和方法,建立起数量化的管理技术,对企业生产经营过程中发生的资源耗费进行预测、决策、计划、控制、核算、分析和考核等一系列价值管理,旨在提高经济效益。

现代成本会计从经营着眼,从技术着手,着眼于规划未来、控制现在、核算与考核过去。现代成本管理促使企业合理利用内部有限资源,降低成本,以便实现企业生产经营的最优化运转,提高企业的市场竞争能力。

(二)成本会计的内容

成本会计作为会计的一个重要分支,最初的内容是进行成本核算。随着成本会计理论和方法的不断发展,成本会计的职能也在不断发展。现代成本会计包括成本预测、成本决策、成本计划、成本控制、成本核算、成本分析和成本考核七项内容,其中,成本核算是最基本的职能。

1. 成本预测

成本预测是根据实际成本的有关数据和各种技术经济因素的依存关系,采用一定的技术方法和模型,运用相应的预测理论,对未来的成本水平及其变化趋势所做出的科学估计和测算。通过成本预测,可以减少经营活动中的盲目性,为成本决策提供重要依据,以便做出最佳方案的选择。科学的成本预测,为成本计划的编制奠定坚实的基础。

2. 成本决策

成本决策是在成本预测的基础上运用决策理论和方法,对提供的多个可供选择的成本方案进行可行性研究和技术经济分析,据以做出最优化的成本决策,确定成本目标。成本决策贯穿于企业的整个生产经营过程。如新产品的设计、老产品的改造、生产批量的选择、零部件的自制与外购等决策都与成本决策相关联。

3. 成本计划

成本计划是根据成本决策所确定的成本目标,考虑市场及企业本身的生产经营实际情况,具体规划在计划期内为完成生产任务所应达到的成本、费用,确定各个成本对象的计划,并提出为达到规定的成本水平所要采取的各项措施。其反映了计划期的生产耗费和产品成本水平,是降低成本、费用的具体目标。通过加强对成本计划的管理,加强成本管理的责任制,为成本控制、成本分析和成本考核提供重要依据。

4. 成本控制

成本控制是依据成本计划,对成本计划实施过程中的各种因素加以控制和监督,以保证成本计划得以实现的一种管理活动。在激烈的市场竞争中,成本控制的范围越来越广,贯穿于企业的整个生产经营过程。它包括事前控制、事中控制和事后控制，也就是指企业在市场调查、需求分析的基础上，对企业设计、产品规划设计、供应、生产、销售和售后服务等阶段发生的足以影响成本的诸因素进行科学、严格的计算，制定并分解目标成本，对实际发生的耗费进行限制和管理，以保证完成预定目标成本的一种成本控制，显示了成本控制的战略性、系统性、科学性、主动性和全面性。

5. 成本核算

成本核算是通过会计核算方法体系提供成本信息，可进一步分为：(1)为财务报告提供成本信息。比如，企业存货成本、产品成本等的计量要通过成本会计的记录、计算加以确定，企业损益的计量所需要的当期费用资料也主要通过成本会计取得。(2)为经营管理提供成本信息。经营管理需要各种不同的成本信息，这些成本信息需要根据经营管理所关心的问题，分析计算加以提供。由于不同目的的需求，成本会计需要提供不同的成本信息，因此“不同目的，不同成本”成为成本会计提供信息的基本原则。

6. 成本分析

成本分析是在根据成本核算提供的成本数据和其他费用资料的基础上运用一定的方法，揭示产品成本构成水平的应用情况，研究成本变动的因素和原因，以采取有效的措施，挖掘降低成本的潜力。成本分析的方法一般采用比较法，将本期产品实际成本与本期计划成本、上年实际成本、本企业历史先进成本以及国内外同行业成本水平进行比较，确定成本差异，分析产生差异的原因，分清责任，以便采取措施，改进生产经营管理，降低成本费用，提高经济效益。通过成本分析，可以为成本考核提供依据，为未来的成本预测、决策及编制新的成本计划提供重要的参考资料。

7. 成本考核

成本考核是以成本核算和成本分析为依据，定期对成本计划指标的完成情况进行总结，对有关责任单位和责任人实际完成的成本情况进行评价。成本考核一般以责任部门、单位或个人为成本责任对象，以可控成本为前提，按照责任的归属来考察其成本完成情况，评价其工作业绩并实行奖惩。因此，成本考核应当与奖惩制度相结合，根据考核的结果进行奖惩。成本考核的目的在于鼓励先进、鞭策后进，进一步调动全体员工的积极性。

上述成本会计的各项职能可以说是成本会计的七个环节，是企业从事成本会计工作时运用的一系列方法。它们相互联系、相互依存、相互补充，共同构成成本会计的有机整体。成本预测是成本决策的前提；成本决策是成本预测的结果和成本计划的基础；成本计划是成本决策所确定目标的具体化；成本控制是成本计划得以实现的保证和关键；成本核算是对成本计划是否完成的检验，是成本控制的结果，也是成本分析和成本考核的依据；成本分析和成本考核是对实际成本偏离计划成本的原因做出说明和评价，是下期成本预测和成本决策的重要依据。在这七项职能中，成本核算是最基础和最核心的内容，没有成本核算，其他各项职能都无法进行。

【提示】成本预测、决策、计划属于成本的事前控制，成本核算和日常成本管理属于成本的事中控制，成本的分析和考核属于成本的事后控制。

成本会计的内容和各项内容之间的相互关系可以用图1—1表示。

三、成本会计的任务

成本会计的根本任务是促进企业尽可能地节约生产经营过程中的活劳动和物化劳动的消耗，不断降低成本，以取得最佳经营效益。成本会计的具体任务主要有以下四项：

(一)正确计算产品成本，及时提供成本信息

成本数据正确、可靠，才能满足管理的需要。如果成本资料不能反映产品成本的实际水平，不仅难以考核成本计划的完成情况和进行成本决策，而且还会影响利润的正确计量和存货的正确计

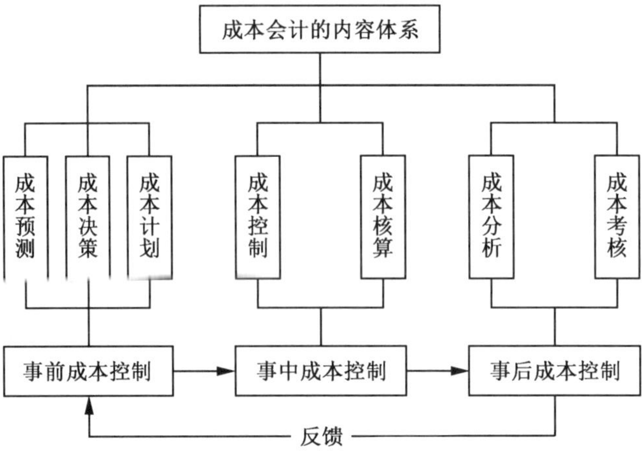

图 1—1　成本会计的内容和各项内容之间的相互关系

价，歪曲企业的财务状况，同时，应及时编制各种成本报表，使企业的有关人员及时了解成本的变化情况，并作为制定售价、做出成本决策的重要参考资料。

（二）做好成本费用的预测工作

成本会计的任务之一就是通过成本预测和决策，争取企业经济效益的最大化。成本会计要根据企业生产技术、财务计划和历史成本资料，结合市场调查，运用科学的方法，预测计划年度的成本费用水平，在此基础上拟订成本预测方案，从中选择最佳方案作为企业管理当局成本决策的方案。科学可行的成本决策方案是编制成本费用计划、制定定额和预算的前提及基础。

（三）编制成本计划、定额和费用预算，加强成本控制

科学可行的成本计划、定额和费用预算是企业成本控制的依据和标准，是企业降低成本、提高经济效益的重要措施。加强成本控制，一方面要进行目标成本控制，主要依靠执行者自主管理，进行自我控制，以促使其提高技术，厉行节约，注重效益；另一方面，要遵守各项法规的规定，控制各项费用支出等，严禁挤占成本。企业成本控制是成本会计的主要工作，除做好生产环节的成本控制工作外，还应做好其他环节的成本控制。因此，企业成本计划、定额和费用预算应该是广义的，而不是狭义的。

（四）建立成本责任制度，加强成本责任考核

成本责任制是对企业各部门、各层次和执行人在成本方面的职责所作的规定，是提高职工降低成本的责任心，发挥其主动性、积极性和创造力的有效办法。建立成本责任制度，要把完成成本降低任务的责任落实到每个部门、班组及责任人，使职工的责、权、利相结合，按责任的归属对所发生的可控成本进行记录、汇总、分配、传递和报告，并按责任单位或个人的实际可控成本与其目标成本对比，揭示差异，寻找差异发生的原因，据以确定奖惩并挖掘进一步降低成本的潜力。

成本会计的根本任务是企业尽可能节约生产经营过程中活劳动和物化劳动的消耗，不断降低产品成本，提高经济效益。这同成本会计的职能有着密切的联系：成本会计能否承担某一项任务，取决于它是否具有完成该项任务的职能；成本会计职能的发挥程度又受制于任务完成情况的好坏。但是，成本会计的职能和任务又是各有特定含义的独立概念。职能是指成本会计本身所具有的功能，具有客观性、相对稳定性以及普遍适用性等特点；而任务是指发挥职能作用所要达到的目的和要求，具有主观性、不稳定性以及与社会环境密切相关等特点。因此，成本会计的任务不仅取决于其职能作用，而且取决于一定时期社会环境的需要和企业的中心任务。

任务三　战略成本管理

一、战略成本管理产生的背景

“战略”一词原是军事术语，是对战争全局的筹划和指导，泛指重大的、全局性的或者决定全局的谋划。经济的快速发展和企业竞争使得成本管理的目标不再由利润最大化这一短期性的直接动因决定，而是定位在更具广度和深度的战略层面，从广度上看，从企业内部的成本管理发展到供应链成本管理；从深度上看，从传统的成本管理发展到战略成本管理。

战略成本管理之所以日益受到企业的重视，其根本原因是市场环境发生了巨大变化。进入21世纪后，由于社会富裕程度逐渐提高，市场需求由大众化向个性化转变，传统的大批量、标准化生产向小批量、个性化生产过渡。这种市场需求和市场竞争的变化，一方面要求企业更加重视市场，并能够根据市场需求的变动及时地调整生产经营活动，管理的视角由单纯的生产经营过程管理扩展到与顾客需求及利益直接相关的包括产品设计和产品使用环节的产品生命周期管理；另一方面要求企业更加注重内部组织管理，尽可能地消除各种非增值作业，以获取竞争优势。

随着企业经营环境的变化以及信息技术的快速发展，经济理论的每一个领域都在发生变革，理论与实践均不再局限于原有的框架与模式，边缘化现象日趋明显。随着各种创新的会计理论与实践层出不穷，战略成本管理作为战略管理和管理会计的边缘学科应运而生。

二、战略成本管理的概念

不同学者对于战略成本管理有不同的解释。桑克和哥维达列杰在《战略成本管理——取得竞争优势的新工具》一书中的表述为：战略成本管理是企业获得竞争优势的一种新工具，是在战略管理的一个或多个阶段对成本信息的管理性运用，它主要包括价值链分析、战略定位分析和成本动因分析。库伯和斯拉莫得的定义是：战略成本管理是指企业运用一系列成本管理方法来同时达到降低成本和提高战略地位之目的。夏宽云认为，战略成本管理是在创造企业竞争优势的同时进行的成本管理，是指管理会计人员提供企业本身及其竞争对手的分析资料，帮助企业管理者形成和评价企业战略，从而创造竞争优势，达到企业有效适应外部持续变化的环境的目的。

以上观点虽然在表述上有所不同，但反映的是同一个信息。战略成本管理就是通过获取成本优势来帮助企业取得竞争优势，其要旨就是实现企业在降低成本的同时提升自身竞争力的最优战略。

三、战略成本管理的特点

（一）目标的长期性

战略成本管理立足于长远的战略目标，其核心目的是帮助企业取得并保持长期持久的竞争优势，使企业在激烈的市场竞争中获取生存和发展的空间。战略成本管理注重企业未来的发展，重视企业在市场竞争中竞争地位的提高以及市场份额的扩大。竞争地位和市场份额代表企业未来的业务收入或利润，所以战略成本管理不是不注重利润而是更注重长期的利润。目标的长期性还体现在，战略成本管理不再局限于单一的会计期间，而是从多期竞争地位的变化中把握企业未来的发展方向。它充分考虑到企业不同发展阶段的特点，使各个发展阶段都服从于企业的长远目标，甚至不惜牺牲短期利益来追求持久的竞争优势，从而帮助企业扩大市场份额，最终确立优势地位。

（二）对象的全局性

战略成本管理是以企业的全局为对象，根据企业总体发展战略而制定的。它把企业的内部结构和外部环境综合起来，使价值链贯穿企业内部自身价值创造作业和外部价值转移作业的二维空间。价值链不同于价值增值，它是更广阔的外在于企业的价值系统，企业不过是整个价值创造作业链中的一部分。因此，战略成本管理是从企业所处的竞争环境出发，其成本管理不仅包括企业内部的价值链分析，而且包括竞争对手的价值链分析和企业所处行业的价值链分析，从而达到知己知彼、洞察全局的目的，并由此形成价值链的各种战略。战略成本管理的目标是获得成本优势，进而营造企业的竞争优势，而竞争优势又建立在相对成本对比的基础上，因此，企业应突破会计主体的限制，获得竞争对手的信息，了解相对成本。

（三）管理的开放性

战略成本管理的主要特点之一就是超越了会计主体的限制，跳出了单一企业这一狭小的空间范围，将目光更多地投向影响企业的外部环境，具有开放性。战略成本管理的着眼点是外部环境，将成本管理外延，向前延伸到采购环节，甚至研究开发与设计环节，向后考虑售后服务环节；既要重视与上游供应商的联系，也应重视与下游客户及经销商的联系。只有对企业所处环境进行正确的分析和判断，才能预测和控制风险；根据企业自身的特点，确定和实施正确、适当的管理战略；把握机遇，主动、积极地适应和驾驭外界环境，在竞争中取得主动，最终实现预定的战略目标。

（四）信息的多样性

战略成本管理提供了超越会计主体范围的更广泛、更有用的信息，主要包括战略财务信息和经营业绩信息、对各种信息的分析评价结果信息、企业发展的潜力和面临的风险信息、环境状况信息以及竞争对手的信息等。例如，在竞争对手方面，战略成本管理注重搜集、分析并提供以下信息：竞争对手的目标和所采取的战略措施及成功的可能性；竞争对手的竞争优势和劣势；面对外部企业的挑战，竞争对手的反击策略等。战略成本管理关注竞争对手的信息，旨在帮助企业做到知己知彼，取得竞争优势，在竞争中立于不败之地。

（五）策略的抗争性

企业战略成本管理的目标——成本优势，是关于企业在激烈的竞争中如何与竞争对手抗衡的基本竞争战略之一，同时也是企业针对来自各方面的许多冲击、压力、威胁和困难的应对方案。它与较少考虑竞争、挑战而单纯为了改善企业现状、增加经济效益的传统成本管理方法不同。只有当成本管理工作与强化企业竞争力量及迎接挑战直接相关，且具有战略意义时，才能构成战略成本管理的内容。因此，战略成本管理方法具有策略上的抗争性。

四、战略成本管理的基本内容

价值链分析、成本动因分析、战略定位分析构成了战略成本管理的基本框架。

（一）价值链分析

价值链是由一系列创造价值且相互联系的作业构成的。这些作业分布在从产品设计、原材料采购开始至最终销售给客户的每一个环节，形成一个始于供应商，经过企业内部，最后为顾客提供产品或劳务的作业链。每一个企业都有其独特的价值链，供应商不仅为企业的价值作业提供生产要素，而且会对企业的生产成本和产品品质产生极大的影响；而顾客则是每一环节累计成本的最终承担者，价值链上的所有活动的价值体现都取决于顾客愿意对最终产品或服务所支付的价格。这一价格是整个价值链上所有边际利润的总和，形成企业的收入来源。企业的竞争优势归根结底产生于以同样或低于竞争对手的成本创造更高的客户价值，或以低于竞争对手的成本创造同等的客户价值，二者都要求企业不仅关注自身内部的作业及流程，而且要注重内部价值链和外部价值链的联系。

价值链分析就是通过分析和利用企业内部与外部的相关活动，达到整个企业的战略目的，实现成本最小化。它把影响产品成本的每个环节，从项目科研、产品设计、材料供应、生产制造、产品销售、运输到售后服务作为成本控制的重点，逐一进行作业成本分析，使管理人员对产品生产周期和每一个环节的控制方法都有充分了解，从而使产品的利润在整个生产周期最大化。价值链分析包括以下三个方面：

1. 企业内部价值链分析

企业内部价值链分析研究的是企业内部价值的运动过程，是价值链分析的起点，也是进行行业价值链和竞争对手价值链分析的前提和基础。企业内部价值链分析的目的就是找出最基本的价值链，然后分解为单独的作业，并根据企业整体战略目标进行价值作业之间的权衡、取舍，帮助企业实现成本最低、差异最佳，价值增值最大的目标。

企业的生产经营过程就是最终为满足顾客需要而设定的"一系列作业"的集合体，形成一个作业链。作业的进行要占用并消耗一定的资源，而作业的产出又包含该作业所创造的一定价值，转移到下一个作业并逐步推移，直至最终把产品或服务提供给企业外部的顾客，以满足他们的需要。最终产品作为企业内部一系列作业的综合体现，凝聚了各有关作业创造的价值。因此，作业链同时也是价值链。通过优化价值链，尽可能提高顾客价值，这是扩大企业竞争优势的关键。由于价值链是作业链的价值表现，因而价值链的优化应从作业链的优化着手。从作业链同顾客价值的关系看，在企业生产经营中，并不是所有作业的实施都能使顾客价值增加。据此，作业可分为两大类：一类是可增加顾客价值的作业，即增值作业，如产品设计、加工制造、包装以及营销方面的作业；另一类是非增值作业，如与存货有关的各种形式的作业，存货的存储、维护、分类、整理等，以及原材料、在产品、产成品等因质量不符合要求而形成的追加作业等，它们并不会对产品最终满足顾客需要产生积极的影响。由此可见，要优化价值链，就要尽可能消除所有非增值作业，并尽可能提高增值作业的运作效率，减少资源的占用和消耗，最大限度地优化价值链，最经济、有效地满足顾客需要，促进顾客价值的提高，进而提高企业的竞争优势。

2. 产业价值链分析

产业价值链分析又称纵向价值链分析，任何企业都位于所处产业价值链的某个阶段。产业价值链分析，就是把企业与供应商和顾客的关系视为内部价值链的延伸，将企业置于产业这个大环境中，从合理分配利润的角度进行战略规划，分析企业是否可以利用上下游价值链，建立企业与供应商和顾客之间的战略合作伙伴关系，从而进一步降低成本，获得独特的竞争优势。

一个企业的成本优势不仅取决于其内部活动，而且取决于企业外部更大的活动体系。这个更大的体系包括企业上游供应商的价值链、下游客户或联盟的价值链。通过对某产品价值链上的利润共享情况进行分析，以及对产业未来的发展趋势进行合理预期，企业可以做出进入或退出产业的判断。同时，通过分析利用上游(供应商)与下游(分销商和顾客)价值链的各种可能性，企业可以明确自身在产业价值链中的位置，并决定是否将企业内部现有的生产销售活动向企业外部拓展，如采用纵向整合方式，从而调整企业在产业价值链中的位置与活动范围，获取更大的成本优势。

3. 竞争对手价值链分析

竞争对手价值链又称为横向价值链。一个行业往往存在很多生产同类产品并处在相同竞争环境中的企业，这些企业的价值链在行业中处于平行位置。企业的任何价值活动都或多或少地受到其竞争对手的影响，同时企业活动也作用于外部，影响和制约竞争对手的价值活动。它们之间相互作用、相互影响，决定了各个企业在产业内部的相对竞争地位。通过竞争对手价值链分析，可以测算竞争对手的成本水平、成本构成与成本支出情况，并与企业自身产品成本进行比较，揭示决定竞争地位的差异原因，从而根据竞争对手的不同反应制定相应的战略，扬长避短，获取成本优势。

（二）成本动因分析

成本动因即引起产品成本的作业或因素，可分为两个层次：与企业的具体生产作业相关的微观层次的成本动因，如物耗、作业量等；战略层次的成本动因，如规模、技术多样性、质量管理等。成本动因大体可分为结构性成本动因和执行性成本动因。结构性成本动因是指与企业基础经济结构和战略成本相关的成本驱动因素，包括投资规模大小、产品或服务的复杂程度、操作人员经验、生产技术水平、联系范围等；执行性成本动因是指与企业执行作业程序相关的成本驱动因素，包括员工向心力、全面质量管理、生产能力运用、产品设计、上下游联系等。

战略成本动因分析是从战略的高度对企业成本结构和成本行为进行全面的了解，找出引起成本变动的因素，并通过不断调整与完善，寻求降低成本以获得长期竞争优势的战略途径。成本动因分析贯穿战略成本管理的始终，处于战略成本管理的基础地位。

1. 结构性成本动因分析

结构性成本动因是指受企业基础结构影响的成本驱动因素。结构性成本动因的形成往往发生在生产开始之前，其支出属于资本性支出，其形成需要较长时间，且一经确定往往很难变动，因此支出前必须慎重行事，要进行充分的评估与分析。结构性成本动因决定了企业的产品成本。据统计，产品成本的70％形成于结构性成本动因；同时，它也对企业的产品质量、人力资源、财务、生产经营等方面产生重要的影响。结构性成本动因通常包括以下内容：

（1）企业规模

企业的经营规模是一个重要的结构性成本动因，主要通过规模经济效应对成本施加两方面的影响：一是当企业规模扩大时，企业可以提高作业效率，或者因业务量扩大而使单位产品分摊的成本降低，即增加企业共享资源的使用规模和频率，就可以降低产品成本，形成递增的规模收益，对企业产生积极影响，这就是规模经济；二是当企业规模扩大时，固定成本加大，单位产品成本并未因产量的增加而降低，而由于生产的复杂性及管理成本的提高，导致企业效率下降，如必须新增大量的固定资产以及人工成本来支撑更大的生产销售规模，或由于需求走高，导致原材料供给紧张，致使采购价格上涨等，这些因素都会抵减规模收益，对企业产生消极影响，这就是规模不经济。企业规模的战略选择是找出临界点，努力达到规模经济，限制或消除规模不经济。

（2）整合程度

整合程度是指垂直一体化程度，就是在同一个行业中扩大公司的竞争范围。整合是指企业根据自身的发展需要和战略目标，将业务范围后向延伸到供应源或前向延伸到最终的消费者。垂直一体化可以是全线一体化（参与行业价值链的所有阶段），也可以是部分一体化（进入整个行业的某些阶段），这取决于企业和市场对垂直整合程度的要求。如果合并或协调行业价值链中紧密相关的活动能够带来重大的成本节约，前向或后向一体化就有极大的潜力，整合程度的提高就可能带来效率的提高或成本的降低。

（3）学习与溢出

企业价值链活动可以通过学习，提高作业效率，从而降低成本。随着工作量和经验的积累而带来的成本节约，称为成本的学习曲线或经验曲线。员工通过在工作中积累的经验和各种培训提高了他们的技术水平，产生了“干中学”效应，这会大大降低企业的成本，扩大企业的竞争优势。学习的作用因企业不同而异，初建期的企业尤为明显，当企业发展到成熟阶段时就不大显著了；对于价格敏感性较高的行业，学习可带动需求，增加产量，进而降低成本。学习的成果可以通过咨询顾问、新闻媒体、前雇员和供应商等渠道从一个企业流到另一个企业，这就是学习的溢出效应。学习的溢出效应会影响企业的学习速度和企业在整个行业中的竞争地位。

(4)技术

技术是指企业在每一条价值链活动中所运用的技术处理方式,体现企业的生产工艺水平和能力。从战略成本角度来看,在产品设计、生产过程以及管理方式等方面采用先进的技术、方法和手段,可以有效降低企业的成本,保持企业的竞争优势。

(5)地理位置

厂址的选择是战略决策中的一项重要内容,因为厂址会对企业成本产生长期甚至难以改变的影响。地理位置可以通过若干种方式影响成本。一方面,对于企业未来成本改善造成约束性影响,如果厂址选择在远离原料供应商和购买商的地方,那么即使企业运用最先进的管理经验也难以降低企业的进料和运输成本;另一方面,对于企业的成本产生影响,如地形交通、运输条件、能源储量及相关基础设施等对企业的产供销产生影响等。

2. 执行性成本动因分析

执行性成本动因是指企业在执行具体作业时的成本驱动因素,是在结构性成本动因决定以后才发生的,且大多属于非量化的,其对成本的影响因企业不同而异。虽然执行性成本动因多属于战术层面,但是战略目标的最终实现依赖战术的实施,因此,执行性成本动因也是企业成本战略的重要组成部分。执行性成本动因通常包括生产能力运用模式、联系、员工对企业的向心力和全面质量管理。

(1)生产能力运用模式

生产能力运用模式是一个很重要的成本驱动因素,它本身附带了巨大的固定成本,因此,生产能力运用模式主要通过固定成本影响企业的成本水平。在既定工厂规模的前提下,当企业的生产能力利用率提高,如进行技术改造或采用先进的生产管理方法等使产量上升时,由于固定成本在相关的范围内不随产量的增加而改变,因此产品所负担的单位成本就会降低。业务资本密集度越高或固定成本占总成本的比重越大的企业,成本驱动因素的重要性就越明显。

【注意】生产能力利用率的提高并不总意味着企业效率的改善。如果企业产量提高而销量不变,虽然产量提高所引起的固定成本的分摊基础扩大引起单位成本的下降,但是这部分被分摊的固定成本实际上全部转入库存,并未转化为企业经济效益的实际流入,所以生产能力利用率的提高应以产销一致为前提。

(2)联系

联系是价值链的重要组成部分,是指各种价值活动之间的相互关联。这种关联可分为企业内部联系和垂直联系两类,前者遍布整个价值链,后者则反映企业与供应商和销售渠道之间的依存关系。如果一项活动的成本受到另一项活动的影响,那么在确保相关的活动以一种协调合作的方式开展的情况下,就可以降低成本。例如,当一个公司的质量控制成本或材料库存成本与供应商的活动相关时,就可以通过零配件的设计、质量保证程序、及时送货,以及一体化材料供应等与关键供应商合作来降低成本。因此,有效地协调相互联系的活动具有降低成本的潜力。

(3)员工对企业的向心力

企业行动是众多个人行动的总和,企业各部门的每一名员工都与成本直接相关,如果企业中人人都有节约成本的思想,并以降低成本为己任,那么企业的成本管理效果自然会好。

(4)全面质量管理

企业产品价值的实现和对成本的补偿在于最终消费者对于产品的肯定,质量是消费者选择产品的主要因素。全面质量管理强调质量管理的范围应是全过程的,即从产品研发、设计、制造、检验等若干价值活动中都存在质量成本的驱动因素,都要进行质量成本分析,企业的每一名员工都要承担质量责任。全面质量管理要求企业以最少的质量成本获得最优的产品质量,并且最低的质量成本可以在产品“零缺陷”时达到。由于对错误的纠正成本是递减的，因此总成本会保持下降的趋势，直至最后缺陷被消除，从而保持企业的竞争优势。

（三）**战略定位分析**

战略定位是指在激烈的市场竞争中企业如何选择竞争战略以对抗竞争对手。根据波特的战略理论，企业可先分析其产品的市场生命周期和市场份额等，再确定其应采取的战略。对于处在不同生命周期的产品，可采取不同的市场战略，如成本领先战略、产品差异化战略等。

1. 基本竞争战略

（1）成本领先战略

成本领先战略是借助规模经济和严格的成本控制，通过一切可能的手段和方式，使企业成为行业中的低成本生产商，以成本优势获取竞争优势。典型的低成本生产商一般会销售标准的、实惠的产品，并强调获取规模经济或绝对的成本优势。成本领先战略要求企业成为领先者，而非几个竞争企业中的一员，因此成本领先战略是一种先发制人的战略，可通过大规模生产、学习曲线及严格的成本控制来实现。

（2）产品差异化战略

产品差异化战略建立在产品本身的性能、销售体系和特殊服务等基础之上，力求产品性能的某方面独树一帜，突出其特定功能，以吸引消费者，增加产品竞争力。实施产品差异化战略重在创新，它在带来溢价报酬的同时也会因为维护产品的独特性能而增加额外成本，因此，判断该战略成败的标志之一是实施该战略所增加的收入是否超过为此而追加的成本。

（3）目标聚集战略

目标聚集战略的实质是通过细分市场，将目标瞄准某一特定消费领域，使企业的产品满足该领域消费者的特定需要，从而排斥其他竞争者，使企业在某特定领域获得竞争优势。目标聚集战略有两种形式：成本聚集和差异聚集。前者是在细分市场的成本行为中挖掘差异，寻求目标市场的成本优势；后者是在开发细分市场上满足客户的特殊需要，追求目标市场的差异化优势。

（4）产品生命周期战略

产品生命周期理论认为，任何产品从导入市场到最终退出市场都有一个生命周期，这个周期可分为几个明显的阶段：导入期、成长期、成熟期和衰退期。在不同的阶段，企业会面临不同的机会和挑战，因而需采取不同的阶段战略。产品生命周期战略可以很好地指导企业的战略成本管理。在导入期和成长期，可采取发展战略，以提高市场份额为战略目标，加大投入，重视差异化，甚至不惜牺牲短期收益和现金流量；在成熟期，可采取固守战略，以巩固已有市场份额和维持竞争地位为目标，重视和保持成本领先，尽可能保持本阶段的市场份额，最大限度地延长本阶段；在衰退期，可采取收获与撤退战略，以预期收益和现金流量最大化为战略目标，有时是主动缩小市场份额。

（5）整合战略

整合战略可以扩展企业的价值链活动。横向整合扩大企业业务规模，但规模与经济并不是正比例直线相关。随着规模的扩大，协调的复杂性和非直接成本的跳跃式增加可能导致某项价值活动规模不经济。因此，规模适度才能取得成本优势及最佳成本效益比。纵向整合是沿企业价值链向前或向后延伸。它可以回避强有力的竞争供方或买方，也可以带来联合作业的经济性等，从多方面降低成本。恰当运用整合战略，调整（增加或解除）整合程度，可以重构企业价值链，提高企业的整体盈利水平。

企业管理层在确定本企业的战略定位，分析本企业的价值链和成本动因后，通过战略环境分析，考查企业内外部资源和环境，评判企业的竞争地位，了解自己和竞争对手的价值链，确定战略成本管理的方向；通过战略规划，确定企业如何进入、发展、固守或撤出该价值链活动；通过战略实施，控制计划进度和成本动因，保证战略成本管理目标的实现；通过战略业绩计量与评价，综合运用不同层次的业绩指标，全面体现企业的长远利益，扩大企业的战略成本优势与竞争优势。

2. 战略成本定位常用的分析方法

(1)SWOT 分析法

动漫视频

SWOT分析模型

企业要对自己的内部和外部环境进行详细、周密的调查分析，明确自身内部的优势和劣势及外部环境的机会和威胁，即优势—劣势—机会—威胁(SWOT)分析。SWOT 分析的核心思想是通过对企业外部环境与内部条件的分析，明确企业可利用的机会和可能面临的风险，并将这些机会和风险与企业的优势和劣势结合起来，形成企业成本控制的不同战略。SWOT 分析将企业外部的机会和威胁与内部的优势和劣势进行匹配，有四种不同类型的组合：

①优势—机会(SO)：这是企业内部优势与外部机会相结合的情形，是一种理想的战略模式。当企业具有特定方面的优势，而外部环境又为发挥这种优势提供有利机会时，可以采取大胆的发展战略。

②劣势—机会(WO)：在这种情况下，企业面临较好的市场机会，但同时内部劣势比较明显。企业可采取措施先克服自身的弱点，只有这样，才能进一步利用各种外部机会降低成本，赢得竞争优势。

③优势—威胁(ST)：在这种情形下，企业要以自身优势面对不利环境。企业对此可持两种态度：一是利用现有优势在其他产品或市场上建立持久性优势，这是有其他发展机会的企业经常采取的态度，如我国一些企业采取的“人无我有，人有我优，人优我廉，人廉我走”战略。二是以企业自身的优势克服环境障碍。整合和多样化就是为克服环境威胁所采取的战略，不过，只有在企业的优势非常突出、实力较强时才适合采取这类战略。

④劣势—威胁(WT)：这是最不理想的情况。企业处在相对劣势时恰恰面临严峻的环境威胁。这时，企业最好采取减少产品或压缩市场的战略，即退出战略。

企业实施战略成本管理的主要目的在于获取竞争优势，以更有效地适应持续变化的环境。为达到此目的，企业可以选择不同的经营战略，即选择获取竞争优势的不同方式。

运用 SWOT 分析法进行战略成本管理应注意以下几个问题：

①SWOT 分析法的结果仅显示了企业的可选战略，并不一定是最佳战略。分析的结果应该与应用其他竞争环境分析模型(如波特的“五种力量分析法”和外部环境分析的 PEST 法等)的结果综合对比，以确定企业应采取的最有利的战略。

②进行 SWOT 分析时，除要将外部环境与内部能力结合起来外，还要参考价值链分析、战略定位分析和成本动因分析，使成本控制战略建立在多方位、多角度、多层次分析的基础之上。

③在与竞争对手对比时，应该从产品种类、生产地点、劳动生产率、生产规模等方面较为准确地“模拟”竞争对手的成本，这样既可知己知彼，又能避免无谓的竞争。

④既要树立扬长避短的观念(指充分发挥优势和抓住机会并回避劣势及威胁)，又要树立取长补短的观念(指用优势弥补劣势，用机会抑制威胁)，并在一定情况下有机融合这两种观念。

(2)竞争对手成本分析法和标杆分析法

企业在进行竞争对手成本分析时，必须首先从各种渠道获知大量相关信息，初步估计竞争对手的各项成本指标；另外，还需根据竞争对手的其他信息调整上述估计指标，如竞争对手现在和未来的战略及其导致的成本水平变化、企业环境的新趋势以及产业潜在进入者的行为。当竞争对手的成本结构被确定下来后，企业可以使用这一成本信息作为计量其自身成本业绩的标杆，即以此作为目标和尺度来进行系统的、有组织的学习与超越。

任务四 成本会计工作组织

一、成本会计的组织机构

成本会计的组织机构是指组织、领导并从事成本会计工作的职能部门或岗位。

成本会计是会计的一个分支，在实际工作中，成本会计机构一般设在企业会计机构内部，是企业会计机构的组成部分。一般而言，大中型企业应在专设的会计部门（会计处）中单独设置成本会计机构（如成本会计科或成本科），专门从事成本会计工作；小型企业可在企业会计机构（会计科）内部设置成本会计组或配备专职的成本会计人员，负责本企业的成本会计工作。另外，企业内部有关职能部门和生产车间也应根据成本管理的要求，设置成本会计组或配备专职或兼职的成本会计人员，负责本车间的成本会计工作。

成本会计机构的设置应遵循会计机构设置的一般原则：一是要与企业的规模和管理体制相适应；二是要符合精简、效能的原则；三是机构内部的分工要明确、具体；四是成本会计机构内部各岗位之间以及成本会计与其他会计岗位之间的分工应遵守内部牵制原则。

成本会计机构内部可以按成本会计的职能分工，如将厂部成本会计科分为成本预测决策组、成本计划控制组、成本核算组、成本分析考核组等；也可以按成本会计的对象分工，如分为产品成本组、经营管理费用组和专项成本组。为了科学地开展成本会计工作，企业还应在分工的基础上建立岗位责任制，使每一个成本会计人员都明确自己的职责、每一项成本会计工作都有人负责。

二、成本会计的核算方式

企业内部各级成本会计机构之间的组织分工有集中核算和分级核算两种基本方式，企业应根据自身规模的大小和管理体制的要求选用。

（一）集中核算方式

集中核算方式，是指成本会计工作中的预测、决策、计划、控制、核算、分析和考核等方面的工作，都集中由厂部成本会计机构来完成。各生产单位和其他有关部门的成本会计机构或人员只负责登记原始记录和填制原始凭证，并对它们进行初步的审核、整理和汇总，为厂部成本会计机构进一步工作提供基础资料。

这种核算方式的优点是：便于厂部成本会计机构及时掌握整个企业与成本有关的全面信息；便于集中使用计算机进行数据处理，可以减少成本会计机构的层次和成本会计人员的数量。但是，这种核算方式不便于直接从事生产经营活动的各单位和职工及时掌握本单位的成本信息，从而不便于对成本的及时控制和进行责任成本核算。因此，它一般适用于小型企事业单位。

（二）分级核算方式

分级核算方式，又称分散核算或非集中核算方式，是指成本会计工作中的计划、控制、核算和分析等工作由生产单位或其他有关部门的成本会计机构或人员分别进行，成本考核工作由上一级成本会计机构对下一级成本会计机构逐级进行。厂部成本会计机构负责对各下级成本会计机构或人员进行业务上的指导和监督，并对全厂成本进行综合预测、决策、计划、控制、核算、分析、考核和检查。

与集中核算的优缺点相反，采用分散核算方式有利于开展和加强责任成本核算，有利于调动各车间、各部门及职工参与成本管理和降低产品成本的积极性。但是，由于许多成本、费用的原始资料分散在各车间、各部门，厂部成本会计机构不能准确了解各车间、各部门的成本费用信息，难以掌握全厂生产经营活动的第一手资料，很难及时、有效地进行监督和控制，也会增加成本会计人员和工作层次，从而增加管理费用。因此，它一般适用于大中型企事业单位。

无论采用哪种核算方式，厂部成本会计机构都应在总会计师的直接领导下负责全厂成本的预测、决策、计划、分析，以及对成本责任者的考核工作。采用分级核算方式的各车间、各部门的成本会计机构或成本核算员，都应在业务上接受厂部成本会计机构的指导和监督，并努力完成本岗位的各项成本会计工作，做好对下一级成本会计机构或员工个人的成本考核工作，分清成本责任，最大限度地调动广大员工参与成本管理的积极性，不断改善经营管理，提高企业经济效益。

三、成本会计人员的配备

成本会计人员是指在会计机构或专设成本会计机构中所配备的成本工作人员，对企业日常的成本工作进行处理，如成本计划、费用预算、成本预测、成本决策、实际成本计算、成本分析和成本考核等。

成本核算是企业核算工作的核心，因此，为了保证成本信息质量，对成本会计人员的业务素质要求比较高，具体要求如下：(1)会计知识面广，对成本理论和实践有较好的基础。(2)熟悉企业生产经营的流程(工艺过程)。(3)刻苦学习和任劳任怨。(4)良好的职业道德。

成本会计人员的配备应该是多层次的，除厂部和生产车间配备专职的成本会计人员、做好成本核算、参与成本管理外，在生产班组内，也可设置兼职核算员，开展组织核算，参与企业生产经营决策，提出改进生产经营管理、降低成本、节约费用的建议和措施，真正当好企业领导的参谋，及时提供成本信息。

四、成本会计制度

成本会计制度是成本会计工作的规范，是会计法规和制度的重要组成部分。成本会计制度可以分为以下四个层次：

(一)《中华人民共和国会计法》

《中华人民共和国会计法》(以下简称《会计法》)是经全国人民代表大会常务委员会通过，由国家主席发布施行的，是我国会计工作的基本法。各专业会计，包括成本会计的一切法规、制度，都应按照它的要求制定。

(二)《企业会计准则》

《企业会计准则》包括基本准则和具体会计准则。其中，基本准则是依据《会计法》，经国务院批准，由财政部发布施行的，是企业进行财务会计工作的基本准则。基本准则的制定和实施会使企业的财务、成本、会计工作规范化、标准化，并与国际惯例接轨，提高了企业信息披露的透明度和可靠性。财政部在基本准则的基础上还陆续颁布了一系列具体会计准则，以进一步规范各类经济业务的会计处理程序和方法。其中，与成本会计有关的具体准则也是规范成本会计工作的重要法规。

(三)《企业产品成本核算制度(试行)》

《企业产品成本核算制度(试行)》是财政部根据《会计法》《企业会计准则》等有关规定制定的。企业产品成本核算工作是企业成本会计工作的重要组成部分，也是企业整个会计工作的重要组成部分。企业成本核算工作应符合有关规定和要求。

(四)企业的成本会计制度

各企业为了具体规范本企业的成本会计工作，还应根据上述各种法规和制度，结合本企业生产经营的特点和成本管理的要求，具体制定本企业的成本会计制度，以此作为开展本企业成本会计工作的直接依据。

企业的成本会计制度包括对成本预测、决策、计划、控制、核算、分析和考核等做出的规定，通常包括以下几个方面：一是成本预测、决策的制度；二是成本定额、成本计划编制的制度；三是成本控制的制度；四是成本核算的制度；五是成本报表编制的制度；六是成本分析、考核的制度；七是内部结算价格制定和结算的制度；八是其他有关成本会计的规定和制度。

制定本企业的成本会计制度是一项工作量大、技术性强的工作，在制定之前应深入实际，进行广泛的调查研究，反复试点，总结经验教训。成本会计制度一经制定，应认真、严格执行，并保持相对的稳定性，只有在企业的生产经营环境和工艺技术条件发生明显变化的情况下，才能进行补充、修改和调整，使之不断完善，适应新的管理要求。

任务五　产品成本核算要求和程序

一、产品成本核算的目的、原则和要求

企业进行成本核算，不仅要实现一定的目的，而且必须符合相应的核算要求。

（一）产品成本核算的目的

1. 改善决策

成本计算的一个主要目的是企业通过成本计算能够向管理者提供相应的成本信息，以在定价、自制和外购选择及项目评价等方面做出更好的决策。

2. 有利于计划、控制和业绩评价

在企业预算编制过程中，可靠的成本信息是预算质量的保证，通过对预算成本和实际成本的比较，可以发现并分析差异，最终实现控制目的。

3. 衡量资产和收益

在企业编制财务报告的过程中，财务报表使用的信息是存货成本和已销产品成本，这些信息是否准确是企业能否按照会计制度或会计准则编制出能够满足相关利益者信息需求的基础。

4. 确定应补偿金额

企业销售产品时的定价主要来源于其成本，为此需要对产品成本进行计算，并以此作为基础来衡量产品成本在销售后是否能得到补偿。

（二）产品成本核算的原则

1. 合法性原则

合法性原则是指企业进行成本核算时计入成本的费用必须遵循国家的方针政策、法律、法规和制度的规定，如《会计法》《企业财务通则》《企业会计制度》等，并且结合企业的生产经营特点和管理要求，制定企业内部成本管理制度，作为企业进行成本会计工作的依据。

2. 分期性原则

企业生产经营活动是一个持续不断的过程。为了确定一定期间所生产产品的成本，企业成本核算必须与会计期间（月、季、年）一致，定期进行成本的归集和分配，按期计算产品生产成本。企业成本费用的归集、汇总和分配按月进行，产成品成本的计算期则与企业的生产类型有关，可能与生产周期一致，但与会计报告期不一定一致。

3. 一致性原则

一致性原则是指企业成本核算在各个会计期间所采用的会计处理方法前后各期应该一致，不得随意变动，使各期成本资料有一个统一的口径，以便分析比较与考核。例如，耗用材料成本的计价方法、辅助生产成本和制造费用的分配标准和方法、产成品成本的计算方法等。但为了适应客观

环境的变化、变更成本核算方法，企业必须在成本报表的附注中说明原因，并在成本报表中将由于方法变更对成本水平的影响予以揭示。

4. 权责发生制原则

权责发生制原则是指在成本核算时要明确划分本期产品成本和下期产品成本的界限，从而正确地计算产品的成本和利润水平。

5. 划分资本性支出和收益性支出原则

资产的资本性支出要在使用过程中逐渐转入成本费用，收益性支出计入当期产品成本或期间费用。如果将资本性支出列作收益性支出，其结果是少计资产价值，多计当期成本费用；反之，则可能多计资产价值，少计当期成本费用。无论何种情况，都会影响产品成本计算的准确性，对企业的会计核算将产生不利影响。

6. 实际成本原则

实际成本原则是指企业的资产在取得或购建时按实际成本入账，并在会计报告中按实际成本反映。按实际成本原则要求，成本核算时对于生产耗用的原材料、燃料、动力等费用，按实际成本计价；若按计划成本计价，在计入产品成本时，则需将计划成本调整为实际成本，对完工产成品成本的结转按实际成本进行计价。

7. 重要性原则

重要性原则是指对成本有重要影响的内容和项目，要作为重点单独设立项目，进行核算和反映，对于次要的内容和项目从简核算。例如，构成产品主要成分的原材料、生产工人的薪酬要直接计入产品成本中“直接材料”“直接人工”项目单独反映，对于一般性耗用的数额不大的材料费用计入制造费用，在综合项目中合并反映。

(三)产品成本核算要求

1. 正确划分应计入产品成本和不应计入产品成本费用的界限

此项划分充分反映了产品成本与期间费用的界限。企业日常生产经营活动中发生的耗费较多，只有一部分费用能够被计入产品成本。

(1)非生产经营活动产生的耗费不能计入产品成本，只有生产经营活动产生的成本才可能计入产品成本。例如，筹资和投资活动不属于企业生产经营活动，因此这些活动产生的耗费不能计入产品成本，只能计入筹资和投资成本。

(2)生产经营活动中发生的成本分为正常成本和非正常成本。只有正常生产经营活动成本才能被计入产品成本，非正常生产经营活动成本不能计入产品成本。非正常生产经营活动成本通常包括灾害损失、盗窃损失等非常损失，滞纳金、违约金、罚款、损害赔偿等支出，交易性金融资产跌价损失、坏账损失、存货跌价损失、长期股权投资减值损失、持有至到期投资减值损失、固定资产减值损失等不能预期原因引起的资产减值损失以及债务重组损失。

(3)正常生产经营活动成本又分为产品成本和期间成本。正常生产成本计入产品成本，其他正常生产经营成本列为期间成本。

2. 正确划分各会计期间成本费用的界限

企业发生的应计入生产经营成本的费用应当在各期之间进行划分，以便分期计算产品成本。为了正确划分各会计期间的费用期限，企业不应提前结账，也不能将本期费用作为下期费用处理，更不能延后结账，将下期费用提前处理。

3. 正确划分不同成本对象费用的界限

对于应计入本期产品的成本费用应在各种产品之间进行分配，企业能分清产品负担的直接成本的，须直接计入该产品成本；若出现多种产品共同承担的间接费用，则应当选择合理的方法分配至各种有关产品成本中，并保持这种分配方法的一贯性。

4. 正确划分完工产品和在产品成本的界限

企业应于每期期末计算产品成本，若某产品已经全部完工，则计入该产品全部成本之后就是其完工产品成本；若某产品全部未完工，则计入该产品的生产成本即为该产品的期末在产品成本；若某种产品既有完工产品又有在产品，则发生的成本应在完工产品和在产品之间选择相应合理的方法进行分配，以得出完工产品成本和在产品成本。

二、产品成本核算涉及的主要会计科目

企业在具体归集和分配成本的过程中应设置如“生产成本”“制造费用”等主要科目来正确反映产品成本。

（一）生产成本

“生产成本”科目核算企业进行生产经营活动所发生的各项产品成本，包括生产各种产成品、自制半成品、自制材料、工具以及设备等所发生的各项成本。

“生产成本”科目应设置“基本生产成本”和“辅助生产成本”两个二级科目。其中，“基本生产成本”二级科目核算企业为完成主要生产目的进行产品生产而发生的成本，计算基本生产的产品成本。“辅助生产成本”二级科目核算企业为基本生产服务而进行的产品生产发生的直接成本，计算辅助生产的产品成本。在这两个二级科目下，企业还应按成本计算对象设置明细账，账内按成本项目设专栏进行明细核算。

企业发生直接材料和直接人工成本直接记入本科目“基本生产成本”以及“辅助生产成本”两个二级科目及其所属明细科目的借方；发生其他间接成本先归集至“制造费用”科目，期末分配记入本科目所属二级科目及其所属明细科目的借方。属于企业辅助生产车间为基本生产车间提供的动力等直接成本，先在本科目所属二级科目“辅助生产成本”核算后，再分配转入本科目所属二级科目“基本生产成本”及其所属明细科目的借方。企业已经生产完成并已验收入库的产成品以及自制半成品的实际成本，记入本科目所属二级科目“基本生产成本”及其所属明细科目的贷方；辅助生产车间为基本生产车间、企业管理部门和其他部门提供产品，期末应按照一定的分配标准分配给各受益对象，按实际成本记入本科目“辅助生产成本”二级科目及其所属明细科目的贷方。本科目借方期末余额反映尚未完工的各项在产品成本。

（二）制造费用

“制造费用”账户核算企业在生产产品和提供劳务时所发生的各项间接费用，包括工资和福利费、折旧费、修理费、办公费、水电费、机物料消耗、劳动保护费、季节性和修理期间的停工损失等。该账户的借方登记各生产单位发生的制造费用，贷方登记按企业成本核算办法的规定分配转入有关成本计算对象的费用。结转后，除季节性生产企业外，“制造费用”账户一般无余额。该账户应按不同的车间、部门等生产单位设置明细账。

【提示】为了进行成本费用的总分类核算，企业除要设置“生产成本”和“制造费用”两个主要账户外，还应设置“销售费用”“管理费用”“财务费用”等账户；单独核算废品损失和停工损失的企业，还应增设“废品损失”和“停工损失”账户。

三、产品生产成本明细账

“生产成本”总分类账户提供了产品生产费用的总括核算资料。为了按用途反映产品生产费用发生的详细情况，并计算各种产品、各批产品或各步骤产品的成本，企业还必须按产品的品种、批别和生产步骤设置生产成本明细账。

根据“生产成本”账户明细分类核算的要求，生产成本明细账按照产品成本核算对象设置，分别按各成本项目来登记和归集生产费用，以计算产品总成本和单位成本。生产成本明细账通常又称为产品成本计算单。按各成本计算对象开设的生产成本明细账应根据有关原始凭证和各种费用分配表，如材料、工资、燃料、动力等和待摊费用、预提费用、制造费用等费用分配表进行登记，将应由本期各该产品生产负担的全部生产费用记入各自的产品成本计算单中；各该产品负担的这部分本月生产费用，加上期初在产品费用，减去期末在产品费用，即可确定各该产品本期完工产品的成本。产品成本计算单即生产成本明细账的基本格式见表1—1。

表1—1　**产品成本计算单**

产品名称：A产品　（生产成本明细账）

年		摘　要	成本项目				合　计
月	日		直接材料	直接人工	燃料和动力	制造费用	
		月初在产品费用					
		本月生产费用					
		生产费用合计					
		转出完工产品成本					
		月末在产品费用					

在产品种类较多的企业，当产品成本的计算比较复杂时，为了按成本项目汇总反映各种类产品、各批别产品、各步骤产品的成本，可在生产成本总账和按品种、批别、步骤等设置的生产成本明细账之间增设生产成本二级账，既能按成本项目汇总反映全部产品的总成本，又可作为总账与明细账之间核对的中介。当生产步骤按车间划分时，企业可按车间和成本项目设置生产成本二级账，还可配合车间经济核算，为考核和分析各车间的产品总成本提供资料。

四、产品成本核算程序

产品成本核算程序是指对企业在生产经营过程中发生的各项要素费用，按照成本核算的原则和要求，逐步进行归集与分配，直至最后计算出各种产品成本的整个过程。一般来说，成本核算包括以下程序：

（一）确定成本核算对象

成本核算对象是生产费用的归集对象和生产耗费的承担者，是设置产品成本计算单和计算产品成本的前提。由于企业的生产特点、管理要求、规模大小、管理水平不同，因此企业成本核算对象也不相同。对于制造企业而言，产品成本核算的对象包括产品品种、产品批别和产品的生产步骤三种。企业应根据自身的生产特点、管理要求、工艺技术与生产组织等，形成不同的生产特点，选择合适的产品成本核算对象。工业企业生产类型如图1—2所示。

（二）确定成本项目

如前所述，成本项目是指生产费用要素按照经济用途划分成若干项目。成本项目可以反映成本的经济构成以及产品生产过程中不同的资金耗费情况。为了满足成本管理的需要，企业可在直接材料、直接人工、燃料和动力、制造费用四个成本项目的基础上进行必要的调整，如将燃料和动力并入直接材料成本项目，或增设废品损失、停工损失等成本项目。

（三）确定成本计算期

成本计算期是指成本计算的间隔期，即多长时间计算一次成本。产品成本计算期的确定主要

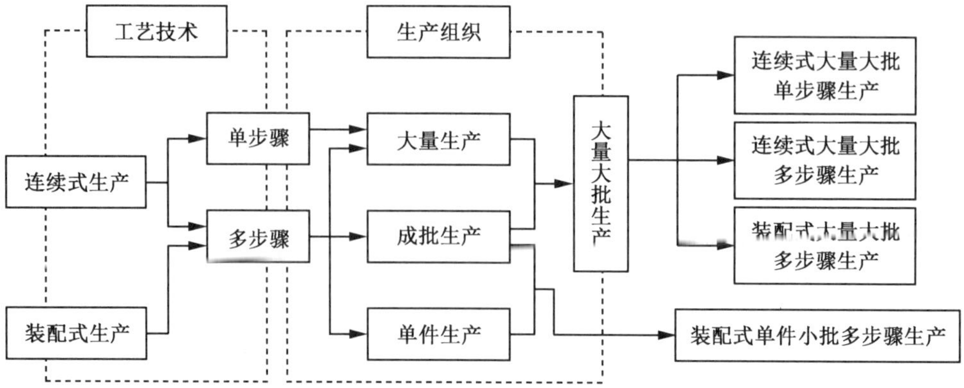

注:(1)连续式生产是指产品的生产过程要经过若干个连续的生产步骤。发电、采煤、自来水、化工、炼油、造纸、食品、水泥等是连续式生产的典型。这种类型的生产又可根据其生产过程是否可以间断,分为连续式的简单生产和连续式的复杂生产。①连续式的简单生产也称单步骤生产,是指在生产工艺技术要求上各个生产步骤之间不可以中断,即自原材料投入生产后,各个生产步骤之间在时间上是不可以中断的,直到最终生产出产成品为止。这种连续式生产一般表现为单步骤生产。②连续式的复杂生产,是指在生产工艺技术要求上各个生产步骤之间可以中断,即完成了某一个加工步骤后不一定马上转移到下一个生产步骤,在时间上可以是不连续的。这种连续式生产属于多步骤的复杂生产。

(2)装配式生产,是指原材料平行地投入各个生产车间,加工为产品的某一部分,如产品的零部件等,然后再集中到其他生产车间(如总装车间)进行装配,最终制造出产成品。

(3)大量生产是指企业在某一会计期间重复大量地生产某一种或几种特定的产品。例如,自来水厂、面粉厂、化工厂、采掘企业、钢铁制造企业、造纸企业等,都属于这种生产组织类型。

(4)成批生产是指企业在某一会计期间按照不同品种、规格生产一定批量的产品。例如,服装厂服装的生产、机械厂机械产品的生产等,都是属于这种生产组织类型。

(5)单件生产是指企业在某会计期间所生产的数量少、种类多的产品。例如,造船厂船舶的生产、重型机械厂重型机械的生产、飞机制造等,都属于这种生产组织类型。

图1—2　工业企业生产类型

取决于企业生产组织的特点。在大量、大批生产的情况下,产品成本的计算期间与会计期间相一致;在单件、小批生产的情况下,产品成本的计算期间与产品的生产周期相一致。

(四)设置生产成本明细账

生产成本明细账也称产品成本明细账或产品成本计算单,是根据成本计算对象设置的。由于计算产品成本就是将生产费用在各不同的成本计算对象之间进行分摊,所以,企业在一定时期内有几个成本计算对象,就要设几个生产成本明细账。在生产成本明细账中,企业要按成本项目设立专栏(或专行),以反映产品成本的构成。

(五)审核和控制生产费用

审核和控制生产费用是指对企业在生产经营活动中发生的各项费用的合规性和合理性进行审核和控制,分清各项费用与生产经营活动的关系,以确定各项费用是否应该开支,应开支的费用是否应计入产品成本或其金额有无超出预算规定。

(六)归集和分配生产费用

1. 归集本期发生的各项费用

企业在审核各项费用的原始凭证后,根据费用的用途,分别按生产费用与期间费用开支范围的规定,确定各项费用应记入“基本生产成本”“辅助生产成本”和“制造费用”等成本类账户,还是应记入“销售费用”“管理费用”和“财务费用”等期间费用类账户；然后，根据各原始凭证反映的具体经济业务，编制费用分配表分配或者直接记入上述各有关账户。

2. 分配辅助生产费用

期末，企业应将“辅助生产成本”账户所归集的辅助生产费用按其服务的对象和提供产品、自制工具或劳务的数量，编制辅助生产费用分配表；分配后，将其转入“基本生产成本”“制造费用”等成本类账户和“管理费用”“销售费用”等期间费用类账户。

3. 分配制造费用

企业应选用适当的分配标准，编制制造费用分配表，将“制造费用”账户所归集的间接生产费用在各受益产品之间进行分配，并根据分配的结果，将制造费用转入“基本生产成本”账户及其所属的明细分类账户。

4. 计算并结转完工产品成本

企业应将“基本生产成本”账户所属的各明细分类账户所归集的生产费用采用合适的方法，在完工产品与期末在产品之间进行分配，计算完工产品总成本与单位成本，并将完工产品总成本转入“库存商品”账户。

产品成本核算主要账务处理基本程序如图 1—3 所示。

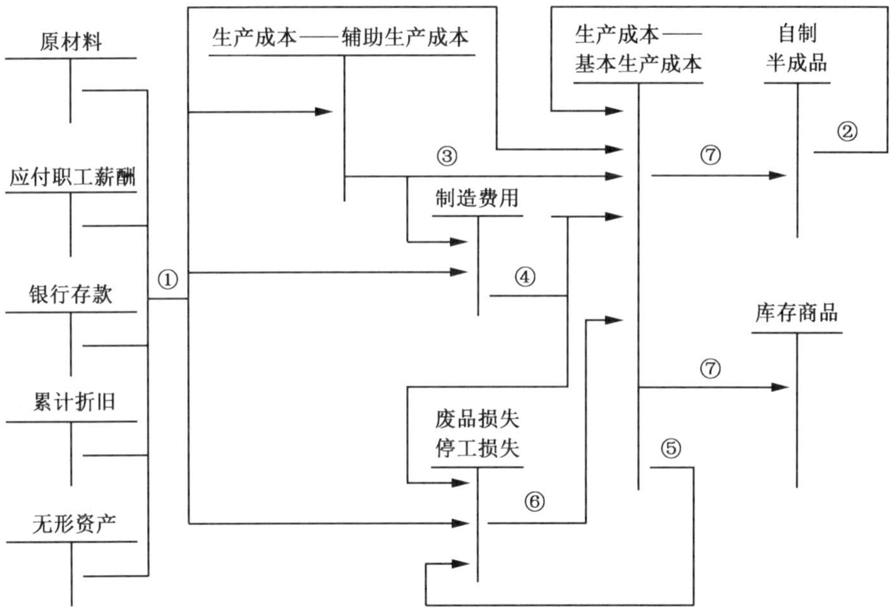

说明：①表示分配各项要素费用；②表示生产领用自制半成品；③表示分配辅助生产成本；④表示分配制造费用；⑤表示结转不可修复废品；⑥表示分配废品损失和停工损失；⑦表示结转产成品成本和自制半成品成本。

图 1—3　产品成本核算主要账务处理基本程序

五、产品成本核算对象与方法

（一）成本核算对象

工业企业中存在着各种不同的成本核算方法，区别在于如何确定成本核算对象、如何确定成本核算期、生产费用在完工产品和期末在产品之间是否分配及如何分配三个方面，其中主要区别在于成本核算对象的不同。各企业应根据本单位成本核算对象的特点确定成本核算方法。

大量大批单步骤生产的企业，由于大量重复生产一种或几种产品，其成本核算对象就是该种或几种产品，成本核算期一般固定在每月月末。生产过程简单、生产周期短的单步骤生产企业，一般没有在产品，或在产品很少，可不予计算，因而生产费用不需要在完工产品与在产品之间进行分配。

大量大批连续式多步骤生产的企业，一般要求提供各步骤半成品的成本资料，其成本核算对象是最终产品和各步骤半成品，其成本核算期固定在每月月末。在这类企业中，月末一般有在产品，因而需要在完工产品与在产品之间进行费用分配。

大量大批装配式多步骤生产的企业，如果成本管理不要求提供各零件、部件的成本，其成本核算对象为最终的各种产成品，如果管理上要求提供各步骤半成品(零部件)成本，则其成本核算对象为最终产品和各步骤半成品，成本核算期固定在每月月末。在这类企业中，经常存在月末在产品，因而需要在完工产品与在产品之间进行费用分配。

单件小批多步骤生产的企业，一般按产品批次、件别组织生产，其成本核算对象就是各批次或件别的产品；在这样的企业中，只有该件或该批次产品完工，才能计算成本，所以成本核算期不固定，与生产周期一致，因而不需要在完工产品与在产品之间分配费用。

(二)成本核算的基本方法

动漫视频

产品生产成本计算方法

前述三种成本核算对象，决定了三种成本核算基本方法。

1. 品种法

在大量大批单步骤或多步骤不要求按步骤核算成本的生产企业中，只能以“全厂某月份生产的某种产成品”作为成本核算对象，设立成本核算单，登记费用和产量，计算其总成本和单位成本，这就形成了“品种法”。

2. 分步法

在大量大批多步骤生产，并且要求按步骤核算成本的企业中，要以“各步骤某月份生产的半成品和产成品”作为成本核算对象，按步骤分产品设立成本核算单、汇集费用，分别按各自的产量计算半成品或产成品的总成本和单位成本，这就形成了“分步法”。

3. 分批法

在单件小批生产的企业中，对用户的订货(或企业主要产品以外的新产品试制、自制设备、来料加工、修理作业等)有不同的数量和质量要求，以及对不同的交货日期的要求，为此，企业必须按批组织生产。因此，要以“全厂(或某一封闭车间)生产的某一批产成品”作为成本核算对象，设立成本核算单，登记费用和产量，以计算该批产成品的总成本和单位成本，这就形成了“分批法”。

以上三种方法的区别不在于什么产品，而在于什么时空。成本核算对象的确定与成本核算基本方法的形成如表1－2所示。

表1－2　成本核算对象的确定与成本核算基本方法的形成

生产组织特点	生产工艺过程	成本管理要求	成本核算对象			成本核算方法
			空间范围	计算期	计算实体	
大量大批	单步骤	全厂核算成本	全厂	某月份	生产的某种产成品	品种法
	多步骤	不要求按步骤核算成本				
		要求按步骤核算成本	各个步骤(车间)	某月份	生产的半成品与产成品	分步法
单件小批	单步骤或多步骤	全厂核算成本	全厂	生产的某一批(从投产到完工)	产成品	分批法

（三）成本核算的辅助方法

1. 分类法

分类法是以产品类别为成本核算对象，将生产费用先按产品的类别进行汇集，计算各类产品成本，然后再按照一定的分配标准在类内各种产品之间分配，以计算各种产品成本的方法。分类法主要是为了解决某些企业产品品种规格繁多，成本核算工作繁重，而在成本核算基本方法基础上设计的一种简化的成本核算方法。此法适用于产品品种、规格繁多，但每类产品的结构、所用原材料、生产工艺过程基本相同的企业。

2. 定额法

定额法是以产品定额成本为基础，加上（或减去）脱离定额差异和定额变动差异，来计算产品成本的一种方法。定额法是在定额管理基础较好的工业企业中，为了加强生产费用和产品成本的定额管理，加强成本控制而采用的成本核算方法。此法适用于定额管理制度比较健全、定额管理基础工作较好、产品生产定型、消耗定额合理且稳定的企业。

分类法和定额法均不是一种独立的成本核算方法，必须结合品种法、分步法、分批法等基本方法使用。

（四）成本核算方法的应用

前已述及，各种成本核算方法分别适用于不同类型企业产品生产的特点和成本管理的要求。在实际工作中，一个工业企业单独采用一种成本核算方法组织成本核算工作的情况并不多，往往同一个企业里的各个生产单位因其生产特点和管理要求不同，常常同时采用几种成本核算方法，或把几种不同的成本核算方法结合起来加以综合应用。

1. 几种成本核算方法同时应用

在工业企业中，一般既有基本生产车间，又有辅助生产车间。基本生产车间主要生产产品，辅助生产车间主要为基本生产车间和其他部门服务。基本生产车间和辅助生产车间的生产特点和管理要求不同，采用的成本核算方法也不同。例如，在纺织企业，其基本生产车间主要产品的生产特点是连续、多步骤，半成品可以对外销售。因此，基本生产车间采用逐步结转分步法进行成本核算。但在辅助生产的机修车间，主要的生产活动是维修机器设备和为生产车间制造某些设备，为了正确计算机器设备的维修成本和设备的制造成本，可采用分批法进行成本核算。在辅助生产的供气车间，主要生产活动是为企业供应蒸汽，可采用品种法计算车间提供蒸汽的成本。就一个企业来说，可以同时采用多种成本核算方法进行成本核算。

再如，同时生产定型产品与非定型产品的企业，定型产品是大量大批生产，非定型产品是单件或小批生产，这两种类型的产品应采用不同的成本核算方法。对大量大批生产的定型产品，应采用分步法或品种法进行成本核算；对非定型产品，应采用分批法进行成本核算。

2. 几种成本核算方法结合应用

有些工业企业，除同时应用几种成本核算方法外，还有以一种成本核算方法为主，结合其他成本核算方法的某些特点加以综合应用成本核算方法的情况。例如，在单件小批生产的机械制造企业，其主要产品的生产过程由铸造、机械加工、装配等相互关联的各个生产阶段所组成，其最终产品应采用分批法进行成本核算。但从各个生产阶段看则有所不同，如在铸造阶段，其产品品种较少，并可直接对外销售，可采用品种法进行成本核算；从铸造到机械加工阶段，属于连续式多步骤生产，其成本结转可采用逐步结转分步法进行；从机械加工到装配阶段，属于装配式多步骤生产，其成本结转可采用平行结转分步法进行。就企业来说，成本核算是以分批法为主，结合使用品种法、分步法的某些特点加以综合应用的。

又如，在定额管理基础工作较好、定额管理制度较完善的企业，为了加强成本的定额管理和控制，可在品种法、分批法、分步法的基础上结合定额法进行成本核算，以满足企业成本管理的要求。

综上所述，工业企业的生产情况是复杂的，因而管理要求是多方面的，成本核算的方法也是多种多样的。企业应当根据其生产特点、管理要求、规模大小、管理水平高低等实际情况，将成本核算方法灵活地加以应用。

应知考核

一、单项选择题

1. 成本会计是会计的一个分支，是一种专业会计，其对象是（　　）。

A. 企业　　B. 成本　　C. 资金　　D. 会计主体

2. 成本会计最基本的职能是（　　）。

A. 成本预测　　B. 成本决策　　C. 成本核算　　D. 成本考核

3. 成本会计的一般对象可以概括为（　　）。

A. 各行业企业生产经营业务成本

B. 各行业企业有关经营管理费用

C. 各行业企业生产经营业务成本和有关经营管理费用

D. 各行业企业生产经营业务成本、有关经营管理费用和各项专项成本

4. 理论成本就是按照马克思主义价值学说计算的成本，主要包括（　　）。

A. 已耗费生产资料转移价值

B. 劳动者为自己劳动所创造的价值

C. 劳动者为社会劳动所创造的价值

D. 已耗费生产资料转移价值和劳动者为自己劳动所创造的价值

5. 甲公司为制造企业，其在日常经营活动中发生的下列支出，不应计入存货成本的是（　　）。

A. 生产车间的水电费等　　B. 季节性停工损失

C. 产成品入库后的保管费　　D. 小规模纳税人的增值税进项税额

二、多项选择题

1. 产品理论成本是由产品生产所耗费的若干价值构成的，包括（　　）。

A. 剩余价值　　B. 劳动者为社会创造的价值

C. 生产中消耗的生产资料价值　　D. 劳动者为自己劳动所创造的价值

2. 企业生产经营过程中发生的（　　）支出不应计入产品成本。

A. 管理费用　　B. 财务费用

C. 销售费用　　D. 制造费用

3. 计入产品成本的各种材料费用按其用途分配，应记入（　　）科目。

A.“管理费用”　　B.“原材料”

C.“制造费用”　　D.“生产成本”

4. 发生下列费用时，可以直接借记“生产成本——基本生产成本”的是（　　）。

A. 车间照明用电费　　B. 构成产品实体的原材料费用

C. 车间管理人员工资　　D. 车间生产人员工资

5. 下列各项中，属于销售费用的是（　　）。

A. 广告费　　　　　　　　　　B. 委托代销手续费
C. 展览费　　　　　　　　　　D. 专设销售机构的办公费

三、判断题

1. 企业在经营过程中发生的各项经营管理费用，应计入产品成本。（　　）
2. 企业一定时期的生产费用等于同一时期的产品成本。（　　）
3. 因为成本是产品价值的组成部分，所以成本必然会通过销售收入得到补偿。（　　）
4. 产品成本项目中的直接材料可以包括直接用于生产的辅助材料、燃料、动力等。（　　）
5. 一般而言，制造费用是产品生产过程中发生的间接费用。（　　）

应会考核

■ 观念应用

【背景资料】

明确产品成本项目构成内容

某厂生产甲、乙两种产品，本月发生甲产品直接材料费 1 500 元，直接人工费 3 000 元，车间管理人员职工薪酬 800 元，订购下年度的报刊费支出 1 200 元。

【考核要求】

请您根据上述资料分析应计入甲产品成本的项目是哪些。

■ 技能应用

了解产品成本、价格与利润的关系

福达公司接受一项业务，加工 10 000 件乙零件，每个零件耗费圆钢的成本是 0.9 元，加工人员每件的工资是 1 元，每个零件负担的间接费用是 0.8 元，该公司定价决策方法是在成本的基础上加价 25%。

【技能要求】

请确定这批零件的成本和销售价格。如果订货的数量增加或减少，则该公司的利润会与之同步变动吗？

■ 案例分析

【分析情境】

熟悉各种费用的划分

乙企业 2021 年 5 月份有关支出资料如下：生产耗用原材料 80 000 元，辅助材料 1 000 元，燃料 2 000 元，照明用电 5 000 元，生产工人工资 10 000 元，车间管理人员工资 5 000 元，车间办公费 500 元，生产用机器修理费 500 元，企业管理人员工资 40 000 元，电话费 1 000 元，支付购买原材料所借款项利息 5 000 元，支付购买车间用设备所借款项利息 30 000 元，固定资产报废清理损失 1 000 元。小王是到该企业进行顶岗实习的会计专业大学生，企业要求她对上述费用进行分类。

小王将此费用的分类列示如下：

生产经营管理费用	190 000 元
生产费用	15 000 元
产品成本	104 000 元
期间费用	55 000 元

【情境思考】

根据资料分析小王对这些费用所做的分类是否正确，并说明理由。

项目实训

【实训项目】

熟悉和理解成本项目

【实训目的】

通过对成本相关理论的理解，明确成本在企业组织管理中的重要性，塑造自己的成本会计职业生涯和职业素养。

【实训情境】

某企业在本会计期间发生的部分经济业务内容如下：

(1)为制造产品消耗了材料费用250 000元，消耗的全部材料均为前期储备材料；

(2)为制造产品支付工资费用150 000元；

(3)生产设备和生产用房屋计提折旧费用80 000元，行政管理部门办公设备和办公用房屋计提折旧费用30 000元；

(4)生产过程中发生废品损失5 000元；

(5)购买新的生产设备支付银行存款500 000元；

(6)维修生产用厂房支付现金3 000元；

(7)对外投资支付现金20 000元；

(8)向投资者分配利润30 000元；

(9)用现金支付办公费用4 000元；

(10)用银行存款支付广告费50 000元；

(11)因违反税法有关规定被处罚，支付现金6 000元；

(12)支付财产保险费8 000元，其中，生产车间保险费5 000元，行政管理部门保险费3 000元；

(13)支付本期利息支出600元；

(14)支付生产车间水电费1 000元；

(15)向长期合作单位捐赠现金40 000元。

该企业将上述各项支出按照其用途分别计入当期生产的甲、乙两种产品成本中。

【实训任务】

(1)对该企业的上述会计处理进行评述，并说明原因。

(2)撰写“熟悉和理解成本项目”实训报告(见表1—3)。

表 1—3　　“熟悉和理解成本项目”实训报告

项目实训班级：	项目小组：	项目组成员：
实训时间：　　年　月　日	实训地点：	实训成绩：
实训目的：		
实训步骤：		
实训结果：		
实训感言：		
不足与今后改进：		
项目组长评定签字：		项目指导教师评定签字：

项目二

生产费用的归集与分配

○ **知识目标**

理解:生产费用的总分类核算;

熟知:生产费用的归集与分配的业务处理;损失性费用的归集与分配;

掌握:材料费用的归集与分配、职工薪酬的归集与分配、外购动力与制造费用的归集与分配。

○ **技能目标**

能够熟练掌握材料费用、外购动力和制造费用、职工薪酬等要素费用的归集与分配的账务处理方法;能够运用定额法分配材料费用,进行成本类明细账的登记;能够编制材料费用分配表;编制职工薪酬分配表;运用所学的知识,规范生产费用归集与分配的相关技能活动。

○ **素质目标**

运用所学的生产费用归集与分配知识研究相关案例,培养和提高学生在特定业务情境中分析问题与决策设计的能力;结合行业规范或标准,运用成本会计知识分析行为的善恶,强化学生的职业道德素养。

○ **思政目标**

能够正确理解"不忘初心"的核心要义和精神实质;树立正确的世界观、人生观和价值观,做到学思用贯通、知信行统一;通过学习生产费用的归集与分配知识,规划成本会计岗位人生职业生涯,提升在成本核算业务中的审美素养,激发自己的创新能力、职业认同感。

○ **项目引例**

科云股份有限公司的生产费用归集与分配

北京科云股份有限公司是一家大型床上用品制造企业。小张是该公司的一名实习生,财务科长安排他进行成本核算,他了解到该公司 2021 年 9 月生产了 1.2 米、1.5 米、1.8 米的全棉被套,1.2 米、1.5 米、1.8 米的磨毛被套,1.2 米、1.5 米、1.8 米的真丝被套,并获得了有关生产费用资料。财务科长让他考虑该公司应采用何种成本核算方法、如何设置生产成本明细账、如何进行成本核算。

刚开始他这样考虑,该公司成本计算采用分类法与品种法相结合的方法,具体计算时看作一类被套,设置成本明细账,把本月发生的各项生产费用分别按成本项目记入明细账中;然后将原材料、直接人工和制造费用各成本项目以原材料定额消耗量、工时定额为分配标准,计算完工成本;最后分别按全棉被套、磨毛被套、真丝被套中不同规格产品的售价计算出各不同规格产品的完工产品成本。

请分析:小张的成本计算方法、产品分类和设置的生产成本明细账的想法是否正确?如果不正确,则说明为什么。几种产品共用的材料、人工又该怎么分配呢?

引例解析

○ **知识精讲**

任务一　生产费用的总分类核算

产品成本是对象化的生产费用，产品成本和计入产品成本的生产费用在经济内容上是完全一致的。生产费用的核算是产品成本计算的基础，产品成本核算过程也就是归集与分配生产费用的过程。因此，进行费用成本的核算，首先必须了解生产费用(产品成本)的内容。为了科学地进行成本管理，使企业按照管理要求计划和核算生产经营费用及产品成本，分析和考核生产费用计划即产品成本计划执行情况，有必要对工业企业生产经营费用进行合理的分类。生产费用有两种最基本的分类：一是按生产费用的经济内容分类；二是按生产费用的经济用途分类。

一、生产费用按其经济内容分类

按生产费用的经济内容(或性质)不同所作的分类，在会计上称为生产费用要素。为了具体反映各种生产经营费用的构成和水平，工业企业生产费用要素一般包括以下几个方面：

(一)外购材料

外购材料是指企业为进行产品生产和提供劳务而耗用的一切由外部购入的原料及主要材料、外购半成品、辅助材料、包装物、修理用备件和低值易耗品等。

(二)外购燃料

外购燃料是指企业为进行产品生产和提供劳务而耗用的由企业外部购进的各种燃料，包括固体、液体、气体燃料。外购燃料与外购材料从性质上看是相同的，可归为一类。但由于在许多企业中燃料是重要的能源，在成本中所占的比重较大，故将其单独列为一类进行核算。

(三)外购动力

外购动力是指企业为生产产品和提供劳务而耗用的由企业外部购进的电力、热力和蒸汽等各种动力。

(四)职工薪酬

职工薪酬是指企业为生产产品和提供劳务而发生的职工工资及按一定比例提取的相关支出。

(五)折旧费

折旧费是指企业生产单位(车间、分厂)按照一定的方法计提的固定资产折旧费用。

(六)修理费

修理费是指企业生产单位(车间、分厂)为修理固定资产而发生的修理费用。

(七)利息支出

利息支出是指企业为借入款项而发生的利息支出减去利息收入后的净额。

(八)税金

税金是指企业发生的应交房产税、车船税、城镇土地使用税和印花税等。

(九)其他支出

其他支出是指为生产产品和提供劳务而发生的不属于以上各项费用要素的支出，如生产单位(车间、分厂)发生的办公费、差旅费、租赁费、设计制图费、试验检验费等。

生产费用按经济内容分类有利于说明企业在生产过程中消耗了哪些性质的费用以及消耗了多少，从而了解生产费用的构成，有利于加强生产费用的核算和管理，同时，又为企业核定流动资金定额和编制采购资金计划提供必要的核算资料。

二、生产费用按其经济用途分类

生产费用的经济用途，是指生产费用在生产产品和提供劳务过程中的实际用途。工业企业的各种费用按其经济用途分类，首先应分为生产经营管理费用和非生产经营管理费用；生产经营管理费用还应分为计入产品成本的生产费用和不计入产品成本的经营管理费用。计入产品成本的生产费用在生产过程中的用途也各不相同，有的直接用于产品生产，有的间接用于产品生产。为了具体地反映计入产品生产成本的生产费用的各种用途，企业还应进一步划分为若干个项目，即产品生产成本项目，简称产品成本项目或成本项目。

根据生产特点和管理要求，工业企业产品生产（制造）成本一般应设立以下三个成本项目：

（一）直接材料

直接材料包括企业生产过程中实际耗用的直接用于产品生产、构成产品实体的原材料、辅助材料、设备配件、外购半成品、燃料、动力、包装物、低值易耗品及其他直接材料等。

（二）直接人工

直接人工是指直接参加产品生产的工人工资以及按生产工人工资和规定的比例计提的职工福利费及相关支出，如生产工人的工资、奖金、津贴和补贴、职工福利以及“五险一金”等。

（三）制造费用

制造费用包括企业各个生产单位（车间、分厂）为生产产品和提供劳务所发生的各项间接费用。其直接用于产品生产，但不便于直接计入产品成本，如生产车间管理人员的工资，建筑物、机器设备等的折旧费、原油储量有偿使用费、油田维护费、矿山维检费、租赁费（不包括融资租赁）、修理费、机物料消耗、低值易耗品摊销、取暖费、水电费、办公费、差旅费、运输费、保险费、设计制图费、实验检验费、劳动保护费、季节性和修理期间的停工损失以及其他制造费用等。企业行政管理部门为组织和管理生产经营活动而发生的管理费用不包括在本项目内。

上述三个成本项目，是按生产费用的实际用途而不是按生产费用的经济用途来划分的。例如，在企业支付给职工的薪酬中，只有产品生产工人的薪酬才记入“直接人工”项目；企业生产单位（车间、分厂）管理人员的薪酬也应当计入产品成本，但记入“制造费用”项目，而企业总部（厂部、公司）管理人员的薪酬则不计入产品成本，应记入“管理费用”项目，作为期间费用处理。

企业应当根据其生产特点和成本管理的要求，选择适合本企业的成本项目。例如，燃料和动力费用比重较大的企业，可以将“直接材料”项目分成“直接材料”与“燃料及动力”（或外购动力费）两个成本项目；经常有停工损失的企业，可以增设“停工损失”项目；需要单独核算废品损失的企业，可以增设“废品损失”项目等。企业成本项目一经确定，不得随意变更，若需变更，则应当根据管理权限，经股东大会或董事会，或者经理（厂长）会议或类似机构批准并在财务报表附注中予以说明。

生产费用按经济用途分类，可以帮助企业了解企业产品成本构成情况，为考核成本计划的执行情况以及寻找降低产品成本的途径提供依据。

【注意】成本项目的设置应适合企业的生产特点和管理要求，企业可以根据实际情况，合并或增设有关成本项目。例如，企业耗用燃料和动力不多时，就不用设置“燃料及动力”项目，而直接并入“直接材料”项目；反之，则应该设置。最基本的成本项目是直接材料、直接人工、制造费用 3 项。

三、生产费用按其计入产品成本的方式分类

为了正确地组织成本核算并进行分析，生产费用还可以根据需要进行其他分类，主要有以下几种分类方法：

（一）生产费用按其与生产工艺的关系分类

生产费用按其与生产工艺的关系不同，可分为基本费用与一般费用。基本费用是指由于生产工艺本身引起的各种费用，如生产工艺技术过程中耗用的原料及主要材料、燃料及动力、产品生产工人工资薪酬及相关支出。一般费用是指企业内部各生产单位（车间、分厂）为组织和管理生产所

发生的各项费用,如生产单位管理人员的薪酬、办公费、差旅费等。

(二)生产费用按其计入产品成本的方式分类

生产费用按其计入产品成本的方式不同,可分为直接计入费用和间接计入费用。在构成产品成本的各项生产费用中,可以分清由哪种产品所耗用、可以直接计入某种产品成本的费用,称为直接计入费用(一般简称为直接费用);不能分清由哪种产品所耗用、不能直接计入某种产品成本,而必须按照一定标准分配计入有关的各种产品成本的费用,称为间接计入(或分配计入)费用(一般简称为间接费用)。将生产费用分为直接费用和间接费用,对于正确组织产品成本核算有着重要的意义。也就是说,凡是直接费用都必须根据原始凭证直接计入该种产品的成本;对于间接费用,则要选择合理的分配标准分配计入。间接费用的分配标准选择是否妥当,直接影响成本计算的正确性,它是成本计算工作中的一个重要问题。

(三)生产费用按其与产品产量的关系分类

生产费用按其与产品产量的关系不同,可以分为变动费用(成本)和固定费用(成本)。变动费用(成本)是指总额随产品产量变动而呈正比例增减变化的费用,如原材料费用。但对单位产品来说,它是固定不变的,即不随产品产量的增减而发生变动。固定费用(成本)是指在一定期间和一定产量范围内其总额不随产量增减而变动的费用,但其单位产品中的固定成本则随产量增减变化而呈反比例变动。将生产费用分为变动费用(成本)和固定费用(成本),是进行成本规划和成本控制的前提条件,同时对于分析成本升降的原因和寻求成本降低的途径有很大的作用。

四、生产费用要素分配的一般原则

费用要素分配的一般原则可概括为:凡是属于直接费用的,应直接计入产品成本;属于间接费用的,经归集与分配后,分配计入产品成本。在费用要素的分配中,企业应特别强调直接费用直接计入的问题。凡是能够确认为某种产品所发生的费用,都应尽量采取直接计入的方法,因为若采用一定的标准进行分配,其结果的准确性要差一些,进而影响产品成本的真实性。

费用要素的归集与分配,是通过编制费用要素分配表来进行的。在具体编制中,企业应根据成本核算的体制、凭证的份数以及传递程序等具体条件的不同而有所不同。企业实行一级成本核算体制时,费用要素分配表应由财会部门来编制;实行两级成本核算体制时,则由各车间的成本会计人员来编制。费用要素分配表不论由谁来编制,其编制的要求和基本方法是一致的。财会部门和各车间或部门要合理分工、互相配合,认真做好各项费用要素的归集与分配工作,以便正确计算产品成本。

任务二 材料费用的归集与分配

一、材料费用归集与分配的意义和任务

(一)材料费用归集与分配的意义

企业产品成本的重要组成部分之一是材料,而加强对材料费用的核算,对于降低产品成本、节约使用资金、加速资金周转等都具有十分重要的作用和意义,具体体现在以下几个方面:

(1)通过建立健全材料保管、领用、核算、分配等一系列制度和方法,控制材料费用,促使其不断降低产品成本,从而使企业经济效益不断提高。

(2)降低材料费用对流动资金的占用。企业保持材料储备在一个合理的水平上,既要防止超储积压,又要防止储备不足。

(3)采用适当的方法进行材料费用分配,可以保证材料费用分配的准确性。

(二)材料费用归集与分配的任务

材料费用的归集是进行材料分配的基础和前提。企业进行材料费用归集与分配时需要完成以下任务:(1)反映和监督材料采购计划的执行情况,控制材料采购支出,降低材料采购成本;(2)反映和监督材料收入、发出以及结存情况,减少材料储备所占用的资金和储存成本,做到既要满足生产需要,又要防止储备不足;(3)反映和监督材料费用归集情况,应按材料发生地点和用途进行材料费用归集;(4)反映和监督材料费用分配情况。

【提示】材料费用发生后,企业要按材料用途采用既简便又合理的方法将材料费用在各种产品中进行分配。材料费用分配方法一经确定,没有特殊情况,不应经常变动,以便使各期成本资料便于比较。

二、材料费用归集

企业生产经营活动中生产产品需要消耗诸如各种原材料及主要材料、辅助材料及燃料。这些材料的用途各不相同,可以用于生产产品、维护生产设备和管理组织生产,还可以用于非工业生产等,其中:(1)用于产品生产用料按成本项目进行归集,若直接构成产品实体材料及主要材料与有助于产品形成辅助材料的,在成本项目中列入"直接材料";(2)用于生产的燃料列入"燃料和动力"项目;(3)用于维护生产设备和管理生产的各种材料列入"制造费用"项目。

【注意】如果存在不计入产品成本而归属于期间费用的材料费用,则应列入"管理费用""销售费用"等科目。另外,用于购置和建造固定资产、其他资产的材料费用,不能列入产品成本,也不能列入期间费用。

材料费用归集主要体现为基础工作、消耗材料计量、发出材料成本的确定等。

(一)材料费用归集的基础工作

1. 收入材料成本的确定

正确地确定收入材料成本,是计算产品成本中材料成本的前提。材料费用计算随企业对材料日常采用的计价方法不同而有差别。一般情况下,如果企业规模较小,材料品种规格不多且收发不太频繁,材料可按实际成本计价;若企业规模较大,材料品种规格繁多且收发频繁,材料则应按计划成本计价。

2. 领用材料原始凭证和材料费用归集

企业生产过程中领用材料品种、数量很多时,为明确各单位的经济责任,便于分配材料费用以及不断降低材料消耗,在领用材料时,应办理必要的手续,由专人负责,并经有关人员签字审核后,才能办理领料手续。

领用材料时使用的原始凭证主要包括领料单、限额领料单和领料登记表等。企业应根据领用材料情况,选择采用某一种领料凭证,期末,将各种领料凭证按车间、部门进行汇总,即可计算出各车间、部门消耗材料的数量和金额,通过编制材料费用分配表进行材料费用分配核算。

(二)消耗材料计量

根据发出材料的有关凭证,可将材料费用列入有关成本计算对象中。对于库存材料的计量,在会计上通常采用永续盘存制和实地盘存制两种方法进行核算。对于原材料的计量有两种方法:一是连续记录法,二是盘存计算法。

动漫视频

永续盘存制

1. 连续记录法

(1)概念。连续记录法又称永续盘存制,是指按存货的品种、规格逐一开设明细账,逐笔登记收入数和发出数,并随时结计出结存数量的方法。其依据的计算公式为:

期初结存数＋本期增加数－本期减少数＝期末结存数

(2)基本做法。企业通过设置存货明细账，对日常发生的存货的增加或减少，都必须根据会计凭证在账簿中进行连续登记，随时在账面上结算各项存货的结存数并定期与实际盘存数对比，确定存货的盘盈盘亏数。采用这种方法时，库存商品明细账卡要按每一品种、规格设置，在明细账卡中，要登记收、发、存数量，有的还要同时登记金额。这种方法不需要通过实地盘点来确定结存数，但为了保证账实相符，仍应对存货进行定期或不定期的盘点清查，每年至少盘点一次。

(3)优缺点。永续盘存制的优点主要体现在以下两个方面：①有利于存货的日常管理与控制。通过存货账簿，可以随时了解其收、发、存的情况。②可以正确地计算存货的结存成本、发出成本。账面结存数可与盘点数进行核对，便于发现余缺，及时查明原因，做出会计处理，从而正确地计算存货的结存成本和发出成本。其缺点主要体现在：明细分类核算的工作量较大，在存货品种、规格较多的情况下，如采用期末一次结转发出存货成本的方法，期末工作量也较大。由于永续盘存制有利于加强对存货的管理，因此在国内外会计实务中被广泛采用。

2. 盘存计算法

(1)概念。盘存计算法又称实地盘存制，是指每次发出材料时都不记录，材料消耗(发出)数量是期末通过实地盘点确认结存数量以后倒挤出来的。其依据的计算公式为：

期初存货成本＋本期购货成本＝本期耗用(或销货)成本＋期末存货成本

本期耗用(或销货)成本＝期初存货成本＋本期购货成本－期末存货成本

(注：第二个公式中的“期初存货成本”“本期购货成本”根据账簿得出，“期末存货成本”根据盘点得出。)

(2)基本做法。企业采用这种方法时，对收入的存货应逐笔登记在账簿中，发出的存货则不记录，期末通过盘点确定库存存货的实际数量，并以此分别乘以单价，计算出期末存货成本，然后根据期初存货成本、本期购货成本和期末存货成本，计算出发出存货的成本。因此，该方法通常也称为“以存计耗”或“以存计销”(收入记账，期末盘点，倒挤发出)。

(3)优缺点。实地盘存制的优点主要是简化了平时的存货核算工作。其缺点包括以下三个方面：①加大了期末的工作量；②不利于对存货的日常管理和控制，因为在这种方法下，存货账簿不能随时提供其收、发、存的情况；③以盘存成本倒挤发出成本，会掩盖自然损耗和由于管理不善造成的人为损耗等因素，使计算的发出成本不真实。

可见，与永续盘存制相比，实地盘存制核算工作比较简单，不需要每天记录材料的减少数。但是，该方法可能会将由于贪污、盗窃、管理不善等造成的材料缺损数隐含在正常的消耗量中，所以一般只适用于那些廉价材料或对材料管理比较好的企业。

(三)发出材料成本的确定

在材料按计划成本计价的情况下，对于发出的材料，应计算发出材料应负担的材料成本差异，把发出材料的计划成本调整为实际成本；对于期末库存材料，应以实际成本反映在资产负债表上。采用实际成本进行材料日常核算的企业，发出材料实际成本可采用先进先出法、加权平均法、移动平均法、个别计价法等方法计算确定。对于不同的材料，可以采用不同的计价方法。材料计价方法一经确定，一般不应经常变动。

三、材料费用分配

(一)材料费用分配原则

企业在进行材料费用分配时应首先确定材料费用分配对象。材料费用分配对象应根据材料的具体用途确定。材料用途通常包括生产产品使用材料、生产中的一般消耗材料与其他耗用材料等。

(1)对于用于产品生产并构成产品主要实体或有助于产品形成的各种材料，其分配原则是直接材料费用直接计入，间接材料费用分配记入各成本计算对象的“直接材料”成本项目中。

直接材料费用是指直接为生产某一种产品所耗用的材料，并能直接确定其归属对象。间接材料费用是指几种产品共同耗用某种材料，不能直接确定其归属对象，需采用简便、合理的方法在几种产品中进行分配。其中，分配方法简便，是指作为分配标准的资料应比较容易取得，并且尽量采用单一标准，避免采用复合标准。分配方法合理，是指所采用的分配方法与标准应同各成本计算对象负担费用呈正比例的因果关系。

(2)对于生产车间和行政管理部门一般耗用的材料，应分别记入“制造费用”和“管理费用”相关项目中。

在材料费用分配中，对于直接用于生产各种产品的材料，如果数量较少、金额较小，根据重要性原则，可以采用简化分配方法，即全部记入“制造费用”相关项目中，以省去一些复杂的计算分配工作。

(3)除了生产过程中使用的材料外，对于发出其他用途材料，应根据其发生的具体用途，分别记入“其他业务成本”“在建工程”等相关项目中。

(二)材料费用分配方法

企业对材料费用归集后，需要在各种产品中采用相应的方法来进行分配。这些方法的不同，主要体现在分配过程中采用的分配参数(标准)不同，具体包括定额耗用量比例分配法、产品重量比例分配法、产品产量比例分配法与产品材料定额成本比例分配法。

1. 定额耗用量比例分配法

定额耗用量比例分配法是按各种产品原材料消耗定额比例分配材料费用的一种方法，一般在各项材料消耗定额资料健全且比较准确的情况下采用。计算公式为：

某产品材料定额耗用量＝该产品实际产量×该产品单位产品材料定额消耗量

材料定额耗用量分配率＝材料实际总耗用量÷各种产品材料定额耗用量之和

某产品应分配实际材料数量＝该产品材料定额耗用量×材料定额耗用量分配率

某产品应分配材料费用＝该产品应分配实际材料数量×材料单价

【做中学 2－1】　某企业生产 A、B、C 三种产品，共耗用甲材料 1 530 千克，每千克 3.5 元，A 产品实际产量为 150 个，单位产品材料定额耗用量为 3 千克；B 产品实际产量为 100 个，单位产品材料定额耗用量为 1.5 千克；C 产品实际产量为 300 个，单位产品材料定额耗用量为 4 千克。

A 产品材料定额耗用量＝150×3＝450(千克)

B 产品材料定额耗用量＝100×1.5＝150(千克)

C 产品材料定额耗用量＝300×4＝1 200(千克)

材料定额耗用量分配率＝1 530÷(450＋150＋1 200)＝0.85

A 产品应分配材料实际数量＝450×0.85＝382.5(千克)

B 产品应分配材料实际数量＝150×0.85＝127.5(千克)

C 产品应分配材料实际数量＝1 200×0.85＝1 020(千克)

A 产品应分配材料费用＝382.5×3.5＝1 338.75(元)

B 产品应分配材料费用＝127.5×3.5＝446.25(元)

C 产品应分配材料费用＝1 020×3.5＝3 570(元)

在这里，也可以按材料定额耗用量比例直接分配材料费用。在这种情况下，为简化材料费用分配工作，对于不需要考核材料实际耗用量的企业，可采用按材料定额耗用量比例直接分配材料费用的方法。具体计算公式为：

材料费用分配率＝(材料实际总耗用量×材料单价)÷各种产品材料定额耗用量之和

某产品应分配材料费用＝该产品材料定额耗用量×材料费用分配率

【做中学 2－2】 沿用【做中学 2－1】的资料：

材料费用分配率＝1 530×3.5÷(450＋150＋1 200)＝2.975

A 产品应分配材料费用＝450×2.975＝1 338.75(元)

B 产品应分配材料费用＝150×2.975＝446.25(元)

C 产品应分配材料费用＝1 200×2.975＝3 570(元)

可以看出，上述两种计算方法结果相同。在实务中，企业可根据具体情况选择使用不同的方法。

2. 产品重量比例分配法

产品重量比例分配法是按照各种产品重量比例分配材料费用的一种方法。这种方法一般适用于产品所耗用材料多少与产品重量有直接联系的情况。计算公式为：

材料费用分配率＝材料实际总耗用量×材料单价÷各种产品重量之和

某产品应分配材料费用＝该产品重量×材料费用分配率

【做中学 2－3】 某企业生产 A、B 两种产品，共同耗用甲材料 30 400 千克，每千克 4.5 元。A 产品重量为 12 000 千克，B 产品重量为 26 000 千克。

采用产品重量比例分配法分配材料费用，结果为：

材料费用分配率＝30 400×4.5÷(12 000＋26 000)＝3.6

A 产品应分配材料费用＝12 000×3.6＝43 200(元)

B 产品应分配材料费用＝26 000×3.6＝93 600(元)

3. 产品产量比例分配法

产品产量比例分配法是按产品产量比例分配材料费用的一种方法，在产品产量与其所耗用材料有密切联系的情况下，可采用这种方法分配材料费用。计算公式为：

材料费用分配率＝材料实际总耗用量×材料单价÷各种产品实际产量之和

某产品应分配材料费用＝该产品实际产量×材料费用分配率

【做中学 2－4】 某企业生产 A、B 两种产品，共耗用甲材料 4 032 千克，每千克 6 元，A 产品实际产量为 1 800 件，B 产品实际产量为 2 400 件。

采用产品产量比例分配法分配材料费用，结果为：

材料费用分配率＝4 032×6÷(1 800＋2 400)＝5.76

A 产品应分配材料费用＝1 800×5.76＝10 368(元)

B 产品应分配材料费用＝2 400×5.76＝13 824(元)

4. 产品材料定额成本比例分配法

产品材料定额成本比例分配法是按照产品材料定额成本分配材料费用的一种方法，一般适用于几种产品共同耗用多种材料的情况。计算公式为：

某产品材料定额成本＝该产品实际产量×单位产品材料定额成本

材料定额成本分配率＝各种产品实际材料费用总额÷各种产品材料定额成本之和

某产品应分配材料费用＝该产品材料定额成本×材料定额成本分配率

【做中学 2－5】 某企业生产 A、B 两种产品，共耗用甲、乙两种材料，耗用甲材料 591.5 千克，每千克 5 元；耗用乙材料 4 500 千克，每千克 3.6 元。A 产品实际产量 200 件，单位产品材料定额成本为 20 元；B 产品实际产量 450 件，单位产品材料定额成本为 35 元。

采用按产品材料定额成本比例分配法分配材料费用，结果如下：

A 产品材料定额成本＝200×20＝4 000(元)

B 产品材料定额成本=450×35=15 750(元)

材料定额成本分配率=(591.5×5+4 500×3.6)÷(4 000+15 750)=0.97

A 产品应分配材料费用=4 000×0.97=3 880(元)

B 产品应分配材料费用=15 750×0.97=15 277.5(元)

四、材料费用分配账务处理

在实际工作中，材料费用分配是通过编制材料费用分配表的方式进行的。材料费用分配表可先按各生产车间和部门分别编制，然后全部合并编制一张材料费用汇总分配表。

【做中学 2—6】 某企业有两个生产车间：一个基本生产车间，一个辅助生产车间。基本生产车间根据各种领料凭证编制材料费用分配表(见表 2—1)，辅助生产车间和管理部门材料费用分配表略，材料费用分配汇总表见表 2—2。

表 2—1 **基本生产车间材料费用分配表**

2021 年 9 月 单位：元

分配对象	直接计入	分配计入			材料计划成本	材料成本差异额	材料实际成本
		分配标准	分配率	金 额			
甲产品	85 600	450	—	1 338.75	86 938.75	869.39	87 808.14
乙产品	10 000	150	—	446.25	10 446.25	104.46	10 550.71
丙产品	5 045	1 200	—	3 570	8 615	86.15	8 701.15
小 计	100 645	1 800	2.975	5 355	106 000	1 060	107 060
制造费用	7 000	—	—	—	7 000	70	7 070
合 计	107 645	—	—	5 355	113 000	1 130	114 130

表 2—2 **材料费用分配汇总表**

2021 年 9 月 单位：元

分配对象	计划成本	差异额	实际成本
生产成本——基本生产成本	106 000	1 060	107 060
生产成本——辅助生产成本	24 000	240	24 240
制造费用——基本生产车间	7 000	70	7 070
制造费用——辅助生产车间	1 000	10	1 010
管理费用	3 500	35	3 535
合 计	141 500	1 415	142 915

根据发出材料的计划成本，会计分录为：

借：生产成本——基本生产成本 106 000

——辅助生产成本 24 000

制造费用——基本生产车间 7 000

——辅助生产车间 1 000

管理费用 3 500

贷：原材料 141 500

结转材料成本差异时，会计分录为：

借：生产成本——基本生产成本　　1 060

　　　　　——辅助生产成本　　240

　　制造费用——基本生产车间　　70

　　　　　——辅助生产车间　　10

　　管理费用　　35

　贷：材料成本差异　　1 415

【注意】如果材料成本差异为节约差，则用红字做上述会计分录。

任务三　职工薪酬的归集与分配

职工薪酬分为职工工资和按照工资的一定比例提取的其他职工薪酬两部分。职工薪酬分配必须划清计入产品成本与期间费用和不计入产品成本与期间费用的职工薪酬界限。

对于职工薪酬的归集，应当计入产品成本，按照成本项目归集。(1)若为生产车间直接从事生产的人员职工薪酬，则记入产品成本的“直接人工”项目；(2)若为企业各生产车间为组织和管理生产所发生的管理人员职工薪酬，则记入产品成本的“制造费用”项目；(3)若为企业行政管理人员职工薪酬，应作为期间费用记入“管理费用”项目。因此，企业必须充分认识到职工薪酬归集与分配意义的重要性并明确其中的任务内容。

一、职工薪酬归集与分配的意义和任务

(一)职工薪酬归集与分配的意义

企业加强对工资费用的核算，可以正确衡量职工的劳动数量和质量，调动职工的生产积极性，执行按劳分配原则；同时，工资又是产品成本和期间费用的重要组成部分。加强对工资费用的核算，对于不断降低产品成本、提高企业经济效益有十分重要的意义。

(二)职工薪酬归集与分配的任务

1. 明确工资费用分类与基础工作

对职工薪酬中的工资，企业必须明确生产工人的工资和其他人员的工资。

(1)生产工人的工资。在企业中，大部分职工直接从事产品生产。由于这些职工的工资费用同产品生产直接发生关系，因而可以直接计入或分配至产品成本中。企业需要在产品成本项目中专设“直接人工(工资)”成本项目来归集生产工人的工资费用。

(2)其他人员的工资。支付给其他人员的工资费用由于不直接同产品生产相联系，因而不直接记入“直接人工(工资)”项目中。另外，对于生产车间为生产产品而发生的各项间接工资费用，如车间管理人员工资，应记入“制造费用”中的“工资和福利费”明细项目；行政管理部门人员工资费用，应记入“管理费用”中的“工资和福利费”明细项目；销售机构人员工资，应记入“销售费用”项目。对于计入管理费用和销售费用中的工资，不计入产品成本中，而是直接计入当期损益。

为了正确地计算和分配工资费用，企业应做好工资费用核算的各项基础工作。与此同时，企业应根据自身特点和管理要求，确定工资核算所需原始凭证的种类、格式、登记方法以及传递程序。企业应做好内部分工，保证各项凭证记录准确无误。通常来说，企业工资费用核算的各项原始记录主要有考勤记录与产量记录。

①考勤记录是登记职工出勤和缺勤情况的记录，是计算职工工资的重要记录，同时，它对于分析和考核职工工作时间利用情况、加强企业劳动纪律、提高企业管理水平等有重要作用。

企业考勤记录一般分车间、班组、科室进行，考勤工作应由兼职人员担任。考勤记录应由考勤人员根据职工出勤和缺勤情况进行逐日登记，除反映出勤和缺勤情况以外，还应反映出勤时间分析、缺勤时间分析等内容。考勤记录在月末经财务部门审核后，作为计算计时工资的依据。

②产量记录是反映工人或班组在出勤时间内生产产品产量和耗用生产工时的记录。产量记录不仅是计算计件工资的依据，也是统计产量和生产工时的依据。所以产量记录应提供产量、合格品产量、废品产量、工时等资料。

生产车间工艺过程和生产组织特点以及产品性质不同，产量记录具体内容与编制程序也不一样。单件、小批生产企业，一般采用"工作通知单"作为产量记录。采用"工作通知单"作为产量记录时，计算工资和工时比较方便，但不能反映被加工产品的连续加工过程。因此，它不适用于成批生产企业。成批生产类型企业，一般采用"工序进程单"作为产量记录。"工序进程单"一般按每批产品整个工艺过程开设，用于分配生产任务，并同时用来记录产品加工进程。但是，"工序进程单"不能满足企业统计产量和计算工资要求，因而还需设置"工作班产量记录"。

2. 正确计算职工工资

工资费用计算包括计时工资，计件工资，奖金、津贴和补贴，加班加点工资，特殊情况下支付的工资等。

(1)计时工资的计算。

计时工资是根据考勤记录登记的每一职工的出勤情况和规定的工资标准计算的工资。工资标准是指每一职工在单位时间内(月、日、小时)应得的工资额。在实际工作中，应付职工计时工资的计算可采用月薪制和日薪制两种方法。

①月薪制，又称月工资制，即全勤月工资制。在月薪制下，不管当月的日历天数是多少(大月或小月)，只要职工出满勤，每月都可以得到固定的月标准工资。如果缺勤，则相应扣除缺勤期间应扣的工资。其计算公式为：

应付工资＝月标准工资＋奖金＋津贴和补贴＋加班加点工资－缺勤应扣工资

缺勤应扣工资＝缺勤天数×日工资率×扣款比例

公式中的月标准工资来自工资卡记录。奖金、津贴和补贴，加班加点工资根据奖金、津贴和补贴，加班加点工资通知单确定；缺勤天数根据考勤记录确定。

②日薪制。

日工资率是指职工每日应得的平均工资额。它的计算方法有三种，具体如下：

A. 按全年每月日历天数30(365÷12)天计算。采用这种方法，双休日和节假日照计工资，但职工病事假期间跨月的双休日和节假日也算缺勤，照扣工资。

B. 按全年平均每月工作日数20.83天计算，即全年365天减去104个双休日和11个法定假日之后除以12个月，得出月平均工作日为20.83天。按照这种方法计算，双休日和节假日不计算工资，职工病事假期间跨月的双休日和节假日也不扣工资。

C. 按当月满勤日数计算，即当月日历天数减去当月双休日天数和当月节假日天数。采用这种方法，由于每个月的双休日、节假日天数不相同，所以每个月满勤日数也不相同。在这种情况下，即使月标准工资不变，在各月满勤日数不相同的情况下计算出来的各月标准工资也不一样。由于当月满勤日数不包括双休日和节假日，即双休日和节假日不计算工资，所以缺勤期间跨月的双休日和节假日也不算缺勤，不扣工资。

公式中的扣款比例由企业按照国家有关规定执行。

(2)计件工资的计算。

计件工资按结算对象不同，可分为个人计件工资和集体计件工资。

①个人计件工资的计算。个人计件工资应以产量凭证上登记的每个工人完成的工作量，乘以规定的计件单价计算。其计算公式为：

$$应付计件工资=\sum(各种产品的产量\times该种产品计件单价)$$

计件工资是根据验收合格的产品数量计算的，如果因生产工人本人的过失导致废品(简称“工废”)，则不应计算支付工资，还应根据具体情况向责任人索取部分或全部赔偿；如果因为材料的质量不符合要求而导致废品(简称“料废”)，则应按规定的计件单价支付工资。

采用计件工资同计时工资一样，除了职工在出勤时间内的工资外，应付给职工的工资中还应包括公差、病假工资及各种津贴和补贴等。

②集体计件工资的计算。集体计件工资的计算可分为两个步骤：第一步，计算该集体(班、组)应得计件工资总额，计算方法与个人计件工资的计算相同；第二步，将集体计件工资总额按贡献大小在小组成员之间进行分配，一般可根据各成员的工作时间与工资标准乘积的比例进行分配。

(3)其他职工薪酬费用的计算。其他职工薪酬包括职工福利费、各种社会保险费、住房公积金、工会经费、职工教育经费、短期带薪缺勤、利润分享计划等。

工会经费和职工教育经费一般是以应付工资总额为基础，按一定的比例准予扣除；各种社会保险和住房公积金应当按照国务院、所在地政府或企业年金计划规定的标准计量确定。

二、职工薪酬分配

(一)工资费用分配依据

企业按规定计算出每一职工的应付工资后，应在规定日期发放给每一职工。为了能够及时反映企业职工工资的结算情况，财务部门应根据各车间、部门职工工资单，汇总编制工资结算汇总表，作为应付职工工资的依据，见表2—3和表2—4。

(二)工资费用核算会计科目

工资费用核算使用的会计科目为“应付职工薪酬”科目，该科目属于负债类科目，用来核算企业根据有关规定应付给职工的各种薪酬。外商投资企业按规定从净利润中提取的职工奖励及福利基金也在本科目核算。

“应付职工薪酬”科目应当按照“工资”“职工福利”“社会保险费”“住房公积金”“工会经费”“职工教育经费”“解除职工劳动关系补偿”等应付职工薪酬项目进行明细核算。该科目贷方登记应发放给职工的薪酬金额。另外，因解除与职工劳动关系给予的补偿、外商投资企业按规定从净利润中提取的职工奖励及福利基金，也记入该科目的贷方。

“应付职工薪酬”科目借方登记企业按照有关规定向职工支付的工资、奖金、津贴，以及从应付职工薪酬中扣还的各种款项等。另外，企业向职工支付的职工福利费、工会经费、职工教育经费，用于工会运作和职工培训，按照有关规定缴纳社会保险费和住房公积金，因解除与职工的劳动关系向职工给予的补偿，也记入该科目的借方。本科目期末贷方余额，反映企业应付未付职工薪酬结余。

(三)工资费用账务处理

企业对工资费用应按其发生地点和用途进行分配。对于生产车间直接从事产品生产的生产工人工资，应记入“生产成本”科目中的“直接人工(工资)”成本项目；生产车间管理人员工资应记入“制造费用”科目；行政管理人员工资应记入“管理费用”科目；固定资产大修理等工程人员工资应记入“在建工程”科目；专设销售机构人员工资则应记入“销售费用”科目。

表 2—3

工资结算单

生产车间:第一车间　　2021 年 9 月　　单位:元

组别	姓名	级别	应付职工薪酬											代发款项	代扣款项					实发工资	签收盖章
			月标准工资	日标准工资	奖金	津贴和补贴		扣缺勤工资					应付职工薪酬合计	交通补贴	养老保险	医疗保险	失业保险	住房公积金	合计		
						工龄津贴	夜班补贴	病假			事假										
								天数	所占比例	金额	天数	金额									
1	张平	2	720	24	150	60	45	4	10%	9.6			965.40	45	20	18	14	3[illegible]	82	928.4	
1	刘力	3	810	27	200	60							1 070	45	25	20	15	35	95	1 020	
1	郭建	4	900	30	160	60					2	60	1 060	45	28	22	16	40	106	999	
⋮	……	⋮	⋮	⋮	⋮	⋮	⋮	⋮	⋮	⋮	⋮	⋮	⋮	⋮	⋮	⋮	⋮	⋮	⋮	⋮	
生产工人小计			49 250		6 180	3 000	1 275			90		225	59 390	6 300	2 500	980	515	4 9[illegible]	8 895	56 795	
⋮	⋮	⋮	⋮	⋮	⋮	⋮	⋮	⋮	⋮	⋮	⋮	⋮	⋮	⋮	⋮	⋮	⋮	⋮	⋮	⋮	
管理人员小计			4 870		840	360	75			6		45	6 094	180	220	60	30	28[illegible]	590	5 684	
合　计			54 120		7 020	3 360	1 350			96		270	65 484	6 480	2 720	1 040	545	5 18[illegible]	9 485	62 479	

表 2—4

宏达工厂

工资结算汇总表

2021 年 9 月

单位:元

车间或部门	职工类别	应付职工薪酬							代发款项	代扣款项					实发工资
		月标准工资	奖金	津贴和补贴		扣缺勤工资		应付职工薪酬合计	交通补贴	养老保险	医疗保险	失业保险	住房公积金	合计	
				津贴	补贴	病假	事假								
第一车间	生产工人	49 250	6 180	3 000	1 275	90	225	59 390	6 300	2 500	980	515	4 900	8 895	56 795
第一车间	管理人员	4 870	840	360	75	6	45	6 094	180	220	60	30	280	590	5 684
小　计		54 120	7 020	3 360	1 350	96	270	65 484	6 480	2 720	1 040	545	5 180	9 485	62 479
辅助生产机修车间	生产工人	6 425	820	425	220	26	140	7 724	350	260	154	100	420	934	7 140
辅助生产供水车间	生产工人	5 860	750	350	200		25	7 135	320	240	145	95	380	860	6 595
小　计		12 285	1 570	775	420	26	165	14 859	670	500	299	195	800	1 794	13 735
行政部门	管理人员	4 600	950	680			50	6 180	530	350	260	180	410	1 200	5 510
销售机构	管理人员	2 500	980	720			30	4 170	280	150	140	70	210	570	3 880
福利部门		1 700	560	470		15	20	2 695	170	140	110	60	155	465	2 400
合　计		75 205	11 080	6 005	1 770	137	535	93 388	8 130	3 860	1 849	1 050	6 755	13 514	88 004

【做中学 2—7】 某企业工资费用分配表见表 2—5。

表 2—5 **工资费用分配表**

2021 年 9 月

单位：元

应借科目	应贷科目：应付职工薪酬					
	第一车间	第二车间	供电车间	行政管理部门	固定资产修理	合　计
生产成本	98 450	43 845	10 815	—	—	153 110
制造费用	19 050	10 820	7 270	—	—	37 140
管理费用	—	—	—	20 720	—	20 720
在建工程	—	—	—	—	47 750	47 750
合　计	117 500	54 665	18 085	20 720	47 750	258 720

若生产车间发生的直接工资费用只生产一种产品，则可将其全部列入该产品成本。

根据上述工资费用分配表，编制会计分录为：

借：生产成本　　153 110

　　制造费用　　37 140

　　管理费用　　20 720

　　在建工程　　47 750

　贷：应付职工薪酬　　258 720

如果生产几种产品，则应采用一定的方法分配计入各种产品成本。直接工资费用分配方法一般采用按实际工时或定额工时比例进行分配。计算公式为：

直接工资费用分配率＝直接工资总额÷各种产品实际(或定额)工时之和

某产品应分配直接工资＝该产品实际(或定额)工时×直接工资费用分配率

【做中学 2—8】 某企业一车间生产工人工资(直接工资)98 450 元，是为生产 A、B、C 三种产品发生的，共发生生产工时 40 000 小时。其中，A 产品 20 000 小时、B 产品 15 000 小时、C 产品 5 000 小时。每种产品应分配工资费用可编制成工资费用分配明细表(见表 2—6)。

表 2—6 **工资费用分配明细表**

2021 年 9 月

单位：元

分配对象	分配标准(小时)	分配率	分配金额
A 产品	20 000	—	49 200
B 产品	15 000	—	36 900
C 产品	5 000	—	12 300
合　计	40 000	2.46	98 400

会计分录为：

借：生产成本——A 产品　　49 200

　　　　　　——B 产品　　36 900

　　　　　　——C 产品　　12 300

　贷：应付职工薪酬　　98 400

任务四　外购动力费用和制造费用的归集与分配

一、外购动力费用的归集

外购动力费用是指企业从外单位购入的电力、蒸汽等动力费用。外购动力应根据其使用数量向供应单位支付款项。一般情况下，企业使用外购动力都有仪器仪表计量。在支付外购动力费用时，企业应根据仪器仪表上记录的耗用数量、规定的价格向提供动力的单位支付款项，以支付款项的原始凭证编制记账凭证，以此作为外购动力费用分配的依据。

二、外购动力费用的分配

企业对外购动力费用进行分配时可编制动力费用分配表，据以进行明细核算和总分类核算。如：(1)直接用于产品生产的动力费用列入"燃料和动力"成本项目，记入"生产成本"科目及其明细账；(2)属于照明、取暖等用途的动力费用，可按照其使用部门分别记入"制造费用""管理费用"等科目；(3)若企业设有供电车间等辅助生产车间，则发生的外购电费应记入"生产成本——辅助生产成本"科目，再加上供电车间本身发生的工资等费用，作为辅助生产成本进行分配。

(一)基本生产车间用于产品生产外购动力费用分配

1. 分配原则

企业基本生产车间生产产品用的动力，如电解用电力、烘干用蒸汽、炼钢用氧气以及可以按产品确定消耗定额的动力用电等，应以"燃料和动力"成本项目记入"基本生产成本明细账"以及"产品成本计算单"中。

【注意】对于几种产品共同耗用的动力费用，一般按各种产品定额工时或实际工时消耗量的比例进行分配。

2. 分配方法

以外购电力为例，对于各车间、部门耗用的电力，都有电表加以计量。各车间、部门应分配的电费应按以下公式计算：

每度电费分配率＝支付外购电费总额÷各车间、部门耗用外购电力度数总和

某车间、部门应分配电费＝该车间、部门用电度数×每度电费分配率

生产车间用于产品生产的外购电力不能按产品分装电表计量其耗用的数量，因此，一般采用工时比例(实际工时或定额工时)进行分配。计算公式为：

$$\text{某车间产品用电力费用分配率}=\text{生产产品用电度数}\times\text{每度电费分配率}\div\text{该车间产品生产工时之和}$$

某产品应分配电费＝该产品生产工时×该车间产品用电力费用分配率

(二)基本生产车间一般耗用外购动力费用分配

基本生产车间照明、取暖等耗用动力，应根据其耗用数量和动力费用分配率，计算出应分配动力费用数额，记入"制造费用明细账"中有关的成本项目。

(三)辅助生产车间耗用外购动力费用分配

辅助生产车间耗用动力费用，应根据其耗用数量和动力费用分配率，计算出应分配的动力费用数额，记入"辅助生产成本明细账"中的有关项目。

(四)管理部门耗用外购动力费用分配

管理部门耗用外购动力费用，应根据其耗用数量和动力费用分配率，计算出应分配动力费用数

额，记入“管理费用明细账”中的有关项目。

【做中学2—9】 某企业本月共支付外购动力费用360 000元，根据各车间、部门电表的计量结果可知，用电度数总和为900 000度。根据各车间、部门用电数量及有关产品工时资料，编制外购动力费用分配表(见表2—7)。

表2—7 **外购动力费用分配表**

2021年9月 单位：元

分配对象		成本项目	耗用数量(度)	分配标准(定额工时)	分配率	分配金额
基本生产车间	甲产品	燃料和动力	—	50 000	—	187 500
	乙产品	燃料和动力	—	30 000	—	112 500
	小　计	—	750 000	80 000	3.75	300 000
	车间一般耗用	水电费	50 000	—	—	20 000
辅助生产车间耗用		水电费	80 000	—	—	32 000
行政管理部门耗用		水电费	20 000	—	—	8 000
合　计		—	900 000	—	0.4	360 000

根据外购动力费用分配表中的分配结果，会计分录为：

借：生产成本——基本生产成本 300 000
　　　　　　——辅助生产成本 32 000
　　制造费用 20 000
　　管理费用 8 000
　　贷：银行存款 360 000

三、制造费用的归集与分配

制造费用是企业各生产单位为组织和管理生产而发生的各项间接费用。它包括工资和福利费、折旧费、修理费、办公费、水电费、机物料消耗、劳动保护费、租赁费、保险费、排污费、存货盘亏费(减盘盈)及其他制造费用。企业发生的各项制造费用按其用途和发生地点，通过“制造费用”科目进行归集和分配。对于“制造费用”科目，依据管理需要，按照生产车间开设明细账，账内按照费用项目开设专栏进行明细核算。当费用发生时，企业根据支出凭证借记“制造费用”科目及其所属有关明细科目，但材料、工资、折旧等需要在期末时根据汇总编制的各种费用分配表计入。材料、产品等存货盘盈、盘亏数，则在盘点报告表中登记。制造费用归集后，期末时企业应当全部转入“生产成本”科目，计入产品成本。“制造费用”科目一般期末无余额。

制造费用发生若只为生产一种产品，则可直接计入产品成本；若为生产多种产品，则需要采用合理、简便的分配方法将制造费用计入各种产品成本。此时，制造费用分配常用标准有按生产工时、定额工时、机器工时、直接人工费用等。计算公式为：

制造费用分配率＝制造费用总额÷各种产品生产(或定额、机器)工时之和

某产品应负担制造费用＝该产品工时数×制造费用分配率

账务处理为：

借：生产成本
　　贷：制造费用

【做中学2—10】 某企业2021年9月基本生产车间同时生产A、B两种产品，本月A产品生产工时为200小时，B产品生产工时为300小时，本月共发生制造费用5 000元。

以生产工时为分配标准，将2021年9月发生的制造费用在A、B产品中进行分配：

制造费用分配率＝5 000÷(200＋300)＝10

A产品应负担制造费用＝200×10＝2 000(元)

B产品应负担制造费用＝300×10＝3 000(元)

按照生产工时比例分配法编制制造费用分配表，见表2—8。

表2—8　　**制造费用分配表**

2021年9月　　单位：元

借方科目	生产工时	分配金额(分配率＝10)
生产成本——基本生产成本(A产品)	200	2 000
生产成本——基本生产成本(B产品)	300	3 000
合　计	500	5 000

相应的会计分录为：

借：生产成本——基本生产成本(A产品)　　2 000

　　　　　　——基本生产成本(B产品)　　3 000

　贷：制造费用　　5 000

通过对上述各种费用的归集与分配，应计入本期产品成本的各种产品费用都已经记入"生产成本——基本生产成本"科目的借方，并在各种产品之间进行分配，从而按照成本项目分别登记在各产品成本计算单(基本生产成本明细账)中。

任务五　损失性费用的归集与分配

一、损失性费用的概念和内容

工业企业在其生产经营过程中发生的各种损失，统称为损失性费用。损失性费用，按其是否计入产品成本，可分为生产损失和非生产损失两大类。生产损失是指企业在产品生产过程中由于生产原因而发生的各种损失，例如，由于生产了不合格产品而造成的废品损失；由于机器设备发生故障被迫停工而造成的停工损失；由于对在产品管理不善而造成的在产品盘亏、毁损、变质损失等。生产损失都是与产品生产直接有关的损失，因此，生产损失应由产品制造成本承担，是产品制造成本的组成部分。非生产损失主要是由于企业经营管理或其他原因造成的损失，例如，坏账损失，材料、产成品的盘亏、毁损、变质损失，汇兑损失，投资损失，固定资产盘亏、毁损损失，非常损失等。非生产损失由于与产品生产没有直接关系，因此不能计入产品制造成本，而应根据损失的性质、原因和现行会计制度的规定，列入期间费用、营业外支出或冲抵投资收益等。

如果生产损失偶尔发生且数额较小，对产品成本的影响不大，为简化成本核算的工作量，则可不进行核算；但如果生产损失的数额较大，对产品成本的计算影响也较大，为了控制生产损失发生的数额，使其不断降低，同时，也为了明确经济责任、提高企业的管理水平、保证企业生产的正常进行，则有必要进行生产损失的核算。生产损失主要包括废品损失和停工损失。

二、废品损失概述

(一)废品的概念和分类

废品是指由于生产原因而造成的质量不符合规定的技术标准,不能按原定用途使用,或者需要加工修理后才能按规定用途使用的在产品、半成品和产成品。不论是在生产过程中发现的,还是在入库后发现的,都是生产中的废品。

废品按其产生的原因分类,分为工废和料废两类。工废是由于工人操作上的主观原因造成的废品,属于操作工人的责任;料废是由于投入加工的原材料或半成品的质量不符合要求所造成的废品,不属于操作工人的责任。

废品按其修复技术的可行性和修复费用的经济性分类,分为可修复废品和不可修复废品两种。可修复废品,技术上可以修复,而且所需修复费用在经济上是合算的废品;不可修复废品,则指技术上无法修复,或技术上可以修复但所需修复费用在经济上不合算的废品。

废品没有使用价值,因而其价值也无从实现,就连其生产过程中消耗的价值也无法获得补偿,这必然使企业蒙受重大损失。但是,为了保证企业再生产循环顺利进行,考核企业的生产经营成果,促使企业生产消耗的足额补偿,国家允许企业将发生的废品损失作为一种费用计入合格品成本,以期通过合格品价值的实现,达到足额补偿生产消耗的目的,保证再生产的顺利进行。所以,废品损失属于产品成本的组成内容。

(二)废品损失的概念和方式

动漫视频

废品损失

所谓废品损失,是指生产过程中发生或完工入库后发现的各种不可修复废品所形成的报废净损失和可修复废品的修复费用总和。报废净损失是指不可修复废品的生产成本扣除残料价值和责任人赔偿款后的损失。修复费用是指为修复废品所耗用的料、工、费等支出,若有残料回收和责任人的赔偿款,则应予以扣除。

废品损失的核算有两种方式:单独核算废品损失和不单独核算废品损失。

1. 单独核算废品损失

单独核算废品损失,是指会计上单独设置"废品损失"账户对发生的废品损失进行专门的核算与监督,在产品成本计算中单设"废品损失"成本项目进行反映。单独核算废品损失适用于产品生产中易产生废品、管理上需要单独考核"废品损失"及有关费用项目指标的企业;反之,则采用不单独核算废品损失的方式。单独核算废品损失企业的废品损失核算程序如图 2—1 所示。

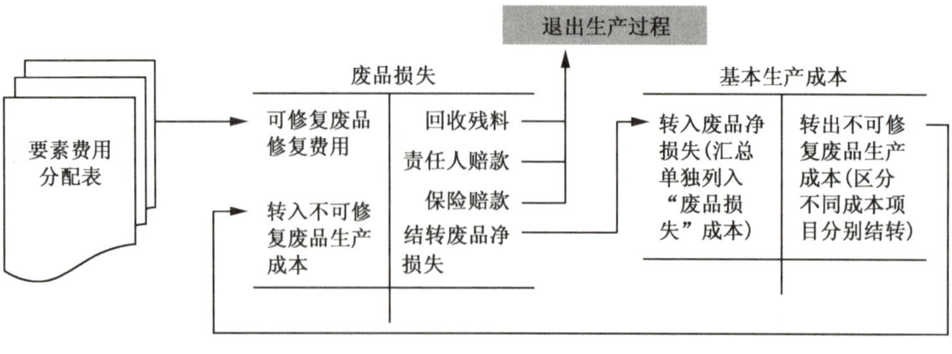

图 2—1 废品损失核算程序

2. 不单独核算废品损失

不单独核算废品损失，是指发生的废品损失混合在合格品成本之中，无法明确反映实际发生废品损失的数额，不作为独立的成本项目加以核算。

单独核算废品损失的企业，应在会计科目体系中增设“废品损失”科目，并在基本生产成本明细账中增设“废品损失”成本项目。“废品损失”科目是为了归集和分配废品损失而设立的。该科目按车间设立明细账，账内按产品品种分设专户，并按成本项目分设专栏或专行，进行明细核算。该科目借方登记转入的不可修复废品生产成本和可修复废品的修复费用，贷方登记结转的废品残值收入、责任人赔款收入以及最终结转到当月同种合格品成本的废品净损失。“废品损失”科目月末结转后无余额。

（三）废品损失的核算

1. 可修复废品损失的核算

可修复废品损失是指在废品修复过程中所发生的修复费用，包括为修复废品所耗用的直接材料、直接人工、制造费用等。

单独核算废品损失的企业对可修复废品发生的各种修复费用，应根据各种费用分配表归集在“废品损失”账户及其有关明细账的借方，如有残值回收和应收赔偿款，应抵减废品成本，即分别根据“废料交库单”和有关结算凭证，将残料价值由“废品损失”账户的贷方转入“原材料”等有关账户的借方，将应收赔偿款由“废品损失”账户的贷方转入“其他应收款”账户的借方，最后，将废品净损失（即修复费用减去残值和赔款的差额）由“废品损失”账户的贷方转入“基本生产成本”账户的借方“废品损失”成本项目。

不单独核算废品损失的企业对可修复废品发生的各种修复费用，应根据各种费用分配表归集在“基本生产成本”明细账户有关的成本项目中，如修复废品领用材料、发生人工费用，应直接记入“基本生产成本”明细账户的直接材料、直接人工等成本项目，与正常的产品生产消耗的核算相同，在回收废品残料时，直接冲减“基本生产成本”明细账的直接材料成本项目。“基本生产成本”账户和所属有关产品成本明细账归集的费用即为合格产品的成本。

【做中学2—11】 某企业在生产过程中发现1月份有3件A产品为可修复废品，月末各种费用分配表列明A产品的修复费用为：原材料270元，工资200元，职工福利费28元，制造费用156元。

单独核算废品损失的企业做如下会计处理：

（1）发生各种修复费用时：

借：废品损失——某车间（A产品）	654	
贷：原材料		270
应付职工薪酬——工资		200
——福利费		28
制造费用		156

（2）月末将A废品的残料作价30元，验收入库时：

借：原材料	30	
贷：废品损失——某车间（A产品）		30

（3）将废品净损失转入产品成本时：

借：生产成本——基本生产成本——A产品（废品损失）	624	
贷：废品损失——某车间（A产品）		624

2. 不可修复废品损失的核算

不可修复废品损失是指截至报废时，废品已经发生的生产成本扣除残值和应收责任人（或保险公司)赔偿款后的净额。

单独核算废品损失的企业应先将废品的生产成本由“基本生产成本”明细账转入“废品损失”账户,再核算残料价值和责任人赔款,最后将废品净损失结转计入“基本生产成本”账户,由它的合格品来承担,相应地增加单位合格品的生产成本。这里关键的问题是不可修复废品的生产成本如何从该产品总成本中分离出来。这是因为,不可修复废品在报废前其所耗成本是与合格品成本混合在一起的,不能直接辨认和确定,所以,不可修复废品的生产成本要采用适当的分配方法,将某产品成本明细账归集的费用总额在合格品与废品之间分配,计算出不可修复废品的生产成本。企业计算时可以按废品的实际生产成本计算,也可按废品的定额成本计算。

实际成本计算废品损失按结果比较准确,但要等到期末,且核算工作量也相对较大。如果企业的定额资料比较齐全,也可以按定额成本计算。

【做中学 2—12】 某企业第一基本生产车间 2021 年 9 月在 B 产品的生产过程中发现不可修复废品 20 件,材料已全部投入,加工程度为 60%。B 产品单位费用定额为 325 元,其中,直接材料 195 元、直接人工 80 元、制造费用 50 元。废品残料回收价值 450 元,应收×××责任人的赔偿款 1 000 元。根据上述资料,编制废品损失计算表,见表 2—9。

表 2—9 **废品损失计算表** 单位:元

车间:第一基本生产车间 2021 年 9 月 产品名称:B 产品

项目	直接材料	直接人工	制造费用	合计
单位产品费用定额	195	80	50	325
不可修复废品数量(件)	20	12	12	
不可修复废品损失	3 900	960	600	5 460
减:废品残值	450			450
减:应收赔偿款				1 000
废品净损失	3 450	960	600	4 010

根据表 2—9,编制会计分录如下:

(1)计算废品成本,结转废品成本到“废品损失”账户:

借:废品损失——B 产品 5 460

贷:生产成本——基本生产成本 5 460

(2)回收废品残料价值和应收的赔款:

借:原材料 450

其他应收款——×××责任人 1 000

贷:废品损失——B 产品 1 450

(3)将废品净损失转入合格产品成本:

借:生产成本——基本生产成本(B 产品) 4 010

贷:废品损失——B 产品 4 010

三、停工损失的核算

停工损失是指生产车间或车间内某个班组在停工期间发生的各项费用,包括停工期间发生的原材料费用、工资及福利费和制造费用等。应由过失单位或保险公司负担的赔款,应从停工损失中扣除。计算停工损失的时间起点由企业或主管企业的上级机构规定。

发生停工的原因很多，有计划内停工（如计划减产、季节性停产期间造成的停工）和计划外停工（如停工待料、电力中断、设备故障等事故造成的停工，以及非常损失造成的停工）。在单独核算停工损失的情况下，停工损失一般应单独计入产品成本，但不是所有的停工损失都要计入产品成本。对于计划减产造成全厂连续停产 10 天以上，或企业主要生产车间连续停产 1 个月以上以及由于自然灾害等引起的非正常停工损失，应计入营业外支出；其他停工损失，例如季节性和固定资产修理期间的停工损失以及不满 1 个工作日的停工损失，应记入"制造费用"，然后转入产品成本；对于辅助生产车间发生的停工损失，应直接计入辅助生产费用。

在停工时，车间应该填列停工报告单，并在考勤记录中进行登记。会计部门和车间核算人员应对停工报告单所列停工范围、时数及其原因和过失单位等事项进行审核。只有经过审核的停工报告单，才能作为停工损失核算的根据。

为了单独核算停工损失，企业在会计科目中应增设"停工损失"科目，成本明细账中应增设"停工损失"成本项目。"停工损失"科目是为了归集和分配停工损失而设立的，应按车间设立明细账，账内按成本项目分设专栏或专行，进行明细核算。停工期间发生的应该计入停工损失的各种费用，都应在该科目的借方归集，借记"停工损失"科目，贷记"原材料""应付职工薪酬"和"制造费用"等科目。归集在"停工损失"科目借方的停工损失，其中应取得的赔偿损失和应计入营业外支出的损失，应从该科目的贷方分别转入"其他应收款"和"营业外支出"科目的借方；应计入产品成本的损失，则应从该科目的贷方转入"基本生产成本"科目的借方。应计入产品成本的停工损失，如果停工的车间只生产一种产品，则应直接记入该种产品成本明细账的"停工损失"成本项目；如果停工的车间生产多种产品，则应采用适当的分配方法（一般与分配制造费用的方法相同），分配记入该车间各种产品成本明细账的"停工损失"成本项目。通过上述归集与分配，"停工损失"科目月末无余额。

【做中学 2—13】 某服装厂本月生产西装，由于原材料不足造成停工 2 天，停工期间支付生产工人工资 4 700 元，提取的职工福利费为 658 元，应负担的制造费用为 2 800 元。经协商，材料供应商赔偿 5 000 元，其余由企业负担。

要求：完成停工损失的会计处理。

(1)计算停工损失时：

借：停工损失——×车间	8 158	
贷：应付职工薪酬——工资		4 700
——福利费		658
制造费用		2 800

(2)结转停工损失时：

借：其他应收款	5 000	
生产成本——基本生产成本——西装(停工损失)	3 158	
贷：停工损失——×车间		8 158

不单独核算停工损失的企业不设立"停工损失"会计科目和成本项目。停工期间发生的属于停工损失的各种费用，直接记入"制造费用"和"营业外支出"等科目分别反映。这样核算很简便，但对于停工损失的分析和控制会产生一定的不利影响。

应知考核

一、单项选择题

1. 某企业生产甲、乙两种产品，甲产品的单位消耗定额为 1.6 千克，乙产品的单位消耗定额为

1.8千克。本年共领用原材料2 240千克，单价为13元，分别投产甲产品300件，乙产品200件，则原材料成本分配率为(　　)元/千克。

A. 4.48　　B. 34.67　　C. 2.67　　D. 44.67

2. A公司生产甲、乙两种产品，领用某材料5 190千克，每千克22元。本月投产的甲产品为230件，乙产品为270件。甲产品的材料消耗定额为16千克，乙产品的材料消耗定额为12千克，则材料消耗量分配率为(　　)。

A. 0.75　　B. 0.47　　C. 0.79　　D. 0.10

3. 某企业的制造费用采用生产工人工时比例法进行分配。该企业当月生产甲、乙两种产品，共发生制造费用50 000元。当月生产甲、乙两种产品共耗用20 000工时，其中，甲产品耗用16 000工时，乙产品耗用4 000工时，则甲产品应分配的制造费用为(　　)元。

A. 30 000　　B. 20 000　　C. 16 000　　D. 40 000

4. 某车间领用某种原材料2 100千克，单价为10元，原材料费用合计21 000元。该车间生产甲产品200件，乙产品220件。甲产品消耗定额为4.5千克，乙产品消耗定额为5.0千克，则分配该车间原材料费用分配率为(　　)元/千克。

A. 10.50　　B. 12.50　　C. 8.85　　D. 6.75

5. 甲企业本月生产A产品生产工人工时为3 000小时，生产B产品生产工人工时为2 000小时。本月发生车间管理人员工资10 000元，产品生产工人工资30 000元，设备折旧费40 000元，设备维修费10 000元，车间机物料消耗10 000元。若按生产工人工时比例分配制造费用，A和B两种产品应负担的制造费用分别为(　　)。

A. 60 000元和40 000元　　B. 36 000元和24 000元

C. 42 000元和28 000元　　D. 54 000元和36 000元

二、多项选择题

1. 为了正确核算产品成本，下列属于应该正确划分各种费用支出的界限的有(　　)。

A. 收益性支出与资本性支出的界限

B. 本期完工产品和期末在产品成本的界限

C. 本期已销产品成本和未销产品成本的界限

D. 各种产品成本费用的界限

2. 下列关于在产品成本按其所耗用的原材料费用计算的说法中，正确的有(　　)。

A. 该方法下在产品成本按其所耗用的原材料费用计算，其他费用全部由完工产品成本负担

B. 该方法适用于原材料费用在产品成本中所占比重较大，而且原材料在生产开始时一次就全部投入的情况下使用

C. 该方法适用于原材料费用在产品成本中所占比重较大的情况

D. 该方法适用于月末在产品数量变化不大的情况

3. 下列关于定额比例法的说法中，正确的有(　　)。

A. 如果月末在产品数量变动较大，但制定了比较准确的消耗定额，生产费用可以在完工产品和月末在产品之间用定额消耗量或定额费用作为比例分配

B. 通常材料费用按定额消耗比例分配

C. 工资费用分配率＝本月投入的实际工资费用/(完工产品定额工时＋月末在产品定额工时)

D. 月末在产品应分配的工资费用＝月末在产品定额工时×工资费用分配率

4. 采用定额比例法分配完工产品和月末在产品费用，应具备的条件有(　　)。

A. 各月末在产品数量变化较大　　B. 各月末在产品数量变化不大

C. 消耗定额或成本定额比较稳定　　D. 消耗定额或成本定额波动较大

5. 下列各项中，属于将工业企业生产费用在完工产品与在产品之间进行分配的方法有（　　）。

A. 顺序分配法　　B. 约当产量比例法

C. 在产品按定额成本计价法　　D. 在产品按固定成本计价法

三、判断题

1. 在只生产一种产品的工业企业或车间中，直接生产费用和间接生产费用都可以直接计入该种产品成本，都是直接计入费用，这种情况下，没有间接计入费用。（　　）

2. 专设销售机构固定资产修理费用应作为期间费用，计入当期损益。（　　）

3. 企业某一期间为生产产品发生的费用总额，不一定等于该会计期间产品成本的总额。（　　）

4. 因为材料是产品成本的重要组成部分，所以企业各部门领用材料都应计入产品成本。（　　）

5. 生产人员、车间管理人员和技术人员工资及福利费是产品成本的重要组成部分，应该直接计入各种产品成本。（　　）

应会考核

■ 观念应用

【背景资料】

飞龙公司的要素费用归集与分配

飞龙公司是一家生产壁炉、面包机、烧烤炉等小家电的企业，产品主要销往欧洲和美国市场，2021 年实现销售收入 7 000 万元。一次，业务员小何在阿里巴巴网站上碰到一个加拿大的客户，正在洽谈 2022 年价值 1 000 万元的烧烤炉订单，但是烧烤炉的款式与以前产品的款式不一样。小何心急如焚，前往财务部门和生产技术部门求助："能不能马上核算这款烧烤炉的成本是多少？原材料选用哪一种？怎样开料最经济？材料成本是多少？人工需要增加吗？新增的模具费用怎样计算？折旧费用怎样分摊？"

【考核要求】

(1)这款烧烤炉的成本如何核算？产品成本是由哪些项目组成的？每个项目又应该如何进行归集与分配？

(2)生产烧烤炉的单位成本为 1 100 元，如果你是市场部经理，请问你对这款烧烤炉确定的单位售价是多少？盈利情况如何？

(3)如果这款烧烤炉在市场上的单位售价只能是 2 500 元，假设你是生产部经理，你如何组织生产才能使企业盈利更多？

■ 技能应用

材料费用分配方法的应用

某企业 2021 年 9 月生产甲、乙两种产品，共同耗用 A、B 两种原材料，耗用量无法按产品直接划分。具体资料如下：

(1)甲产品投产 400 件，单位产品原材料消耗定额分别为 A 材料 8 千克、B 材料 3 千克。

(2)乙产品投产 200 件,单位产品原材料消耗定额分别为 A 材料 5 千克、B 材料 4 千克。

(3)甲、乙两种产品实际消耗总量为:A 材料 4 116 千克,B 材料 2 060 千克。

(4)材料实际单价:A 材料为 8 元/千克,B 材料为 6 元/千克。

【技能要求】

根据定额消耗量比例分配甲、乙两种产品的原材料费用,并填表 2—10。

表 2—10 原材料费用分配表

原材料		A 材料	B 材料	原材料实际成本
甲产品	消耗定额(千克)			—
	定额消耗量(千克)			—
乙产品	消耗定额(千克)			—
	定额消耗量(千克)			—
定额消耗总量(千克)				—
实际消耗总量(千克)				—
消耗量分配率				—
实际消耗量分配	甲产品(千克)			—
	乙产品(千克)			—
原材料实际单位成本(元/千克)				—
原材料费用(元)	甲产品			
	乙产品			
	合 计			

■ 案例分析

【分析情境】

腾飞制造厂的材料费用分配是否恰当

腾飞制造厂是当地的一家制造企业,拥有职工 2 000 多名,企业的经济效益一直很好。该企业生产的产品成本中原材料占有很大的比重。对于间接计入的材料费用,该企业一直使用定额消耗量比例法进行分配,虽然材料实际消耗量的资料也比较容易获得,而企业宁愿在每期期末根据实际消耗量调整定额消耗量,以保证定额消耗量的准确性,也要使用定额消耗量比例法。

【情境思考】

请问该公司这样做的原因是什么?

项目实训

【实训项目】

生产费用的归集与分配

【实训目的】

通过操作模块实训,要求学生掌握各项要素费用的归集与分配的基本方法,结合具体的实例,在制造产品过程中对材料费用、职工薪酬费用、动力费用等进行归集与分配。

【实训情境】

某企业有两个基本生产车间和一个供电车间、一个机修车间。第一生产车间生产A产品和B产品，第二生产车间生产C产品。材料耗用分配情况为：

(1)该企业2021年9月份材料成本差异率为+4%(包括燃料)。

(2)第一生产车间A、B两种产品共同耗用原材料按定额费用比例进行分配，共同耗用的燃料按A、B两种产品产量比例分配(原材料、燃料耗用情况分别见表2—11和表2—12)。两种产品产量及定额资料如下：A产品产量1 000件，原材料单件消耗定额30元；B产品产量1 400件，原材料单件消耗定额25元。

表2—11 **原材料耗用汇总表** 单位：元

领料车间、部门	用　途	计划成本
第一生产车间	生产A产品	39 000
第一生产车间	生产B产品	31 000
第一生产车间	生产A、B产品共同耗用	78 000
第一生产车间	机器设备维修用	2 600
第一生产车间	劳动保护用	800
第一生产车间	一般性消耗	1 600
第二生产车间	生产C产品	46 000
第二生产车间	机器设备维修用	1 300
第二生产车间	劳动保护用	730
第二生产车间	一般性消耗	1 100
供电车间	生产用	12 000
机修车间	生产用	13 500
企业管理部门	固定资产经常维修用	900
合　计		228 530

表2—12 **燃料耗用汇总表** 单位：元

领料车间	用　途	计划成本
第一生产车间	生产A、B产品共同耗用	9 600
第二生产车间	生产C产品	6 800
合　计		16 400

人工费用资料为：

(1)2021年9月各车间、部门工资汇总表见表2—13。

(2)第一生产车间生产工人工资及福利费，按A、B两种产品生产工时进行分配，A产品生产工时为28 000小时，B产品生产工时为30 000小时；第二生产车间只生产一种C产品，所以其生产工人工资及福利费全部计入C产品成本(提取职工福利费按工资额的14%计提)。

表 2—13 **工资费用汇总表** 单位:元

车间、部门	各类人员	工 资
第一生产车间	生产工人	12 400
	管理人员	900
第二生产车间	生产工人	5 800
	管理人员	700
供电车间	车间人员	1 400
机修车间	车间人员	2 600
企业管理部门	管理人员	4 500
合 计		28 300

【实训任务】

要求:(1)根据上述资料编制燃料费用分配表(见表 2—14)和原材料费用分配表(见表 2—15)。

表 2—14 **燃料费用分配表**

年 月 单位:元

分配对象	产量(件)	燃 料					
		间接分配部分(计划成本)		直接计入部分(计划成本)	计划成本合计金额	材料成本差异(%)	实际成本合计
		分配率	应分配费用				
A 产品		—		—			
B 产品		—		—			
小 计				—			
C 产品	—	—	—				
小 计	—	—	—				
合 计		—					

表 2—15 **原材料费用分配表**

年 月 单位:元

应借账户		成本或费用项目	产量(件)	本月消耗			计划价格	直接耗用(计划成本)	原材料计划成本合计	材料成本差异(4%)	原材料实际成本合计
				单位耗用定额(元)	耗用总额(元)	分配率					
基本生产成本	A 产品	原材料									
	B 产品	原材料									
	小 计										
	C 产品	原材料	—	—	—	—	—				

续表

应借账户		成本或费用项目	产量（件）	本月消耗			计划价格	直接耗用（计划成本）	原材料计划成本合计	材料成本差异（4%）	原材料实际成本合计
				单位耗用定额（元）	耗用总额（元）	分配率					
制造费用	第一生产车间	消耗材料	—	—	—	—	—				
		修理费	—	—	—	—	—				
		劳动保护费	—	—	—	—	—				
	第二生产车间	消耗材料	—	—	—	—	—				
		修理费	—	—	—	—	—				
		劳动保护费	—	—	—	—	—				
辅助生产成本	供电车间	材料费	—	—	—	—	—	—	—	—	—
			—	—	—	—	—				
	机修车间	材料费	—	—	—	—	—	—	—	—	—
			—	—	—	—	—				
管理费用			—	—	—	—	—				
合　计			—	—	—	—					

(2)根据上述资料编制工资及福利费分配汇总表，见表2—16。

表2—16　　**工资及福利费分配汇总表**

年　月　　单位：元

应借账户		实用工时	工资		福利费		合　计
			分配率	应分配费用	分配率	应分配费用	
基本生产成本	A产品		—		—		
	B产品		—		—		
	小　计				—		
	C产品	—	—		—		
小　计		—	—		—		
制造费用	第一生产车间	—	—		—		
	第二生产车间	—	—		—		
小　计		—	—		—		
辅助生产成本	供电车间	—	—		—		
	机修车间	—	—		—		
小　计		—	—		—		
管理费用		—	—		—		
合　计		—	—		—		

(3)根据以上各分配汇总表编制会计分录。

(4)撰写“生产费用的归集与分配”实训报告(见表2—17)。

表 2—17　　“生产费用的归集与分配”实训报告

<table>
<tr><td>项目实训班级：</td><td>项目小组：</td><td>项目组成员：</td></tr>
<tr><td>实训时间：　　年　月　日</td><td>实训地点：</td><td>实训成绩：</td></tr>
<tr><td colspan="3">实训目的：</td></tr>
<tr><td colspan="3">实训步骤：</td></tr>
<tr><td colspan="3">实训结果：</td></tr>
<tr><td colspan="3">实训感言：</td></tr>
<tr><td colspan="3">不足与今后改进：</td></tr>
<tr><td colspan="2">项目组长评定签字：</td><td>项目指导教师评定签字：</td></tr>
</table>

项目三

辅助生产费用的归集与分配

○ **知识目标**

理解:辅助生产费用的概念;

熟知:辅助生产费用的特点及归集与分配涉及的会计科目;

掌握:辅助生产费用分配中直接分配法、一次交互分配法、计划(成本)分配法、代数分配法和顺序分配法等。

○ **技能目标**

能够掌握辅助生产费用的归集与分配的方法,实际运用所学的知识了解辅助生产费用的内容和与分配相关的技能活动。

○ **素质目标**

运用所学的辅助生产费用的归集与分配知识研究相关案例,培养和提高学生在特定业务情境中分析问题与决策设计的能力;结合行业规范或标准,运用成本会计知识分析行为的善恶,强化学生的职业道德素养。

○ **思政目标**

能够正确理解“不忘初心”的核心要义和精神实质;树立正确的世界观、人生观和价值观,做到学思用贯通、知信行统一;通过学习辅助生产费用的归集与分配知识,明确自身的责任使命和职业道德素养,发挥自己的业务核算处理能力。

○ **项目引例**

与张强一起思考辅助生产费用

张强 2021 年 6 月 25 日从大连××学院会计系毕业,在招聘会上被波斯特设备制造公司录用为成本会计员。该公司新增加了一个辅助生产车间,即供汽车间。该车间主要生产蒸汽,用的燃料是原煤。生产的蒸汽主要由机械加工、冲压、供电、修理等车间使用,其他部门使用的较少。该公司过去辅助生产车间主要有供电车间和修理车间。本月份供汽车间共发生费用 800 000 元,供电车间发生费用 1 200 000 元,修理车间发生费用 900 000 元,各辅助生产车间提供的劳务及耗用情况如下表。

辅助生产车间提供的产品或劳务

耗用劳务单位	供汽车间(立方米)	供电车间(千瓦)	修理车间(小时)
供汽车间	—	10 000	12 000
供电车间	20 000	—	4 000
修理车间	5 000	25 000	—

续表

耗用劳务单位		供汽车间(立方米)	供电车间(千瓦)	修理车间(小时)
第一车间	产品耗用	30 000	50 000	68 000
	一般耗用	4 000	26 000	2 000
第二车间	产品耗用	1 000	60 000	13 000
	一般耗用	1 500	18 000	9 000
行政管理部门		2 000	17 000	7 000
设备自建工程		1 500	14 000	5 000
合　计		65 000	220 000	120 000

财务部领导向张强提出了如下几个方面的问题,要求其解答。请分析:

(1)原来企业采用直接分配法分配辅助生产费用,这种分配方法是否合适?有什么优缺点?

(2)新增加了一个辅助生产车间是否需要对辅助生产费用分配方法进行改变?

(3)若需要改变辅助生产费用分配方法,采用什么方法比较合适?请提供几种方案供领导决策时选择。

引例解析

○ **知识精讲**

任务一　辅助生产费用的归集

工业企业的辅助生产,是指为基本生产车间、企业行政管理等部门提供服务而进行的产品生产和劳务供应。辅助生产车间为生产产品或提供劳务而发生的原材料费用、动力费用、工资及福利费用以及辅助生产车间的制造费用,被称为辅助生产费用。为生产和提供一定种类和一定数量的产品或劳务所耗费的辅助生产费用之和,构成该种产品或劳务的辅助生产成本。

一、辅助生产费用概述

(一)辅助生产费用的特点

动漫视频

辅助生产成本

企业辅助生产主要是为基本生产服务的,具体特点体现在:

(1)辅助生产车间是为企业基本生产车间、行政管理等部门提供产品或劳务的生产车间,一般很少对外服务。因此,辅助生产车间发生的费用应由各受益车间、部门负担。

(2)辅助生产成本高低对产品成本水平有直接影响。同时,也只有正确、及时地计算并分配应由产品负担的辅助生产费用才能进行产品成本的核算。这就决定了辅助生产车间所发生的费用必须单独进行归集与核算,再将其分配计入各受益对象。

(二)辅助生产费用涉及的科目

辅助生产费用归集与分配通过“生产成本——辅助生产成本”科目反映。该科目应按照车间和产品品种设置明细账,进行明细核算,如:(1)辅助生产发生的直接材料、直接人工分别根据材料费用分配表、工资及其他职工薪酬分配表和有关凭证记入该科目及明细科目的借方;(2)辅助生产发生的间接费用应记入“制造费用”科目的借方进行归集,然后再从该科目的贷方直接转入或分配至“生产成本——辅助生产成本”科目及其明细科目的借方。

二、辅助生产费用的归集

辅助生产车间为生产产品或提供劳务而发生的各种费用构成这些产品或劳务(以下统称为产品)的成本。为了核算辅助生产车间所发生的费用、计算所生产产品成本,辅助生产车间在设置“生产成本——辅助生产成本”科目后,据此进行辅助生产成本的归集与分配。另外,“辅助生产成本明细账”的设置应根据各辅助生产车间的具体情况确定。

(一)辅助生产车间只生产一种产品

在只生产一种产品的辅助生产车间,如供水、供电、供汽、运输等车间,应按车间分别设置“辅助生产成本明细账”,在账内按规定的成本项目设置专栏,车间所发生的所有费用都登记在“辅助生产成本明细账”内。

(二)辅助生产车间生产多种产品

在生产多种产品的辅助生产车间,如工具、模型等车间,除了要按车间分别设置“辅助生产成本明细账”外,还应按所生产的各种产品分别开设“产品成本计算单”,登记当月(期)发生的直接材料、直接人工等直接成本项目费用。其他费用可先在“制造费用——辅助生产车间”明细账中进行核算,月(期)末再采用适当的分配标准进行分配并计入各有关产品成本计算单中。

任务二　辅助生产费用的分配

辅助生产费用的分配,指按照一定的标准和方法,将辅助生产费用分配到各受益单位或产品中的过程。分配的及时性和准确性,影响到产品基本生产成本、经营管理费用以及经营成果核算的及时性和准确性。辅助生产费用分配的核算是辅助生产费用核算的关键。

企业辅助生产车间发生的辅助生产费用归集在“生产成本——辅助生产成本”科目及其明细科目的借方,由于所生产产品的不同,其所发生的费用分配转出程序也不一样。若辅助生产车间是生产自制材料、工具等产品的,在这些产品完工后,则应将其成本从“生产成本——辅助生产成本”账户转入“原材料”等账户中。各车间、部门领用时,再比照财务会计中存货的核算方法,根据具体的用途和数量,一次或分次转入有关成本费用账户。

如果辅助生产车间提供电、水、蒸汽等产品时,除主要向基本生产车间和行政管理等部门提供劳务外,辅助生产车间之间也相互提供劳务。由于它们之间相互制约、互为条件,因此使辅助生产费用的分配产生了困难,也变得复杂化。

在具体分配过程中,辅助生产费用的分配采用了一些特殊分配方法,主要有直接分配法、一次交互分配法、计划(成本)分配法、代数分配法和顺序分配法等。

一、直接分配法

动漫视频

直接分配法

直接分配法是指把辅助生产车间所发生的实际费用仅在各基本生产车间和行政管理等部门之间按受益数量进行分配,对于各辅助生产车间之间相互提供的产品或劳务不进行分配的一种辅助生产费用分配方法。具体计算公式为:

$$\begin{array}{c}\text{某辅助生产车间费用}\\\text{分配率(单位成本)}\end{array}=\begin{array}{c}\text{该辅助生产车间}\\\text{直接发生费用总额}\end{array}\div\begin{array}{c}\text{该辅助生产车间向基本生产车间、行政}\\\text{管理等受益部门提供产品或劳务总量}\end{array}$$

$$\begin{array}{c}\text{各车间或行政管理等受益}\\\text{部门应分配的辅助生产费用}\end{array}=\begin{array}{c}\text{该基本生产车间或行政管理等}\\\text{受益部门产品或劳务耗用量}\end{array}\times\begin{array}{c}\text{某辅助生产车间费用}\\\text{分配率(单位成本)}\end{array}$$

式中,“该辅助生产车间向基本生产车间、行政管理等受益部门提供产品或劳务总量”不包括辅助生产车间相互提供的产品或劳务。

【做中学 3—1】 某企业设有供电和锅炉两个辅助生产车间，由于该企业辅助生产车间只提供一种劳务，因而不设置“制造费用明细账”，辅助生产车间所发生的费用全部登记在“辅助生产成本明细账”中。供电车间“辅助生产成本明细账”见表 3—1。

表 3—1 **辅助生产成本明细账**

车间：供电车间 2021 年 9 月 单位：元

日期	凭证	摘要	工资及福利费	办公费	折旧费	修理费	劳动保护费	其他支出	合计	转出	余额
略	略	分配材料费	—	—	—	—	192	—	192	—	—
		分配工资	1 058	—	—	—	—	—	1 058	—	—
		提取折旧费	—	—	400	—	—	—	400	—	—
		分配其他费用	—	—	—	4 550	—	—	4 550	—	—
		分配排污费用	—	—	—	—	—	600	600	—	—
		合计	1 058	—	400	4 550	192	600	6 800	—	—
		本月转出	—	—	—	—	—	—	—	6 800	0

锅炉车间本月发生费用 5 032 元（其“辅助生产成本明细账”略）。各辅助生产车间提供的劳务数量及各受益单位耗用量见表 3—2。

表 3—2 **辅助生产车间劳务供应通知单**

2021 年 9 月

受益单位	用电度数（度）	用汽吨数（吨）
供电车间	—	51
锅炉车间	2 200	—
第一生产车间：产品耗用	10 500	350
一般耗用	1 200	40
第二生产车间：产品耗用	7 500	150
一般耗用	800	20
管理部门耗用	5 000	69
合 计	27 200	680

根据上述资料，采用直接分配法，计算结果见表 3—3。

表 3—3 **辅助生产费用分配表（直接分配法）**

2021 年 9 月 单位：元

项 目	分配费用	分配数量	分配率	分配金额					
				生产成本		制造费用		管理费用	
				数量	金额	数量	金额	数量	金额
供电车间	6 800	25 000	0.272	18 000	4 896	2 000	544	5 000	1 360
锅炉车间	5 032	629	8	500	4 000	60	480	69	552
合 计	11 832	—	—	—	8 896	—	1 024	—	1 912

根据计算结果，会计分录为：

借：生产成本——基本生产成本　　8 896
　　制造费用　　1 024
　　管理费用　　1 912
　贷：生产成本——辅助生产成本(供电车间)　　6 800
　　　　　　　——辅助生产成本(锅炉车间)　　5 032

采用直接分配法分配辅助生产费用，仅对外分配一次，计算手续较为简单，但它具有一定的假设性，即假设各辅助生产车间之间相互提供的产品或劳务都为基本生产车间和管理等部门所耗用。

实际上，各辅助生产车间之间相互提供的产品或劳务不分配费用，计算出来的辅助生产成本就不完整。所以，在各辅助生产车间相互提供产品或劳务数量较多时，采用直接分配法计算的分配结果的准确性会受到影响。

这种方法一般只适用于辅助生产车间之间相互提供产品或劳务较少的情况。

二、交互分配法

交互分配法，也称一次交互分配法，是指将辅助生产车间费用分两阶段进行分配。第一阶段只限于各辅助生产车间之间根据相互提供的产品或劳务进行交互分配费用，基本生产车间和行政管理等部门从略，此阶段也称为交互分配(或对内分配)；第二阶段是将辅助生产分配前的费用，加上上一阶段分配转入的费用，减去分配转出的费用，计算出各辅助生产车间的实际费用，再采用直接分配法，分配给受益基本生产车间和行政管理等部门，此阶段也称为对外分配或直接分配。交互分配法两阶段的计算公式为：

1. 第一阶段交互分配

$$\text{某辅助生产车间费用分配率}=\text{该辅助生产车间直接发生费用}\div\text{该辅助生产车间提供的劳务总量}$$

$$\text{其他辅助生产车间应分配某辅助生产车间费用}=\text{其他辅助生产车间耗用某辅助生产车间劳务量}\times\text{某辅助生产车间费用分配率}$$

2. 第二阶段对外分配

$$\text{某辅助生产车间费用分配率}=\frac{\text{该辅助生产车间直接发生费用}+\text{其他辅助生产车间分配转入费用}-\text{某辅助生产车间分配转出费用}}{\text{某辅助生产车间向受益基本生产车间和行政管理等部门提供的劳务总量}}$$

$$\text{某受益基本生产车间、行政管理等部门应分配某辅助生产费用}=\text{受益基本生产车间、行政管理等部门劳务耗用量}\times\text{某辅助生产车间费用分配率}$$

【做中学 3—2】　沿用【做中学 3—1】的资料，采用交互分配法对辅助生产费用进行分配，具体见表 3—4。

表 3—4 **辅助生产费用分配表(交互分配法)**

2021 年 9 月 单位:元

项目		分配费用	分配数量	分配率	分配金额									
					供电车间		锅炉车间		生产成本		制造费用		管理费用	
					数量	金额	数量	金额	数量	金额	数量	金额	数量	金额
交互分配(对内分配)	供电车间	6 800	27 200	0.25	—	—	2 200	550	—	—	—	—	—	—
	锅炉车间	5 032	680	7.4	51	377.4	—	—	—	—	—	—	—	—
	小计	11 832	—	—	—	377.4	—	550	—	—	—	—	—	—
对外分配	供电车间	6 627.4	25 000	0.265	—	—	—	—	18 000	4 770	2 000	530	5 000	1 327.4
	锅炉车间	5 204.6	629	8.274	—	—	—	—	500	4 137	60	496	69	571.6
	小计	11 832	—	—	—	—	—	—	—	8 907	—	1 026	—	1 899
合计		11 832	—	—	—	377.4	—	550	—	8 907	—	1 026	—	1 899

根据计算结果,两阶段分配会计分录为:

(1)交互分配会计分录如下:

借:生产成本——辅助生产成本(供电车间) 377.4

——辅助生产成本(锅炉车间) 550

贷:生产成本——辅助生产成本(供电车间) 550

——辅助生产成本(锅炉车间) 377.4

(2)对外分配会计分录如下:

借:生产成本——基本生产成本 8 907

制造费用 1 026

管理费用 1 899

贷:生产成本——辅助生产成本(供电车间) 6 627.4

——辅助生产成本(锅炉车间) 5 204.6

采用交互分配法分配辅助生产费用,克服了直接分配法在辅助生产车间之间不分配费用的缺点,使辅助生产车间费用分配计算更加准确,同时也能促使各辅助生产车间减少相互之间的消耗,加强经济核算。采用这种方法分配辅助生产费用在实行厂部、车间两级成本核算企业中,各辅助生产车间只能在接到财务部门转来其他辅助生产车间转入的费用后才能计算出实际费用,进而进行交互分配和对外分配,这往往影响了成本计算的及时性。

三、计划(成本)分配法

动漫视频

计划(成本)分配法

计划(成本)分配法,是指按事先确定的辅助生产车间提供产品或劳务计划单位成本和各车间、部门耗用的数量,计算各车间、部门应分配辅助生产费用的一种方法。对于按计划(成本)计算的分配额和各辅助生产车间实际发生费用之间的差额,为简化核算,可列入“管理费用”科目。若是超支差,则应增加管理费用;若是节约差,则应冲减管理费用。具体计算公式为:

各车间、部门应分配辅助生产费用＝该车间、部门劳务耗用量×辅助生产车间提供产品或劳务的计划单位成本

某项辅助生产费用分配差额＝(该辅助生产车间直接发生的实际费用＋分配转入额)－按计划成本分配额

【做中学 3－3】 沿用【做中学 3－1】的资料，假设电的计划单位成本为 0.255 元，蒸汽的计划单位成本为 8.198 元，分配结果见表 3－5。

表 3－5　　**辅助生产费用分配表[计划(成本)分配法]**

2021 年 9 月　　单位：元

项目	直接发生费用	分配数量	计划单位成本	按计划(成本)分配金额										直接发生数与转入数合计	差异
				供电车间		锅炉车间		生产成本		制造费用		管理费用			
				数量	金额	数量	金额	数量	金额	数量	金额	数量	金额		
供电车间	6 800	27 200	0.255	—	—	2 200	561	18 000	4 590	2 000	510	5 000	1 275	7 218	282
锅炉车间	5 032	680	8.198	51	418	—	—	500	4 099	60	492	69	566	5 593	18
合计	11 832	—	—	—	418	—	561	—	8 689	—	1 002	—	1 841	12 811	300

注：供电车间分配转入额＝418 元。

供电车间直接发生数与转入数合计＝供电辅助生产车间直接发生实际费用＋供电车间分配转入额＝6 800＋418＝7 218(元)

供电车间按计划成本分配额＝27 200×0.255＝6 936(元)

供电车间生产费用分配差额＝(该辅助生产车间直接发生实际费用＋分配转入额)－按计划成本分配数额＝7 218－6 936＝282(元)

根据表 3－5 的计算结果，会计分录为：

借：生产成本——辅助生产成本(供电车间)　418
　　　　　　——辅助生产成本(锅炉车间)　561
　　　　　　——基本生产成本　8 689
　　制造费用　1 002
　　管理费用　1 841
　贷：生产成本——辅助生产成本(供电车间)　6 936
　　　　　　　——辅助生产成本(锅炉车间)　5 575

对于结转差异额，会计分录为：

借：管理费用　300
　贷：生产成本——辅助生产成本　300

【注意】如果为节约差，则应冲减管理费用，用红字做上述会计分录。

采用计划(成本)分配法分配辅助生产费用，计算手续简单，各种辅助生产费用只计算分配一次，而且不是在辅助生产车间实际费用计算后再分配，加快了会计核算的速度，还能考核各辅助生产车间成本计划的执行情况，有利于企业经济核算。但是，假如辅助生产车间生产的产品或劳务计划单位成本制定不准确，则会影响辅助生产费用分配的准确性。若将较大差异额列入“管理费用”科目中，则对当期的损益有较大的影响。因此，按计划(成本)分配法一般适用于辅助生产计划单位成本制定比较准确的情况。

四、代数分配法

代数分配法是运用代数中建立多元一次方程组的方法，计算出各辅助生产车间提供产品或劳务的单位成本，然后再按各车间、部门(包括辅助生产车间内部)耗用辅助生产车间产品或劳务数量计算应分配辅助生产费用的一种方法。具体计算步骤为：

(1)将辅助生产车间产品或劳务单位成本设为未知数，并根据各辅助生产车间相互提供的劳务数量，联立方程组，计算出辅助生产车间产品或劳务单位成本。具体计算公式为：

某辅助生产车间提供产品或劳务数量 × 该产品或辅助生产劳务单位成本 = 该辅助生产车间直接发生费用 + 该辅助生产车间耗用其他辅助生产车间产品或劳务数量 × 其他辅助生产车间产品或劳务单位成本

(2)根据各受益单位(包括辅助生产车间)耗用数量和单位成本计算分配辅助生产费用。具体计算公式为：

各车间、部门应分配辅助生产费用＝该车间、部门劳务耗用量×产品或劳务单位成本

【做中学3—4】 沿用【做中学3—1】的资料，按照代数分配法，具体计算过程如下：

设X为电的单位成本、Y为蒸汽的单位成本，建立多元一次方程组：

$$\begin{cases} 27\ 200X = 6\ 800 + 51Y \\ 680Y = 5\ 032 + 2\ 200X \end{cases}$$

解上述二元一次方程组得：

$$\begin{cases} X = 0.265\ 485\ 481 \\ Y = 8.258\ 923\ 618 \end{cases}$$

根据计算结果编制辅助生产费用分配表，见表3—6。

表3—6 **辅助生产费用分配表(代数分配法)**

2021年9月 单位：元

供应车间	单位成本	使用车间和部门										合计	
		供电车间		锅炉车间		生产成本		制造费用		管理费用			
		数量	金额	数量	金额	数量	金额	数量	金额	数量	金额	数量	金额
供电车间	0.265 485 5	—	—	2 200	584	18 000	4 779	2 000	531	5 000	1 327	27 200	7 221
锅炉车间	8.258 923 6	51	421	—	—	500	4 129	60	496	69	570	680	5 616
合计	—	—	421	—	584	—	8 908	—	1 027	—	1 897	—	12 837

根据表3—6中的计算结果，会计分录为：

借：生产成本——辅助生产成本(供电车间) 421

——辅助生产成本(锅炉车间) 584

——基本生产成本 8 908

制造费用 1 027

管理费用 1 897

贷：生产成本——辅助生产成本(供电车间) 7 221

——辅助生产成本(锅炉车间) 5 616

采用代数分配法分配辅助生产费用最大的优点是分配结果准确，这是其他分配方法所不能达

到的。但是，当企业辅助生产车间较多时，需设的未知数就多，建立方程组时方程多，计算起来较烦琐。所以，代数分配法一般适用于辅助生产车间较少或会计工作实现了电算化的企业。

五、顺序分配法

动漫视频

顺序分配法

顺序分配法是根据各辅助生产车间相互提供产品或劳务费用多少排成顺序，耗用其他辅助生产车间费用少的辅助生产车间排列在先，先将费用分配出去；耗用其他辅助生产车间费用多的辅助生产车间排列在后，依次将费用分配出去的一种方法。例如供电、锅炉两个辅助生产车间，若供电车间耗用锅炉车间的费用少，而锅炉车间耗用供电车间的费用多，则辅助生产费用的分配顺序是应先分配供电车间的费用，再分配锅炉车间的费用。具体计算公式为：

$$\text{某辅助生产车间费用分配率}=\left(\text{该辅助生产车间直接发生的费用}+\text{分配转入费用}\right)\div\text{该辅助生产车间向其他车间、部门提供产品或劳务数量}$$

$$\text{各车间、部门应分配辅助生产费用}=\text{该车间、部门耗用产品或劳务数量}\times\text{辅助生产车间费用分配率}$$

【做中学 3—5】 某企业设有供电和修理两个辅助生产车间，由于该企业辅助生产车间只提供一种劳务，因而不设置“制造费用明细账”，辅助生产车间所发生的费用全部登记在“辅助生产成本明细账”中。供电车间辅助生产成本明细账见表 3—7，修理车间本月发生费用为 340 000 元（“辅助生产成本明细账”略）。各辅助生产车间提供劳务数量及各受益单位耗用量见表 3—8。

表 3—7　　辅助生产成本明细账

车间：供电车间　　2021 年 9 月　　单位：元

日期	凭证	摘　要	工资	办公费	折旧费	外购电力	消耗材料	其他支出	合计	转出	余额
略	略	分配材料费用	—	—	—	—	25 000	—	25 000	—	—
—	—	分配工资费用	5 400	—	—	—	—	—	5 400	—	—
—	—	提取折旧费	—	—	20 000	—	—	—	20 000	—	—
—	—	分配其他费用	—	28 000	—	—	—	14 000	42 000	—	—
—	—	外购电力费用	—	—	—	211 360	—	—	211 360	—	—
—	—	合　计	5 400	28 000	20 000	211 360	25 000	14 000	303 760	—	—
—	—	本月转出	—	—	—	—	—	—	—	352 360	0

表 3—8　　辅助生产劳务供应通知单

2021 年 9 月

受益单位	用电度数（度）	修理工时（小时）
供电车间	—	510
修理车间	22 200	—
第一生产车间：产品耗用	210 000	3 500
一般耗用	11 200	400
第二生产车间：产品耗用	97 500	1 500

续表

受益单位	用电度数(度)	修理工时(小时)
一般耗用	14 800	200
管理部门耗用	27 300	690
合　计	383 000	6 800

供电车间耗用修理车间发生费用＝340 000÷6 800×510＝25 500(元)

修理车间耗用供电车间发生费用＝352 360÷383 000×22 200＝20 424(元)

由于修理车间耗用供电车间的费用少，而供电车间耗用修理车间的费用多，因此，修理车间排列在先，先将费用分配出去，分配时既要将费用分配给基本生产车间、行政管理等部门，也要分配给排列在后的供电车间。由于供电车间排列在后，因此，其所分配费用由两部分组成：本车间发生费用和修理车间转入费用。所应分配劳务数量不包括修理车间耗用的 22 200 度电。具体计算见表 3—9。

表 3—9　　辅助生产费用分配表(顺序分配法)

2021 年 9 月　　单位：元

项目	分配数量	分配费用			分配率	分配额							
		直接发生费用	分配转入费用	小计		供电车间		生产成本		制造费用		管理费用	
						数量	金额	数量	金额	数量	金额	数量	金额
修理车间	6 800	340 000	—	340 000	50	510	25 500	5 000	250 000	600	30 000	690	34 500
供电车间	360 800	352 360	25 500	377 860	1.05	—	—	307 500	322 040	26 000	27 229	27 300	28 591
合计	—	692 360	25 500	717 860	—	—	25 500	—	572 040	—	57 229	—	63 091

根据上述计算结果，会计分录为：

借：生产成本——辅助生产成本(供电车间)　　25 500
　　　　　　——基本生产成本　　572 040
　　制造费用　　57 229
　　管理费用　　63 091
　　贷：生产成本——辅助生产成本(供电车间)　　377 860
　　　　　　　　——辅助生产车间(修理车间)　　340 000

顺序分配法分配辅助生产费用的优点是计算方法简便，但是，由于排列在前的辅助生产车间不负担耗用排列在后的辅助生产车间的费用，因此分配结果的准确性会受到一定影响；同时，也不便于调动排列在前的辅助生产车间耗费排列在后的辅助生产车间的产品或劳务的积极性。因此，这种方法一般适用于辅助生产车间相互提供产品或劳务有明确的顺序，并且排列在前的辅助生产车间耗用排列在后的辅助生产车间费用较少的情况。

应知考核

一、单项选择题

1. 下列各项中，属于辅助生产费用分配方法的是(　　)。

A. 定额费用比例法　B. 计划分配率法　C. 计划成本分配法　D. 生产工时分配法

2. 交互分配法下,交互分配是指(　　)。

A. 在各受益部门之间分配费用

B. 在相互受益的辅助生产车间之间分配费用

C. 在辅助生产车间以外的受益部门之间分配费用

D. 在受益的各基本生产车间之间分配费用

3. 下列关于辅助生产费用分配方法的说法中,不正确的是(　　)。

A. 采用直接分配法,计算工作简便

B. 直接分配法适用于辅助生产车间内部相互提供产品或劳务不多、不进行费用交互分配对辅助生产成本和产品制造成本影响不大的情况

C. 在交互分配法下,辅助生产费用要计算两个单位成本(费用分配率),进行两次分配,增加了计算的工作量

D. 采用直接分配法,辅助生产车间相互提供产品或劳务全部进行了交互分配,从而提高了分配结果的正确性

4. 在顺序分配法下,排列辅助生产车间的费用分配顺序时,(　　)排在前面。

A. 受益少的　　B. 受益多的　　C. 费用多的　　D. 费用少的

5. 按完工产品和月末在产品的数量比例,分配计算完工产品和月末在产品的原材料费用,必须具备的条件是(　　)。

A. 原材料在生产开始时一次投入

B. 原材料随着加工进度陆续投入

C. 原材料在每一工序开始时投入本工序所耗原材料

D. 原材料消耗定额比较准确

二、多项选择题

1. 下列关于辅助生产费用直接分配法的表述中,不正确的有(　　)。

A. 直接记入"生产成本——辅助生产成本"科目

B. 直接分配给所有受益的车间、部门

C. 直接分配给辅助生产车间以外的各受益单位

D. 直接计入辅助生产车间提供的劳务成本

2. 下列属于成本项目"直接材料"的有(　　)。

A. 备品配件　　B. 机物料消耗

C. 运输、装卸、整理费用　　D. 办公费

3. 下列关于辅助生产费用顺序分配法的表述中,正确的有(　　)。

A. 分配辅助生产费用的顺序是:受益少的先分配,受益多的后分配

B. 分配辅助生产费用的顺序是:受益多的先分配,受益少的后分配

C. 适用于各辅助生产车间之间相互受益程度有明显顺序的企业

D. 适用于各辅助生产车间之间相互受益程度没有明显顺序的企业

4. 下列有关辅助生产费用分配的说法中,正确的有(　　)。

A. 采用直接分配法分配辅助生产费用,计算简单,但结果不够准确

B. 辅助生产费用按计划(成本)分配的方法适用于辅助生产劳务计划单位成本比较准确的企业

C. 顺序分配法的分配顺序是受益多的先分配、受益少的后分配

D. 代数分配法是分配结果最正确的一种方法

5. 以下各项中，属于产品成本项目中“制造费用”的有(　　)。

A. 生产车间生产工人的薪酬　　B. 生产车间机器设备的折旧费

C. 生产工人的劳动保护费　　D. 季节性和修理期间的停工损失

三、判断题

1. 辅助生产车间提供的产品或劳务都是为基本生产车间服务。(　　)

2. 制造费用与产品的生产工艺没有直接联系，因而都是间接计入费用。(　　)

3. 各种辅助生产费用分配方法的共同点是在各辅助生产内部进行交互分配。(　　)

4. 采用顺序分配法分配辅助生产费用时，其顺序应该是受益多的排列在前、受益少的排列在后。(　　)

5. 辅助生产费用的直接分配法，就是将辅助生产费用直接计入各种辅助生产产品或劳务成本的方法。(　　)

应会考核

■ 观念应用

【背景资料】

高参的建议

红福汽车配件公司是为捷达汽车进行配套的私营企业，年终进行会计成果计算时，老板提出了在合法范围内减少企业利润，进行合理避税。会计科召开会议，大家献计献策，最后一致认可老板的建议，即将原来的辅助生产费用交互法改为直接分配法，将原来的制造费用生产工人工时比例改为年度计划分配率法。原因有三：其一是经测算更改后计算成本结果大于更改前计算成本结果；其二是制造费用采用年度计划分配率法，可以设定较大的计划分配率，不处理差异；其三是账面采用新方法，制造费用实际成本控制还采用原方法，这样两全其美。

【考核要求】

将生产要素核算方法更改是否符合规定？阐述的原因是否符合会计法规和会计职业道德规范要求？

■ 技能应用

辅助生产费用归集与分配方法的应用

某企业设有供电和供水两个辅助生产车间。2021 年 9 月，两车间发生辅助生产费用和提供产品数量资料见表 3—10。

表 3—10　　辅助生产费用和提供产品情况

2021 年 9 月

辅助生产车间		供电车间	供水车间
待分配费用		11 500 元	7 600 元
产品供应量		25 000 度	2 000 立方米
耗用产品量	供电车间	—	100 立方米
	供水车间	2 000 度	—
	基本生产车间	18 000 度	1 500 立方米
	管理部门	5 000 度	400 立方米

【技能要求】

(1)根据上述有关资料,采用直接分配法编制辅助生产费用分配表(见表 3—11),并编制有关会计分录。

表 3—11　　辅助生产费用分配表　　单位:元

辅助生产车间		供电车间	供水车间	合　计
待分配费用				
对外产品供应量				—
分配率(单位成本)				
基本生产车间	数量			—
	金额			
管理部门	数量			—
	金额			
合　计				

(2)根据上述有关资料,采用交互分配法编制辅助生产费用分配表(见表 3—12)。

表 3—12　　辅助生产费用分配表　　单位:元

分配方向			交互分配			对外分配		
辅助生产车间			供电车间	供水车间	合　计	供电车间	供水车间	合　计
待分配费用								
产品供应量					—			—
分配率(单位成本)								
辅助生产车间	供水车间	数量						
		金额						
	供电车间	数量						
		金额						
基本生产车间	数量		—	—	—			—
	金额		—	—	—			
管理部门	数量		—	—	—			—
	金额		—	—	—			
合　计	—		—	—	—			

■ 案例分析

【分析情境】

帮助小李分析辅助生产要素费用的归集与分配

小李是某大学会计专业的毕业生,已在企业做过多年的会计工作,有一定的工作经验。最近,他应聘到齐鲁机械有限责任公司(简称“齐鲁公司”),负责组织和开展成本会计工作。齐鲁公司主要生产 H150 和 H180 两种型号的机床。公司的生产部门设有一个基本生产车间和两个辅助生产车间。基本生产车间对零部件和原材料进行加工、装配,组装成车床;两个辅助生产车间是运输部和供汽车间,运输部负责公司内部各车间、部门的运输,供汽车间从事蒸汽生产,以满足公司内部各车间、部门对动力和采暖的需要。

由于齐鲁公司刚刚筹建,因此成本核算工作需要逐步完善。小李在对公司的成本会计基础任务和要素费用核算岗位工作设计完成后,便考虑如何进行各车间、部门所发生综合费用的核算工作。他依据各车间、部门发生综合费用的实际情况,列出了目前进行综合费用核算需要解决的几个基本问题:

(1)对运输、供汽两个辅助生产车间、部门发生的辅助生产费用如何进行归集?用什么方法进行分配?

(2)对基本生产车间发生的、在生产成本明细账中未专设成本项目的各项生产费用,如何计入产品成本?

(3)对发生的废品损失、停工损失等损失性费用,如何进行核算?

【情境思考】

如果你是这些岗位的会计人员,该怎样进行相应的会计核算工作?

项目实训

【实训项目】

辅助生产费用的归集与分配

【实训目的】

通过实训,根据下列资料,训练辅助生产费用的归集与分配的方法,掌握产品生产成本的计算与核算过程。

【实训情境】

某企业有供水和供电两个辅助生产车间,主要为本企业基本生产车间和行政管理等部门服务。根据"辅助生产成本明细账"汇总的资料,供水车间本月发生费用 2 065 元,供电车间本月发生费用 4 740 元。各辅助生产车间供应产品或劳务数量见表 3—13。

表 3—13　　辅助生产车间情况

受益单位		耗水(立方米)	耗电(度)
基本生产——丙产品		—	10 300
基本生产车间		20 500	—
辅助生产车间	供电车间	1 000	—
	供水车间	—	3 000
行政管理部门		8 000	1 200
专设销售机构		2 800	500
合　计		32 300	15 000

【实训任务】

(1)采用顺序分配法分配辅助生产费用(见表 3—14),并做相应的会计分录。

表 3—14　　**辅助生产费用分配表**　　单位：元

<table>
<tr><td>项　目</td><td colspan="6">辅助生产车间</td><td colspan="4">基本生产车间</td><td colspan="2" rowspan="2">行政管理部门</td><td colspan="2" rowspan="2">专设销售机构</td><td rowspan="3">分配金额合计</td></tr>
<tr><td rowspan="3">车间、部门</td><td colspan="3">供电车间</td><td colspan="3">供水车间</td><td colspan="2">丙产品</td><td colspan="2">基本生产车间</td></tr>
<tr><td>劳务量</td><td>待分配费用</td><td>分配率</td><td>劳务量</td><td>待分配费用</td><td>分配率</td><td>耗量</td><td>分配金额</td><td>耗量</td><td>分配金额</td><td>耗量</td><td>分配金额</td><td>耗量</td><td>分配金额</td></tr>
<tr><td></td><td></td><td></td><td></td><td></td><td></td><td></td><td></td><td></td><td></td><td></td><td></td><td></td><td></td><td></td></tr>
<tr><td>分配电费</td><td></td><td></td><td></td><td></td><td></td><td></td><td></td><td></td><td></td><td></td><td></td><td></td><td></td><td></td><td></td></tr>
<tr><td>分配水费</td><td></td><td></td><td></td><td></td><td></td><td></td><td></td><td></td><td></td><td></td><td></td><td></td><td></td><td></td><td></td></tr>
<tr><td colspan="15">分配金额合计</td><td></td></tr>
</table>

(2)撰写“辅助生产费用的归集与分配”实训报告(见表 3—15)。

表 3—15　　**“辅助生产费用的归集与分配”实训报告**

<table>
<tr><td>项目实训班级：</td><td>项目小组：</td><td>项目组成员：</td></tr>
<tr><td>实训时间：　　年　　月　　日</td><td>实训地点：</td><td>实训成绩：</td></tr>
<tr><td colspan="3">实训目的：</td></tr>
<tr><td colspan="3">实训步骤：</td></tr>
<tr><td colspan="3">实训结果：</td></tr>
<tr><td colspan="3">实训感言：</td></tr>
<tr><td colspan="3">不足与今后改进：</td></tr>
<tr><td colspan="3">项目组长评定签字：　　　　　　　　　　项目指导教师评定签字：</td></tr>
</table>

项目四

在产品和完工产品的成本分配

○ **知识目标**

理解:在产品收发存的核算;

熟知:联产品和副产品成本的分配;

掌握:在产品与完工产品的成本分配方法。

○ **技能目标**

能够掌握生产费用在完工产品和在产品之间的分配、完工产品成本结转等各种方法的运用,能用所学的实务知识规范生产费用在完工产品和在产品之间分配的相关技能活动。

○ **素质目标**

运用所学的在产品和完工产品的成本分配知识研究相关案例,培养和提高学生在特定业务情境中分析问题与决策设计的能力;结合行业规范或标准,运用成本会计知识,分析行为的善恶,强化学生的职业道德素养。

○ **思政目标**

能够正确理解“不忘初心”的核心要义和精神实质;树立正确的世界观、人生观和价值观,做到学思用贯通、知信行统一;通过学习在产品和完工产品的成本分配知识,增加对职业的主观体验和职业认同感,提升自己的业务能力素质。

○ **项目引例**

生产费用如何在完工产品和月末在产品之间分配

中华公司生产的甲产品经过两道工序加工完成,2021 年 7 月末各工序在产品数量为:第一道工序 200 件,第二道工序 300 件,其中,第二道工序在产品中有正在返修的废品 40 件。另外,在企业的半成品明细账中,有本月加工完成入库的第一道工序产品 200 件。第二道工序本月加工完成的产品有 800 件,其中有 200 件尽管完工,但尚未来得及办理入库手续,另外有 20 件在验收时发现有严重的质量问题而未能入库,等待返修。在月末分配生产费用确定在产品数量时,财务部小陈和小李产生了分歧。小陈认为月末在产品数量为 500 件,小李却认为月末在产品应为 720 件。

引例解析

请分析:你认为他们的分歧原因在何处?从分配完工产品和月末在产品应负担生产费用角度看,你认为月末在产品应该为多少?

○ **知识精讲**

任务一　在产品收发存的核算

一、在产品的概念

在产品是指没有完成全部生产过程、不能作为商品对外销售的产品。在工业企业中，从广义（即从整个企业）来讲，在产品包括正在加工中的产品和加工一段时期留存在半成品库以及以后使用的各步骤半成品；从狭义（即从车间或工段）来讲，在产品是指正在加工中的产品。对外销售的自制半成品属于商品产品，验收入库后不应列入在产品。

二、在产品结存数量核算

在产品结存数量同其他材料物资结存数量一样，应同时具备账面核算资料和实际盘点资料。企业一方面要做好在产品收发存的日常核算工作，另一方面要做好在产品的清查工作。如车间在产品收发存的日常核算，通常是通过在产品收发存账进行的。

在实务中，企业通常建立在产品台账，应分别车间并按照在产品品种和名称设立，以便用来反映车间各种在产品的转入、转出和结存数量。企业各车间应认真做好在产品的计量、验收和交接工作，并在此基础上根据领料凭证、在产品内部转移凭证、产成品检验凭证和产品交库凭证，及时、完整地登记在产品收发结存账。因此，企业在具体涉及的账簿由车间核算人员登记时应做好相应的工作，这样既可以从账面上随时掌握在产品的动态，又可以清查在产品的实际数量，这对正确计算产品成本、加强生产资金管理、保证在产品安全完整，以及保证账实相符都有重要意义。

为了核实在产品数量，企业必须认真做好在产品清查工作，可以定期进行清查，也可以不定期轮流清查。若有的车间没有建立在产品日常收发核算记录，则每月末都必须清查一次在产品，以便取得在产品实际盘存资料。清查后，企业应根据盘点结果和账面资料编制在产品盘点表，填明在产品账面数、实存数和盘存盈亏数，以及盈亏原因和处理意见，同时对于报废和毁损的在产品，还要登记残值并进行相应的账务处理。

（一）盘盈在产品账务处理

1. 在产品发生盘盈时，盘盈在产品成本应按照重置成本入账

借：生产成本——基本生产成本（记入相应的“生产成本明细账”各成本项目）

　　贷：待处理财产损溢——待处理流动资产损溢

2. 按管理权限经批准进行处理时，一般是冲减“管理费用”科目

借：待处理财产损溢——待处理流动资产损溢

　　贷：管理费用

（二）盘亏和毁损在产品账务处理

1. 在产品发生盘亏和毁损时，根据其账面实际成本

借：待处理财产损溢——待处理流动资产损溢

　　贷：生产成本——基本生产成本

同时，从相应的“生产成本明细账”各成本项目中转出，冲减在产品成本。

2. 在产品毁损入库残值应根据估计成本入账，冲减在产品损失

借：原材料

　　贷：待处理财产损溢——待处理流动资产损溢

3. 在产品盘亏净损失，应根据不同情况做不同的账务处理，分别列入不同的会计科目

如对于应计入产成品成本部分，应借记“管理费用”科目；应由责任人或保险公司赔偿的部分，则应转入“其他应收款”科目的借方，具体账务处理为：

借：管理费用

　　其他应收款

　　贷：待处理财产损溢——待处理流动资产损溢

三、在产品与完工产品成本计量模式

企业在日常生产过程中生产产品发生的费用归集之后分配至如“基本生产成本明细账”和“完工产品（产成品）计算单”中。企业在具体的成本核算中，若月（期）初、月（期）末存在在产品，则本月（期）发生的生产成本（费用）需加上月（期）初在产品成本之和于在产品与完工产品之间分配。计算公式为：

$$\text{月（期）初在产品成本} + \text{本月（期）生产成本（费用）} = \text{月（期）末在产品成本} + \text{完工产品成本}$$

在实务中，企业月（期）末在产品成本和完工产品成本计算一般有三种形式：

(1)先计算完工产品成本，然后将生产成本合计减去完工产品成本，其余额就是月（期）末在产品成本。

(2)先计算月（期）末在产品成本，将生产成本合计减去在产品成本，其余额就是完工产品成本。

(3)采用适当的方法同时计算出完工产品成本和月（期）末在产品成本。

企业应依据月（期）末在产品数量及成本大小、定额资料是否准确、各成本项目所占比重大小等影响因素来确定相应合理的方法，从而计算出月（期）末在产品成本和完工产品成本。

任务二　在产品与完工产品的成本分配方法

企业将生产成本（费用）在在产品和完工产品之间进行分配时，应在每月（期）末就当月（期）生产成本明细账中按照成本项目归集的该种产品本月（期）生产成本资料，分情况进行处理。

若产品已经全部完工，则生产成本明细账中归集的月（期）初在产品生产成本与本月（期）发生的生产成本之和，就是该种完工产品成本。

若产品全部没有完工，则生产成本明细账中归集的月（期）初在产品生产成本与本月（期）发生的生产成本之和，就是该种在产品成本。

若既有完工产品又有在产品，生产成本明细账中归集的月（期）初在产品生产成本与本月（期）发生的生产成本之和，则应当在完工产品和月（期）末在产品之间采用适当的分配方法进行归集并分配，以计算完工产品和月（期）末在产品成本。

在实务中，企业应当根据在产品数量多少、各月（期）在产品数量变化大小、各项成本比重大小以及定额管理基础情况等具体条件，采用适当的分配方法将生产成本在完工产品和在产品之间进行分配。企业通常采用的在产品成本计算方法包括约当产量法、定额成本计价法、定额比例法、按所耗直接材料成本计价法、不计算在产品成本法、按固定成本计价法等。

一、约当产量法

约当产量法，也称约当产量比例法，是指应将月（期）末在产品数量按照完工程度折算为相当于完工产品的产量，即约当产量，然后将产品应负担的全部成本按照完工产品数量和月（期）末在产品约当产量的比例分配计算完工产品成本和月（期）末在产

动漫视频

约当产量比例法

品成本。此方法适用于月(期)末在产品数量较多、各月(期)在产品数量变化也较大,且生产成本中直接材料费用和直接人工等加工费用比重相差不大的产品。

在计算约当产量时,在产品耗用的原材料投入和加工费用(直接人工、制造费用等)计算情况是不一样的,主要有以下三种:

(一)原材料在生产开始时一次投入

在此情况下,原材料投料百分比为100%,每件在产品耗用原材料同完工产品相同。所以,通常分配材料费用时,企业不必计算在产品中“直接材料”成本项目的约当产量,应按完工产品和在产品数量比例分配材料费用。至于加工费用,一般是随着生产过程而逐渐增加的。所以,加工费用需要按在产品完工程度计算约当产量,按完工产品和在产品约当产量分配计算完工产品和在产品的加工费用。

若原材料在开始生产时一次投入,则采用约当产量法计算在产品和完工产品成本的计算公式为:

$$\text{直接材料费用分配率}=\left(\text{月(期)初在产品直接材料费用}+\text{本月(期)发生直接材料费用}\right)\div\left(\text{完工产品数量}+\text{月(期)末在产品数量}\right)$$

月(期)末在产品直接材料成本=月(期)末在产品数量×直接材料费用分配率

$$\text{加工费用分配率}=\left(\text{月(期)初在产品加工费用}+\text{本月(期)发生加工费用}\right)\div\left(\text{完工产品数量}+\text{月(期)末在产品约当产量}\right)$$

月(期)末在产品约当产量=月(期)末在产品数量×月(期)末在产品完工程度(%)

月(期)末在产品加工成本=月(期)末在产品约当产量×加工费用分配率

月(期)末在产品成本=月(期)末在产品直接材料成本+月(期)末在产品加工成本

完工产品直接材料成本=完工产品数量×直接材料费用分配率

或　　=直接材料费用总额－月(期)末在产品直接材料成本

完工产品加工成本=完工产品数量×加工费用分配率

或　　=加工费用总额－月(期)末在产品加工成本

完工产品成本=完工产品直接材料成本+完工产品加工成本

【做中学4—1】　某企业2021年9月生产甲产品,本月完工26件,在产品10件,平均完工程度为40%;原材料为360元,且为生产开始时一次性投入;加工费用为3 000元。

根据约当产量法,计算出本月发生的生产成本分配情况:

$$\text{直接材料费用分配率}=\left(\text{月初在产品直接材料费用}+\text{本月发生直接材料费用}\right)\div\left(\text{完工产品数量}+\text{月末在产品数量}\right)=360\div(26+10)=10$$

月末在产品直接材料成本=月末在产品数量×直接材料费用分配率=10×10=100(元)

完工产品直接材料成本=完工产品数量×直接材料费用分配率=26×10=260(元)

$$\text{加工费用分配率}=\left(\text{月初在产品加工费用}+\text{本月发生加工费用}\right)\div\left(\text{完工产品数量}+\text{月末在产品约当产量}\right)=3\,000\div(26+10\times40\%)=100$$

完工产品加工成本=完工产品数量×加工费用分配率=26×100=2 600(元)

月末在产品加工成本=月末在产品约当产量×加工费用分配率=10×40%×100=400(元)

月末在产品成本=月末在产品直接材料成本+月末在产品加工成本=100+400=500(元)

完工产品成本=完工产品直接材料成本+完工产品加工成本=260+2 600=2 860(元)

【做中学4—2】　某企业2021年9月生产甲产品,本月完工产品量600件,在产品100件,完工程度按平均50%计算;原材料在开始时一次投入,其他费用按约当产量比例分配。甲产品本月月初在产品和本月耗用直接材料费用共计70 700元,直接人工费用39 650元,燃料和动力费用85 475元,制造费用29 250元。

根据约当产量法计算得出:

(1)直接材料费用分配计算:

完工产品负担直接材料成本=70 700÷(600+100)×600=60 600(元)

在产品负担直接材料成本=70 700÷(600+100)×100= 10 100(元)

(2)直接人工费用分配计算:

完工产品负担直接人工成本=39 650÷(600+100×50%)×600=36 600(元)

在产品负担直接人工成本=39 650÷(600+100×50%)×100×50%=3 050(元)

(3)燃料和动力费用分配计算:

完工产品负担燃料和动力成本=85 475÷(600+100×50%)×600=78 900(元)

在产品负担燃料和动力成本=85 475÷(600+100×50%)×100×50%=6 575(元)

(4)制造费用分配计算:

完工产品负担制造费用=29 250÷(600+100×50%)×600=27 000(元)

在产品负担制造费用=29 250÷(600+100×50%)×100×50%=2 250(元)

甲产品本月完工产品成本=60 600+36 600+78 900+27 000=203 100(元)

甲产品本月在产品成本=10 100+3 050+6 575+2 250=21 975(元)

根据甲产品完工产品总成本进行完工产品入库的账务处理:

借:库存商品　　203 100

　　贷:生产成本——基本生产成本　　203 100

(二)原材料分阶段在每道工序开始时一次投入

如果原材料不是在开始生产时一次投入的,而是分阶段在每道工序开始一次投入,则在产品原材料项目投料程度(简称投料率)按某道工序单位产品累计定额投入量占单位产品定额消耗量计算。由于加工费用都是随着生产进度陆续投入的,因此,在产品加工费用完工程度(简称完工率)一般按某道工序单位产品累计定额工时占单位产品定额工时计算。计算公式为:

$$\frac{\text{某道工序在产品}}{\text{原材料投料率}}=\frac{\text{该道工序单位产品}}{\text{原材料累计定额消耗量}}\div\frac{\text{单位产品原材料}}{\text{定额消耗量}}$$

$$\frac{\text{某道工序}}{\text{在产品完工率}}=\left(\frac{\text{上一道工序累计}}{\text{单位工时定额}}+\frac{\text{本工序单位}}{\text{工时定额}}\times 50\%\right)\div\frac{\text{单位产品}}{\text{工时定额}}$$

【做中学4—3】 某企业2021年9月生产甲产品,经过三道工序加工,原材料随着生产进度陆续投入,且在每道工序开始时一次投入。有关资料见表4—1。

表4—1　　在产品数量及定额资料

工　序	1	2	3	合　计
直接材料定额(元)	280	168	112	560
工时定额	80	160	60	300
在产品数量(台)	60	70	30	160

根据在产品数量及定额资料,计算各道工序在产品投料率和完工率及约当产量,分别见表4—2和表4—3。

表 4—2　　甲产品投料率和约当产量计算表

工序	各工序直接材料定额(元)	投料率	在产品数量(台)	约当产量(台)
1	280	(280÷560)×100%=50%	60	30
2	168	[(280+168)÷560]×100%=80%	70	56
3	112	[(280+168+112)÷560]×100%=100%	30	30
合　计	560	—	160	116

表 4—3　　甲产品完工率和约当产量计算表

工序	各工序工时定额	完工率	在产品数量(台)	约当产量(台)
1	80	[(80×50%)÷300]×100%=13.33%	60	8
2	160	[(80+160×50%)÷300]×100%=53.33%	70	37
3	60	[(80+160+60×50%)÷300]×100%= 90%	30	27
合　计	300	—	160	72

甲产品月初在产品和本月发生费用见表 4—4,本月完工产品 200 台,据此编制成本计算单。

表 4—4　　甲产品成本计算单

2021 年 9 月　　单位:元

摘　要		直接材料	燃料和动力	直接人工	制造费用	合　计
月初在产品与本月发生费用合计		90 060	13 600	19 040	8 160	130 860
产品产量(台)	完工产品产量	200	200	200	200	—
	在产品约当产量	116	72	72	72	—
合　计		316	272	272	272	—
单位成本(元/台)		285	50	70	30	435
结转完工产品成本		57 000	10 000	14 000	6 000	87 000
月末在产品成本		33 060	3 600	5 040	2 160	43 860

(三)原材料随着生产进度陆续投入且在每一工序也是陆续投入

在这种情况下,原材料随生产进度陆续投入,投入程度与生产工序投入程度完全一致或基本一致,此时分配直接材料成本的在产品产量按完工程度折算出约当产量。计算公式为:

$$\text{某工序在产品直接材料完工程度}=\left(\text{上工序累计单位产品材料定额耗用量}+\text{本工序材料定额耗用量}\times 50\%\right)\div\text{单位产品原材料定额耗用量}$$

【做中学 4—4】 沿用【做中学 4—3】的数据,假设原材料随着生产进度陆续投入且在每一工序也是陆续投入。各工序在产品直接材料完工程度计算结果为:

第一工序直接材料费用完工程度=(280×50%)×100%÷560=25%

第二工序直接材料费用完工程度=(280+168×50%)×100%÷560=65%

第三工序直接材料费用完工程度=(280+168 +112×50%)×100%÷560=90%

第一工序直接材料在产品约当产量=60×25%=15(件)

第二工序直接材料在产品约当产量=70×65%=45.5(件)

第三工序直接材料在产品约当产量=30×90% =27(件)

直接材料项目在产品约当产量=15+45.5+27=87.5(件)

由上述结果可以得出甲产品成本计算单(见表4—5)。

表4—5 **甲产品成本计算单**

2021年9月 单位:元

摘 要		直接材料	燃料和动力	直接人工	制造费用	合 计
月初在产品与本月费用合计		90 060	13 600	19 040	8 160	130 860
产品产量(件)	完工产品产量	200	200	200	200	—
	在产品约当产量	87.5	72	72	72	—
合 计		287.5	272	272	272	—
单位成本(元/件)		313.25	50	70	30	463.25
结转完工产品成本		62 650.43	10 000	14 000	6 000	92 650.43
月末在产品成本		27 409.57	3 600	5 040	2 160	38 209.57

二、定额成本计价法

动漫视频

在产品按定额成本计价法

定额成本计价法,是指月(期)末在产品成本按定额成本计算,与之相应的全部成本[如果有月(期)初在产品,包括月(期)初在产品成本在内]减去按定额成本计算的月(期)末在产品成本,余额作为完工产品成本。如果每月(期)生产成本脱离定额,节约差异或超支差异则全部计入当月完工产品成本。这种方法是事先经过调查研究、技术测定或按定额资料对各个加工阶段的在产品直接确定一个单位定额成本。此方法适用于各项消耗定额或定额成本比较准确、稳定,而且各月末在产品数量变化不是很大的产品。计算公式为:

$$\text{月(期)末在产品直接材料定额成本}=\text{月(期)末在产品数量}\times\text{月(期)末单位在产品材料消耗定额}\times\text{材料计划单价}$$

$$\text{月(期)末在产品直接人工定额成本}=\text{月(期)末在产品数量}\times\text{月(期)末单位在产品工时定额}\times\text{计划小时工资率}$$

$$\text{月(期)末在产品制造费用定额成本}=\text{月(期)末在产品数量}\times\text{月(期)末单位在产品工时定额}\times\text{计划小时费用率}$$

【做中学4—5】 某企业2021年9月生产乙产品,本月完工产品产量3 000个,在产品数量400个;在产品单位定额成本为:直接材料400元,直接人工100元,制造费用150元。乙产品本月月初在产品和本月耗用直接材料成本共计1 360 000元,直接人工成本640 000元,制造费用960 000元。

根据定额成本计价法计算月末在产品成本及完工产品成本,见表4—6。

表4—6 **月末在产品成本及完工产品成本** 单位:元

项 目	在产品定额成本	完工产品成本
直接材料	400×400=160 000	1 360 000—160 000=1 200 000
直接人工	100×400=40 000	640 000—40 000=600 000
制造费用	150×400=60 000	960 000—60 000=900 000
合 计	260 000	2 700 000

根据乙产品完工产品总成本进行完工产品入库的账务处理：

借：库存商品——乙产品　　2 700 000

　贷：生产成本——基本生产成本　　2 700 000

三、定额比例法

动漫视频

定额比例法

定额比例法，是指产品生产成本在完工产品和月(期)末在产品之间按照两者的定额消耗量或定额成本比例分配的方法。其中，直接材料费用按直接材料定额消耗量或定额成本比例分配；直接人工等加工费用既可按各该定额成本比例分配，也可按定额工时比例分配。这种方法适用于各项消耗定额或定额成本比较准确、稳定，但各月(期)末在产品数量变动较大的产品。计算公式为：

$$\text{费用分配率}=\frac{\text{月(期)初在产品成本}+\text{本月(期)生产成本}}{\text{完工产品定额原材料成本或定额工时}+\text{月(期)末在产品定额成本或定额工时}}$$

$$\text{完工产品实际材料成本}=\text{完工产品定额原材料成本}\times\text{原材料费用分配率}$$

$$\text{月(期)末在产品实际原材料成本}=\text{月(期)末在产品定额原材料成本}\times\text{原材料成本分配率}=\text{月(期)初在产品实际原材料成本}+\text{本月(期)实际原材料费用}-\text{完工产品实际原材料成本}$$

$$\text{完工产品某项加工成本}=\text{完工产品定额工时}\times\text{该项加工费用分配率}$$

$$\text{月(期)末在产品某项加工成本}=\text{月(期)末在产品定额工时}\times\text{该项加工费用分配率}$$

【做中学 4—6】 2021 年 8 月某企业生产甲产品，有关资料见表 4—7。

表 4—7　　**甲产品有关成本资料**

2021 年 8 月　　单位：元

项　目	直接材料			工　时		直接人工	制造费用	合　计
	定额消耗量(千克)	实际消耗量(千克)	金额	定额消耗量(小时)	实际消耗量(小时)			
月初在产品	1 800	1 600	3 520	8 000	8 400	2 400	1 300	7 220
本月发生	28 200	26 000	57 200	17 000	19 500	21 036	14 324	92 560
合　计	30 000	27 600	60 720	25 000	27 900	23 436	15 624	99 780
材料单价(元/千克)、工资、费用率(元/小时)	—	—	2.2	—	—	0.84	0.56	—
本月完工	25 000	—	—	21 000	—	—	—	—
月末在产品	5 000	—	—	4 000	—	—	—	—

根据定额比例法计算完工产品和在产品成本为：

定额比例(直接材料)＝(1 600＋26 000)÷(25 000＋5 000)＝0.92

定额比例(加工费用)＝(8 400＋19 500)÷(21 000＋4 000)＝1.116

完工产品实际耗用量(直接材料)＝25 000×0.92＝23 000(千克)

完工产品实际耗用量(工时)＝21 000×1.116＝23 436(小时)

完工产品直接材料实际成本＝23 000×2.2＝50 600(元)

完工产品直接人工实际成本＝23 436×0.84＝19 686.24(元)

完工产品实际制造费用＝23 436×0.56＝13 124.16(元)

完工产品实际成本＝50 600＋19 686.24＋13 124.16＝83 410.40(元)

月末在产品实际耗用量(直接材料)＝5 000×0.92＝4 600(千克)

月末在产品实际耗用量(工时)＝4 000×1.116＝4 464(小时)

月末在产品直接材料实际成本＝4 600×2.2＝10 120(元)

月末在产品直接人工实际成本＝4 464×0.84＝3 749.76(元)

月末在产品实际制造费用＝4 464×0.56＝2 499.84(元)

月末在产品实际成本＝10 120＋3 749.76＋2 499.84＝16 369.60(元)

根据甲产品完工产品总成本进行完工产品入库的账务处理：

借:库存商品——甲产品　83 410.40

　　贷:生产成本　83 410.40

四、按所耗直接材料成本计价法

按所耗直接材料成本计价法，是指月(期)末在产品只计算其所耗直接材料成本，不计算直接人工等加工费用。具体来说，直接材料费用[月(期)初在产品直接材料成本与本月(期)发生的直接材料费用之和]需要在完工产品和月(期)末在产品之间进行分配，而生产产品本月发生的加工费用全部由完工产品负担。这种方法适用于各月(期)末在产品数量较多、各月(期)在产品数量变化较大，直接材料成本在生产成本中所占比重较大且材料在生产开始时一次就全部投入的产品。计算公式为：

$$\frac{\text{本月(期)}}{\text{完工产品成本}}=\frac{\text{月(期)初在产品}}{\text{成本(只有材料费用)}}+\frac{\text{本月生产}}{\text{费用}}-\frac{\text{月(期)末在产品}}{\text{成本(只有材料费用)}}$$

直接材料费用分配率＝直接材料费用总额÷[完工产品数量＋月(期)末在产品数量]

月(期)末在产品成本＝月(期)末在产品数量×直接材料费用分配率

$$\frac{\text{本月(期)}}{\text{完工产品成本}}=\frac{\text{完工产品}}{\text{数量}}\times\frac{\text{直接材料}}{\text{费用分配率}}+\frac{\text{其他各项}}{\text{加工费用}}$$

或　　＝生产费用合计－月(期)末在产品成本

【做中学 4－7】 某企业生产 A 产品，月初在产品成本为 5 400 元，本月共发生直接材料费用 62 200 元，原材料在开始生产时一次投入。本月完工产品数量为 200 件，月末在产品 60 件，本月发生直接人工费用 1 400 元，制造费用 200 元。

在产品按所耗原材料成本计价法计算如下：

直接材料费用分配率＝(5 400＋62 200)÷(200＋60)＝260

月末在产品成本＝60×260＝15 600(元)

完工产品直接材料成本＝200×260＝52 000(元)

完工产品加工费用成本＝1 400＋200＝1 600(元)

完工产品成本＝52 000＋1 600＝53 600(元)

或　完工产品成本＝5 400＋62 200－15 600＋1 400＋200＝53 600(元)

根据上述计算结果编制 A 产品成本计算单，见表 4－8。

表 4—8 **A产品成本计算单** 单位:元

项 目	直接材料	直接人工	制造费用	合 计
月初在产品成本	5 400	—	—	5 400
本月发生费用	62 200	1 400	200	63 800
合 计	67 600	1 400	200	69 200
完工产品成本	52 000	1 400	200	53 600
月末在产品成本	15 600	—	—	15 600
完工产品单位成本	260	7	1	268

五、不计算在产品成本法

不计算在产品成本法,是指虽有月(期)末在产品,但不计算其成本。此种分配方法下产品每月(期)发生的生产成本全部由完工产品负担,其每月(期)发生的成本之和即为每月(期)完工产品成本。这种方法适用于月(期)末在产品数量很小的产品。

六、按固定成本计价法

按固定成本计价法,是指各月(期)末在产品成本固定不变。如某种产品本月(期)发生的生产成本就是本月(期)完工产品的成本。但在年末,在产品成本不应再按固定不变的金额计价;否则,会使按固定金额计价的在产品成本与其实际成本有较大差异,影响产品成本计算的正确性。因此在年末,企业应当根据实际盘点的在产品数量,具体计算在产品成本,据以计算 12 月份的产品成本。这种方法适用于月末在产品数量较多,但各月变化不大的产品或月末在产品数量很小的产品。

任务三 联产品和副产品成本的分配

一、联产品的概念

联产品,是指企业使用同种原料,经过同一生产过程同时生产出来的两种或两种以上的主要产品。如原油作为炼油企业生产的原材料经过同一生产工艺加工生产出来的柴油、汽油、煤油等产品称为联产品。联产品的生产是联合生产,其生产特点为:

(1)在生产开始时,各产品尚未分离,采用的是同一加工过程中对联产品的联合加工。当生产过程进行到一定的生产步骤时,产品才会分离。在分离点以前发生的生产成本称为联合成本。分离点是指在联产品生产中投入相同原料,经过同一生产过程,分离为各种联产品的时点。

(2)分离后的联产品,有的可以直接销售,有的还需进一步加工才可供销售。企业需对分离点前在联合生产过程中发生的联合成本进行分配并计入各联产品成本;将分离后对联产品继续进行加工而发生的成本称为加工成本(可归属成本),直接由接受加工的联产品负担。

二、联产品成本的分配

联产品从原材料投入到形成完工产品要经历三个阶段:分离前、分离点、分离后。联产品分离前发生的联合成本可按一个成本核算对象设置一个成本明细账进行归集;分离点,将其总额按一定方法在各联产品之间进行分配;分离后按各种产品分别设置明细账,归集其所发生的加工成本(可

归属成本)。因此,联产品成本核算的一般步骤为:

第一步:将联产品作为成本核算对象并设置成本明细账。联产品的特点决定了联产品在分离前不可能按各种产品分别计算成本,只能按联产品作为成本核算对象。

第二步:归集联产品成本并计算联合成本。联产品发生的成本为联合成本,且联产品的在产品一般比较稳定,可不计算期初、期末在产品成本,本期发生的生产成本全部为联产品的完工产品成本。

联产品的成本分配如图 4—1 所示。

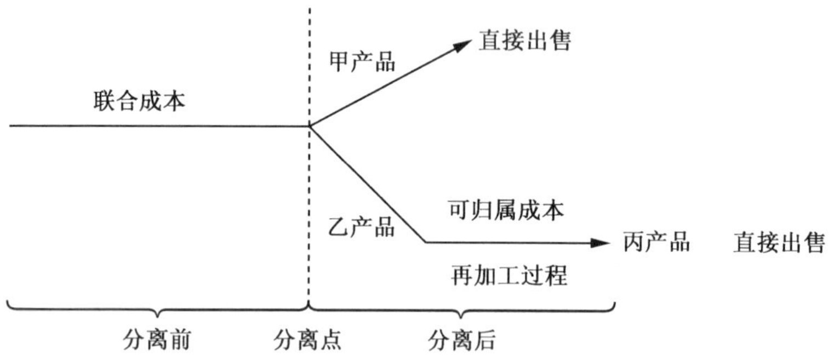

图 4—1　联产品的成本分配

联产品的成本分配主要为分离点如何对联合成本进行分配,常用的分配方法主要有系数法、实物量比例法、售价比例法及可实现净值比例法等。

(一)**系数法**

系数法,是将各种联产品实际产量按事先规定的系数折合成标准产量,然后按照各联产品标准产量比例来分配联合成本的一种方法。系数标准可以是联产品技术特征,如重量、体积、质量、性能和加工难易程度;也可以是经济指标,如定额成本、售价等。采用系数法分配联合成本正确与否,取决于系数确定正确与否。

【做中学 4—8】　某企业 2021 年 9 月生产 A、B、C 三种联产品,本月实际产量为:A 产品 40 000 千克,B 产品 20 000 千克,C 产品 15 000 千克。各种产品单位市场售价为:A 产品 15 元,B 产品 24 元,C 产品 12 元。联产品分离前联合成本为 1 008 000 元(为简化成本计算,不分成本项目计算)。

根据系数法计算 A、B、C 产品的成本,见表 4—9。

表 4—9　　联产品成本计算单

2021 年 9 月　　单位:元

品　种	实际产量(千克)	系数	标准产量(千克)	分配率	各产品总成本	各产品单位成本
A 产品	40 000	1	40 000	—	480 000	12
B 产品	20 000	1.6	32 000	—	384 000	19.2
C 产品	15 000	0.8	12 000	—	144 000	9.6
合　计	75 000	—	84 000	12	1 008 000	—

注:假设 A 产品为标准产品,系数定为 1,标准为按产品售价计算,B、C 产品系数为:B 产品系数＝24÷15＝1.6;C 产品系数＝12÷15＝0.8。

根据表4—9成本计算单和产品入库单，结转完工入库产品成本的账务处理为：

借：库存商品——A产品　480 000

——B产品　384 000

——C产品　144 000

贷：生产成本——基本生产成本　1 008 000

（二）**实物量比例法**

实物量比例法，是指联合成本以产品实物数量为基础分配的方法。这里的“实物数量”可以是数量、重量。实物量比例法通常适用于所生产的产品价格很不稳定或无法直接确定的情况。

【做中学4—9】　沿用【做中学4—8】的资料，根据实物量比例法计算A、B、C产品的成本，见表4—10。

表4—10　**联产品成本计算单**

2021年9月　单位：元

品　名	实际产量（千克）	分配率	各产品总成本	各产品单位成本
A产品	40 000	—	537 600	13.44
B产品	20 000	—	268 800	13.44
C产品	15 000	—	201 600	13.44
合　计	75 000	13.44	1 008 000	—

根据表4—10和产品入库单，结转完工入库产品成本的账务处理为：

借：库存商品——A产品　537 600

——B产品　268 800

——C产品　201 600

贷：生产成本——基本生产成本　1 008 000

（三）**售价比例法**

售价比例法，是指联合成本按分离点上每种产品的销售价格比例进行分配的方法。采取这种方法，要求每种产品在分离点的销售价格能可靠地计量。如果联产品在分离点即可供销售，则可采用销售价格进行分配。

【做中学4—10】　沿用【做中学4—8】的资料，根据售价比例法计算A、B、C产品的成本，见表4—11。

表4—11　**联产品成本计算单**

2021年9月　单位：元

品　种	实际产量（千克）	单价	销售价值	分配率	各产品总成本	各产品单位成本
A产品	40 000	15	600 000	—	480 000	12
B产品	20 000	24	480 000	—	384 000	19.2
C产品	15 000	12	180 000	—	144 000	9.6
合　计	75 000	—	1 260 000	0.8	1 008 000	—

根据表4—11和产品入库单，结转完工入库产品成本的账务处理为：

借：库存商品——A产品　　480 000

——B产品　　384 000

——C产品　　144 000

贷：生产成本——基本生产成本　　1 008 000

(四)可实现净值比例法

可实现净值比例法，是按照各种联产品可实现净值比例来分配联合成本的一种方法。可实现净值指产品最终售价减去其可归属成本的余额。对不需要进一步加工的联产品，可实现净值就是其售价。此分配方法适用于联产品分离后仍需要进一步加工方可销售的联产品。同时，企业采用此方法计算联产品成本容易混淆联合成本与可归属成本的界限。

三、副产品成本的分配

所谓副产品，是指在主要产品生产过程中附带生产出一些非主要产品，或利用生产中的废料等加工而成的产品。它是与主要产品经过同一生产过程，使用相同原材料而生产出来的产品。如炼油企业在提炼原油过程中所产生的渣油、石焦油；酿酒企业在酿造酒的过程中所产生的酒糟；制皂企业在制皂生产过程中所产生的甘油；木材加工企业利用生产过程中产生的木屑生产纤维板等。

副产品是企业生产的次要产品，不是企业生产活动的主要目标。相对于主要产品而言，副产品经济价值一般较小，销售价格往往较低。

尽管副产品价值相对于主要产品而言比较低，但仍具有一定的经济价值，能满足某些方面的需要，而且客观上也发生耗费。因此，企业需要采取一定的成本核算方法来分配联合成本。

(一)价值较低的副产品

(1)若分离后不需要进一步加工，则可不负担分离前的联合成本或以定额单位成本计算其应负担的联合成本。

(2)若分离后仍需要进一步加工才能出售的副产品，则只需计算归属于该产品的再加工成本。

(二)价值较高的副产品

(1)若分离后不需要进一步加工，则往往以其销售价格作为计算依据。如按销售价格扣除销售税金、销售费用和按正常利润率计算销售利润后的余额，即作为副产品应负担的联合成本。

(2)若分离后仍需要进一步加工才能出售的副产品，则应同时负担可归属于该产品再加工成本和分离前应负担的联合成本，可在上述核算结果基础上再减去可归属成本后作为其应负担的联合成本。

【做中学4—11】 2021年9月，某企业在生产主要产品甲产品的同时，附带生产出乙副产品，乙副产品分离后需进一步加工后才能出售。本月共发生联合成本155 000元：直接材料77 500元，直接人工31 000元，制造费用46 500元。乙副产品进一步加工发生直接人工费2 000元、制造费用2 500元。本月生产甲产品1 000千克，乙副产品200千克，乙副产品的市场售价为150元/千克，单位税金和利润为50元。

本例中，按乙副产品既要负担再加工成本(专属成本)，又要负担分离前联合成本的方法计算甲产品成本和乙副产品成本，分别见表4—13和表4—13。

表 4—12　　甲产品成本计算单

2021 年 9 月　　单位:元

品　种	直接材料	直接人工	制造费用	合　计
生产费用合计	77 500	31 000	46 500	155 000
结转副产品负担的联合成本	7 750	3 100	4 650	15 500
本月完工甲产品生产成本	69 750	27 900	41 850	139 500
单位成本	69.75	27.90	41.85	139.50

注:乙副产品应负担联合总成本=200×(150—50)—(2 000+2 500)=15 500(元)。本例中,乙副产品应负担的联合总成本按分离前联合成本的成本项目构成比例分配给乙副产品的各成本项目:

分配率=15 500÷155 000=0.1

直接材料=77 500×0.1=7 750(元)

直接人工=31 000×0.1=3 100(元)

制造费用=46 500×0.1=4 650(元)

根据表 4—12 和表 4—13 编制结转完工入库产品成本,账务处理为:

借:库存商品——甲产品　　139 500

　　　　　——乙副产品　　20 000

　贷:生产成本——基本生产成本　　159 500

表 4—13　　乙副产品成本计算单

2021 年 9 月　　单位:元

品　名	直接材料	直接人工	制造费用	合　计
分摊的联合成本	7 750	3 100	4 650	15 500
可归属的成本	—	2 000	2 500	4 500
乙副产品总成本	7 750	5 100	7 150	20 000
单位成本	38.75	25.50	35.75	100

四、等级产品的成本核算

(一)等级产品的概念

等级产品是指使用同种原料、经过同一生产过程而生产出来的品种相同但品级或质量不同的产品。这种质量上的差别,往往是由于两种原因造成的:一种是工人操作不慎、技术不熟练造成的,另一种是由于原材料的质量不同、工艺技术上的要求不同或目前生产技术水平等造成的。由于这两种不同的原因,我们在计算等级产品成本时就要采取不同的方法,以使产品成本尽可能正确地反映企业成本的真实情况。

在日常生活中,许多分等级的产品特别是一些轻工产品,如针织厂的针织服装可以分为一级、二级、三级,日用搪瓷品也可以分为一级、二级、三级。

等级产品和副次产品是两个不同的概念,等级产品的二、三等级不是副次产品。两者之间的根本区别在于等级产品是合格品,而副次产品是非合格品。

(1)等级产品是合格品,一级、二级和三级均是。等级产品在质量上的差别一般是在允许的设计范围以内的,这些差别一般不影响产品的正常使用。

(2)副次产品指等级以下的产品,是非合格品,其质量指标未达到设计的要求。

许多联产品在分离后还需要进一步加工，并相应发生分离成本，而等级产品一般不需要分离之后再加工。由于等级产品是用同样的原材料在同一加工过程中生产出来的，一般不再需要进一步加工，因此，等级产品成本的计算可以分为成本的归集、分配以及总成本和单位成本的计算三个环节。

（二）等级产品的计算

等级产品的成本计算，应根据企业的具体情况加以确定。

（1）如果是由于材料质量、工艺过程本身等特点或自然原因造成的，则应采用适当的方法计算各种等级产品的成本，计算时，可将各种等级产品作为一类产品，计算类产品的联合成本，再根据按各种等级品的售价等标准确定的系数，将各等级产品产量折合为标准产量，采用标准产量比例法分配联合成本，以分配的联合成本作为各等级产品的成本。

（2）如果是由于生产管理不当、操作失误造成的等级产品，因为等级产品用料相同，工艺过程也相同，则其成本也应相同，所以，应采用实际产量比例法，将等级产品的联合成本直接按各等级产品的实际产量平均计算，从而使各等级产品单位成本水平一致。

应知考核

一、单项选择题

1. 应计入产品成本但不专设成本项目的各种费用，应（　　）。

A. 直接计入当期损益

B. 作为管理费用处理

C. 作为制造费用处理，期末再通过分配计入产品成本

D. 直接记入“生产成本”科目

2. 如果企业月末在产品数量较大，各月末在产品数量变化也较大，产品成本中原材料费用和工资等其他费用所占比重相差不大，月末则可采用的在产品和完工产品之间分配的方法是（　　）。

A. 不计算在产品成本法　　B. 约当产量比例法

C. 在产品按固定成本计价法　　D. 在产品按所耗直接材料成本计价法

3. 下列关于联产品的说法中，错误的是（　　）。

A. 在售价比例法下，联合成本是按分离点每种产品的销售价格比例分配的

B. 如果联产品在分离点即可供销售，则联合成本可采用销售价格进行分配

C. 如果联产品需要进一步加工后才可供销售，则需要对分离点的销售价格进行估计

D. 实物量比例法通常适用于所生产的产品的价格很稳定或可以直接确定的情况

4. 企业产品成本中原材料费用所占比重较大，生产开始时原材料一次投入，月末在产品数量变化较大的情况下，月末可采用的在产品和完工产品之间分配的方法是（　　）。

A. 在产品成本按年初固定成本计价法　　B. 在产品按所耗直接材料成本计价法

C. 定额比例法　　D. 约当产量法

5. 企业在使用同种原料生产主产品的同时附带生产副产品的情况下，由于副产品价值相对较低，而且在全部产品价值中所占的比重较小，因此，在分配主产品和副产品的加工成本时（　　）。

A. 通常采用定额比例法

B. 通常采用售价比例法

C. 通常先确定主产品的加工成本，然后再确定副产品的加工成本

D. 通常先确定副产品的加工成本，然后再确定主产品的加工成本

二、多项选择题

1. 采用定额比例法分配完工产品和月末在产品费用，应具备的条件有（　　）。

A. 各月末在产品数量变化较大　　B. 各月末在产品数量变化不大

C. 各项消耗定额或成本定额比较稳定　　D. 各项消耗定额或成本定额波动较大

2. 联产品的联合成本在分离点后可按一定的分配方法在各联产品之间进行分配，分配方法包括（　　）。

A. 售价比例法　　B. 实物量比例法

C. 定额比例法　　D. 约当产量比例法

3. 假如甲产品本月完工产品产量500件，月末在产品共计100件，其中有60%的完工程度为30%，剩余40%的完工程度为80%，原材料在生产开始时一次投入。甲产品本月初在产品和本月耗用直接材料费用共计45 000元，直接人工费用5 500元，制造费用11 000元，生产费用在完工产品与在产品之间的分配采用约当产量法。下列各项中，正确的有（　　）。

A. 完工产品负担的直接材料费用为40 909元

B. 在产品负担的直接材料费用为7 500元

C. 完工产品负担的直接人工费用为5 000元

D. 在产品负担的制造费用为1 000元

4. 采用定额成本计价法计算产品应分配的材料成本差异时，需要的指标有（　　）。

A. 产品原材料定额费用　　B. 原材料脱离定额差异

C. 原材料成本差异分配率　　D. 原材料定额变动差异

5. 某产品需经过两道工序加工完成，原材料消耗定额为500千克。其中，第一道工序原材料消耗定额为240千克，第二道工序原材料消耗定额为260千克。月末在产品数量为350件，其中，第一道工序在产品为200件，第二道工序在产品为150件。原材料随加工进度分工序投入，但每一道工序随加工进度陆续投入，则（　　）。

A. 第一道工序期末在产品原材料完工率为24%

B. 第一道工序在产品约当产量为48件

C. 第二道工序期末在产品原材料完工率为74%

D. 第二道工序在产品约当产量为111件

三、判断题

1. 盘亏或毁损的在产品，经批准后均应记入“制造费用”科目。（　　）

2. 不计算在产品成本法适用于月末没有在产品的产品。（　　）

3. 采用约当产量法计算月末在产品成本，分配原材料费用时必须考虑原材料的投料方式。（　　）

4. 月末在产品按定额成本计价法计算，实际费用脱离定额的差异完全由完工产品负担。（　　）

5. 采用定额比例法计算月末在产品成本必须具备较好的定额管理基础，而且是月初、月末在产品数量变化不大的产品。（　　）

应会考核

■ 观念应用

【背景资料】

丰达汽车有限责任公司的在产品比例分配

丰达汽车有限责任公司生产的汽车经过加工、装配和油漆三个工序完成，某月末各工序在产品数量为：第一道工序为 50 辆，第二道工序为 100 辆，第三道工序为 150 辆。该月加工完成的产品 800 辆，但其中有 200 辆尽管已经完工，但尚未办理入库手续。三道工序核定的工时分别为 120 小时、80 小时和 40 小时。在月末将原材料费用、人工费用和制造费用在完工产成品与在产品之间分配时，会计黄凌将原材料费用按照产成品数量 800 辆和在产品数量 300 辆进行平均分配，即单位产成品和在产品负担材料费用一样多；人工费用和制造费用则对单位在产品按照单位产成品的一半分配，即每辆在产品分给的人工费用和制造费用等于每件产成品应分得的人工费用和制造费用的 50%。企业财务主管在审核时告诉黄凌：产成品的数量应为 600 辆，在产品的数量应为 425 辆；另外，对人工费用和制造费用的分配不能简单地按完工产品的一半分配，要根据各工序的在产品完工程度确认在产品相当于产成品的数量比例来分配。这是怎么回事呢？

【考核要求】

请结合本项目的内容分析为什么要根据各工序的在产品完工程度确认在产品相当于产成品的数量比例来分配。

■ 技能应用

完工产品和在产品生产的具体应用

(1)某企业 C 产品本月完工产品产量为 3 000 件，在产品数量为 400 件，完工程度按平均 50%计算；材料在开始生产时一次投入，其他成本按约当产量比例分配。C 产品本月月初在产品和本月耗用直接材料费用共计 136 万元，直接人工费用 64 万元，制造费用 96 万元。

要求：按照约当产量法计算 C 产品成本并进行完工产品入库的相应的账务处理。

(2)工业企业甲产品的原材料在生产开始时一次投入，产品成本中原材料费用所占比重很大，月末在产品按所耗直接材料成本计价，其 2019 年 9 月初在产品费用为 8 000 元，该月生产费用为：直接材料为 16 000 元，直接人工为 3 000 元，制造费用为 4 000 元，该月完工产品为 500 件，月末在产品为 300 件。

要求：在产品按所耗直接材料成本计价法计算完工产品成本是多少？

(3)某企业生产甲产品和乙产品，甲产品和乙产品为联产品。2019 年 9 月份发生加工成本 1 200 万元。甲产品和乙产品在分离点销售价格总额为 1 500 万元。其中，甲产品销售价格总额为 900 万元，乙产品销售价格总额为 600 万元。

要求：采用售价比例法分配联合成本。

(4)某企业在生产主要产品的同时还生产了某种副产品。该种副产品可直接对外销售，企业规定的售价为每千克 100 元。当月主要产品和副产品发生的生产成本总额为 50 万元，副产品的产量为 500 千克。假定该企业按预先规定的副产品售价确定其成本。

要求：计算主、副产品成本。

【技能要求】

请认真阅读分析上述(1)—(4)的题干，结合本项目的学习内容并回答(1)—(4)的要求。

■ 案例分析

【分析情境】

对在产品成本和完工产品成本的正确认识

某企业核算 Y 产品的生产成本时，采取在产品按定额成本法计算。注册税务师姜某于 2022 年 2 月 4 日受托代理审查甲企业 2021 年企业所得税纳税情况。注册税务师在审查过程中发现，年末库存商品Y单位成本比以前月份明显偏高，于是对Y产品年末在产品成本进行重点抽查。

Y产品所耗直接材料在生产开始时一次投入，完工产品的直接材料费用定额就是在产品的直接材料费用定额，为50元；月末在产品为300件，定额工时共计1 650小时，单位定额工时的直接人工定额为43.5元，单位定额工时的制造费用定额为34.8元；月初在产品和本月生产费用累计为：直接材料费用为634 500元，直接人工费用为154 600元，制造费用为125 800元。年末在产品Y的账面成本为164 195元。

通过审查年末企业"库存商品盘点表"和"库存商品——Y"明细账，得知2016年年末"库存商品——Y产品"账户借方余额为250 000元，"库存商品——Y产品"账户贷方结转销售成本750 000元。

【情境思考】

你能正确计算Y产品年末在产品成本和完工产品成本吗?

项目实训

【实训项目】

在产品和完工产品的成本分配

【实训目的】

通过实训，根据下列不同资料，练习生产费用在完工产品和在产品之间的分配方法，提高对完工产品和在产品成本计算的能力。

【实训情境】

某企业根据生产特点和管理要求对A产品发生的生产费用采用约当产量法在完工产品与月末在产品之间分配，原材料在生产开始时一次投入，其他加工费用发生较为均衡，期末在产品完工程度平均按50%计算。

资料1：该企业2021年9月A产品成本费用资料如下：

(1)月初A在产品220件，直接材料为220 000元，直接人工为18 000元，制造费用为24 000元。

(2)本月投入生产A产品780件，本月完工产品840件，月末在产品160件。

(3)本月生产A产品发生有关成本费用资料如下：

①本月投入生产A产品耗用主要材料700 000元，辅助材料40 000元，车间管理部门耗用材料3 000元。

②本月分配直接生产A产品工人工资145 800元，福利费18 360元，车间管理人员工资40 000元。

③本月确认生产A产品应负担车间管理部门水电费30 700元，车间生产工人劳保用品费3 500元。

资料2：该企业2021年9月A产品单位计划成本为1 100元。其中，直接材料为803元，直接人工为154元，制造费用为143元。

假定除上述资料外，不考虑其他相关因素。

【实训任务】

要求：(1)根据上述材料，填列A产品成本计算单(见表4—14)。

表 4—14

A 产品成本计算单

2021 年 9 月

单位:元

月	日	摘　要	产量(件)	直接材料	直接人工	制造费用	合　计
9	1	期初在产品成本	220	220 000	18 000	24 000	262 000
	30	本月生产费用	780				
	30	生产费用累计	1 000				
		单位成本	—				—
	30	完工产品成本	840				
	30	月末在产品成本	160				

(2)根据上述材料,进行企业结转完工入库 A 产品成本的账务处理。

(3)根据上述材料,计算企业 2021 年 9 月份 A 产品计划总成本及其各成本项目的金额,分析说明当月成本计划完成情况。

(4)撰写"在产品和完工产品的成本分配"实训报告(见表 4—15)。

表 4—15

"在产品和完工产品的成本分配"实训报告

项目实训班级:	项目小组:	项目组成员:
实训时间:　　年　月　日	实训地点:	实训成绩:
实训目的:		
实训步骤:		
实训结果:		
实训感言:		
不足与今后改进:		
项目组长评定签字:		项目指导教师评定签字:

项目五

产品成本核算的品种法

○ **知识目标**

理解:品种法的概念及适用范围、品种法的特点;

熟知:品种法的成本核算程序;

掌握:品种法的成本计算程序及账务处理。

○ **技能目标**

能够掌握品种法成本核算的基本程序和账务处理规则,能够运用所学的实务知识规范相关技能活动。

○ **素质目标**

运用所学的产品成本核算的品种法知识研究相关案例,培养和提高学生在特定业务情境中分析问题与决策设计的能力;结合行业规范或标准,运用成本会计知识,分析行为的善恶,强化学生的职业道德素养。

○ **思政目标**

能够正确理解"不忘初心"的核心要义和精神实质;树立正确的世界观、人生观和价值观,做到学思用贯通、知信行统一;通过学习产品成本核算的品种法知识,能够对企业的成本进行核算,发挥自身的才能,为今后的职业能力夯实根基。

○ **项目引例**

火力发电厂的产品成本核算方法

某火力发电厂只生产电力一种产品。该厂属于大量单步骤生产,该厂的工艺过程是热能→机械能→电能的转换,即以煤为燃料,对锅炉中的水加热,使其变成高温高压的蒸汽,推动汽轮机迅速旋转,借以带动发电机转动,产生电力。该厂生产电力产品除本厂使用外,全部对外供应。该厂设有燃料、锅炉、汽机、电机四个基本生产车间,另设一个修理辅助生产车间和若干管理科室。

引例解析

请分析:结合该厂的情况,说明该厂在成本核算中所应该采用的成本核算方法,阐述该方法核算的特点;绘制该厂的组织结构图,并就车间的流程结合成本核算方法进行说明。

○ **知识精讲**

任务一　品种法概述

一、品种法的概念及适用范围

品种法是以产品品种为成本核算对象归集生产费用,计算产品成本的一种方法。品种法是产品成本核算最基本的方法，是其他各种成本核算方法的基础。

品种法主要适用于大量、大批单步骤生产产品的成本计算。这类产品的生产工艺过程不可能或不需要划分为几个生产步骤，因而也就不可能或不需要按照生产步骤计算产品成本，如发电、采掘、铸造、供水等企业产品的生产。在大量、大批多步骤生产中，生产规模较小，管理上不要求分步骤提供产品成本信息，或者产品生产的全过程都在一个生产车间内进行（生产是封闭式的），也可采用品种法计算产品成本，如水泥厂、糖果厂等企业产品的生产。另外，企业内部的供水、供电、供气等辅助生产车间为基本生产车间或其他部门的产品生产提供产品和劳务，成本也可以采用品种法计算。

动漫视频

品种法

二、品种法的特点

品种法的特点主要体现在成本核算对象、成本计算期和生产费用在完工产品与在产品之间的分配三个方面。

（一）成本核算对象

采用品种法计算产品成本，产品品种即为成本核算对象。如果企业或车间只生产一种产品，在计算产品成本时，只需要以这种产品为成本核算对象，开设产品成本明细账（或产品成本计算单），并按成本项目开设专栏。为生产该产品所发生的所有生产费用都能直接记入产品成本明细账中相应的成本项目中，不存在生产费用在各成本核算对象之间分配的问题。如果企业或车间生产的产品不止一种，产品成本明细账就要按照产品品种分别设置，并按成本项目设专栏。在发生的生产费用中，直接费用直接计入各种产品的成本，共同发生的费用需采用适当的方法分配计入各种产品的成本。

（二）成本计算期

品种法的成本计算一般按月进行，因为在大量、大批单步骤生产中，产品的生产是连续不断重复进行的，并且产品的生产周期较短，不可能在产品全部制造完工后立刻计算产品成本，所以品种法通常以会计报告期为成本计算期。这与产品生产周期不一致。

（三）生产费用在完工产品与在产品之间的分配

单步骤生产企业的产品生产周期较短，在会计期末一般没有在产品，或者在产品数量较小而且稳定，不需要将生产费用在完工产品与在产品之间进行分配，按成本项目归集在产品成本计算单中的生产费用构成当月该成本核算对象的生产总成本；再除以产量，就得出该产品的平均单位成本。单步骤生产企业月末在产品数量较多，多步骤生产但不需分步骤计算成本的企业月末一般都有在产品，必须将产品成本计算单中归集的生产费用采用适当的方法（如约当产量比例法、定额成本计价法、定额比例法等）在完工产品和月末在产品之间进行分配，以便计算完工产品成本和月末在产品成本。

三、品种法的成本核算程序

（一）按产品品种设置生产成本明细账

企业应以产品品种作为成本计算对象，开设基本生产成本明细账（或产品成本计算单），并根据企业成本管理的要求设置成本项目专栏，如果有月初在产品，则在基本生产成本明细账中加入月初在产品成本。企业按照辅助生产单位或辅助生产单位提供的产品（劳务）品种，设置辅助生产成本明细账；在“制造费用”总分类账户下，按生产单位（分厂、车间）设置制造费用明细账，制造费用明细账应按费用项目设专栏。

（二）归集和分配本月发生的各项要素费用

企业应根据发生各项费用的原始凭证和其他有关凭证归集和分配材料费用、人工费用和其他各项费用。按成本核算对象(产品品种)归集和分配生产费用时,凡能直接记入有关基本生产成本明细账的应当直接记入;不能直接记入的,应当按照受益原则分配,再根据有关费用分配表分别记入有关产品基本生产成本明细账。各生产单位发生的制造费用,先通过制造费用明细账归集,记入有关制造费用明细账。直接计入损益的管理费用、销售费用、财务费用,应分别记入有关期间费用明细账。

(三)分配辅助生产费用

企业根据辅助生产成本明细账归集的本月辅助生产费用总额,按照确定的辅助生产费用分配方法,编制辅助生产单位的辅助生产费用分配表,分配辅助生产费用;根据分配结果,编制会计分录,分别记入有关产品生产成本明细账(产品成本计算单)、制造费用明细账和期间费用明细账。

辅助生产单位发生的制造费用,如果通过制造费用明细账归集,应在分配辅助生产费用前分别转入各辅助生产成本明细账,并计入该辅助生产单位本期费用(成本)总额。

(四)分配基本生产车间制造费用

企业根据各基本生产车间制造费用明细账归集的本月制造费用,按照确定的制造费用分配方法,分别编制各基本生产车间的制造费用分配表,分配制造费用;根据分配结果,编制会计分录,分别记入有关产品的基本生产成本明细账。

(五)计算本月完工产品实际总成本和单位成本

企业根据产品基本生产成本明细账归集的本月生产费用合计数,在本月完工产品和月末在产品之间分配生产费用,计算出本月完工产品的实际总成本和月末在产品成本。各完工产品实际总成本分别除以其实际总产量,可以计算出该产品本月实际单位成本。企业根据产品成本计算结果,编制本月"完工产品成本汇总表",编制结转本月完工产品成本的会计分录,并分别记入有关产品的基本生产成本明细账和库存商品明细账。

品种法的成本核算程序如图5－1所示。

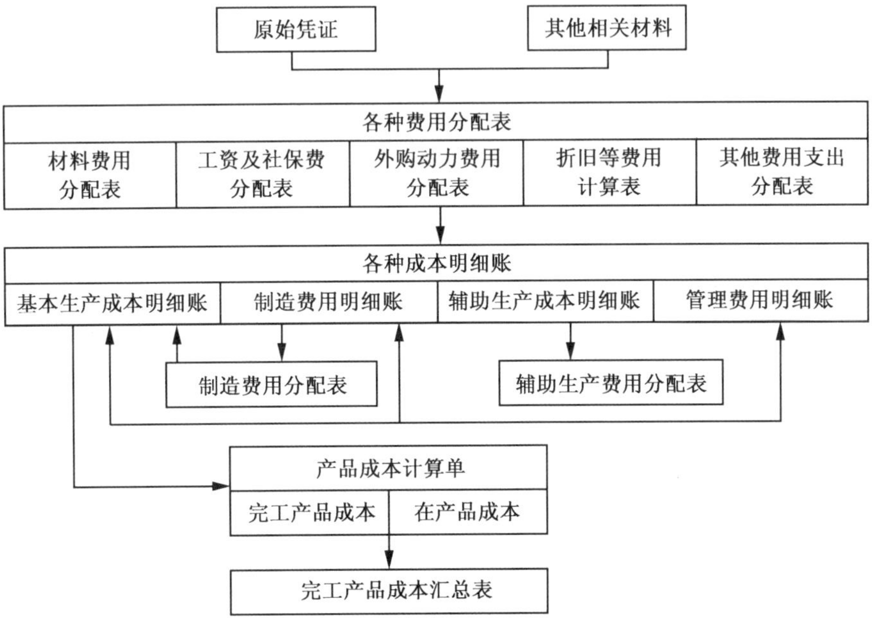

图5－1　品种法的成本核算程序

【提示】品种法是最基本的产品成本核算方法,其他成本核算方法都是在品种法的基础上发展和完善起来的。因此,品种法的成本核算程序体现了产品成本核算的一般程序。产品成本核算的一般程序是用会计科目对应关系表示的,而品种法的成本核算程序是用产品成本核算账表表示的,产品成本核算实际上就是会计核算中成本费用的明细核算。

任务二　品种法举例

下面举一个完整的品种法的例子,把各种费用分配表和明细账有机地联系起来,有利于系统、全面、具体地掌握品种法的特点,有利于深入理解产品成本计算的基本原理。

一、企业基本情况

某厂为大量、大批、单步骤生产的企业,根据该厂的生产特点和管理要求,采用品种法计算产品成本。该厂设有一个基本生产车间,生产甲、乙两种产品;设有一个辅助生产车间——供电车间,为全厂提供电力。辅助生产车间不单独核算制造费用。该厂不单独核算废品损失,产品成本包括“直接材料”“直接人工”和“制造费用”三个成本项目。

二、该厂 2021 年 9 月初有关产品成本核算资料

甲、乙产品的产量资料见表 5—1。

表 5—1　　甲、乙产品的产量资料

2021 年 9 月　　单位:件

产品名称	月初在产品	本月投产	本月完工产品	月末在产品	完工率
甲	50	800	700	150	60%
乙	60	500	560	0	

甲、乙产品的月初在产品成本见表 5—2。

表 5—2　　甲、乙产品的月初在产品成本

2021 年 9 月　　单位:元

产品名称	直接材料	直接人工	制造费用	合　计
甲	2 810	2 014	1 633	6 457
乙	2 930	1 606	1 805	6 341

三、该厂本月发生的生产费用及其分配

(一)材料费用

1. 基本资料

生产甲产品直接耗用材料 48 800 元,生产乙产品直接耗用材料 78 560 元,生产甲、乙产品共同耗用材料 22 500 元;供电车间耗用材料 5 000 元,基本生产车间耗用消耗性材料 6 000 元;厂部管理部门领用材料 4 540 元。甲、乙两种产品共同消耗的材料按材料定额耗用量进行分配。其中,甲产品材料定额耗用量为 29 200 千克,乙产品材料定额耗用量为 20 800 千克。

2. 原材料费用分配表

根据原材料用途编制材料费用分配表,见表 5—3。

表 5—3 **原材料费用分配表**

2021 年 9 月　　单位:元

应借账户		成本项目或费用项目	直接计入	分配计入			合　计
				分配标准（千克）	分配率	金　额	
生产成本——基本生产成本	甲产品	直接材料	48 800	29 200		13 140	61 940
	乙产品	直接材料	78 560	20 800		9 360	87 920
	小计		127 360	50 000	0.45	22 500	149 860
生产成本——辅助生产成本		机物料消耗	5 000				5 000
制造费用		机物料消耗	6 000				6 000
管理费用		机物料消耗	4 540				4 540
合　计			142 900			22 500	165 400

3. 编制会计分录

借:生产成本——基本生产成本(甲产品)　61 940
　　　　　——基本生产成本(乙产品)　87 920
　　　　　——辅助生产成本　5 000
　制造费用　6 000
　管理费用　4 540
　　贷:原材料　165 400

(二)工资费用

1. 基本资料

该厂本月基本生产车间生产工人工资为 96 000 元,供电车间工人工资为 6 800 元,基本生产车间管理人员工资为 8 700 元,厂部管理人员工资为 6 500 元。生产工人工资按产品生产工时分配。本月甲产品实际耗用的生产工时为 3 300 小时,乙产品实际耗用的生产工时为 4 700 小时。

2. 工资费用分配表(见表 5—4)

表 5—4 **工资费用分配表**

2021 年 9 月　　单位:元

应借账户		成本项目或费用项目	直接计入	分配计入			合　计
				分配标准（小时）	分配率	金　额	
生产成本——基本生产成本	甲产品	直接人工		3 300		39 600	39 600
	乙产品	直接人工		4 700		56 400	56 400
	小计			8 000	12	96 000	96 000
生产成本——辅助生产成本		工资	6 800				6 800
制造费用		工资	8 700				8 700
管理费用		工资	6 500				6 500
合　计			22 000			96 000	118 000

3. 编制会计分录

借:生产成本——基本生产成本(甲产品)	39 600
——基本生产成本(乙产品)	56 400
——辅助生产成本	6 800
制造费用	8 700
管理费用	6 500
贷:应付职工薪酬——工资	118 000

(三)其他职工薪酬费用

1. 基本资料

该厂基本生产车间生产工人的其他薪酬费用为 23 166 元,供电车间工人的其他薪酬费用为 3 978 元,基本生产车间管理人员的其他薪酬费用为 5 089.5 元,厂部管理人员的其他薪酬费用为 3 802.5 元。基本生产车间生产工人的其他薪酬费用按产品生产工时分配。

2. 其他薪酬费用分配表(见表 5—5)

表 5—5 **其他薪酬费用分配表**

2021 年 9 月 单位:元

应借账户		成本项目或费用项目	直接计入	分配计入			合 计
				分配标准	分配率	金 额	
生产成本——基本生产	甲产品	直接人工		3 300		23 166	23 166
	乙产品	直接人工		4 700		32 994	32 994
	小计			8 000	7.02	56 160	56 160
生产成本——辅助生产成本		其他薪酬	3 978				3 978
制造费用		其他薪酬	5 089.5				5 809.5
管理费用		其他薪酬	3 802.5				3 802.5
合 计			12 870				69 750

3. 编制会计分录

借:生产成本——基本生产成本——甲产品	23 166
——基本生产成本——乙产品	32 994
——辅助生产成本	3 978
制造费用	5 809.5
管理费用	3 802.5
贷:应付职工薪酬——其他职工薪酬	69 750

(四)折旧费

1. 基本资料

根据本月应计折旧固定资产原价和月折旧率,计算本月应计提固定资产折旧,编制固定资产折旧费用分配表,见表 5—6。

表 5—6

固定资产折旧费用分配表

2021 年 9 月　　单位:元

项　目	生　产　车　间			企业管理部门	合　计
	基本生产车间	供电车间	小　计		
折旧费用	8 570	2 922	11 492	3 645	15 137

2. 编制会计分录

借:制造费用　8 570

　生产成本——辅助生产成本　2 922

　管理费用　3 645

　贷:累计折旧　15 137

(五)其他费用

1. 基本资料

本月用银行存款支付的其他费用汇总见表 5—7。

表 5—7

其他费用分配汇总表

2021 年 9 月　　单位:元

其他费用项目	基本生产车间	供电车间	企业管理部门	合　计
办公费	5 000	1 200	8 000	14 200
劳动保护费	4 000	400	300	4 700
水　费	2 000	400	1 700	4 100
合　计	11 000	2 000	10 000	23 000

2. 编制会计分录

借:制造费用　11 000

　生产成本——辅助生产成本　2 000

　管理费用　10 000

　贷:银行存款　23 000

(六)辅助生产费用的归集和分配

1. 生产成本——辅助生产成本明细账

企业根据以上账务处理登记“生产成本——辅助生产成本”明细账,根据该明细账归集的费用,进行辅助生产费用的分配。假设采用直接分配法分配辅助生产费用,本月供电车间提供电力 2 000 千瓦,其中为甲产品提供电力 800 千瓦、为乙产品提供电力 500 千瓦、为基本生产车间一般消耗提供电力 400 千瓦、为行政管理部门提供电力 100 千瓦、为供电车间提供电力 200 千瓦。生产成本——辅助生产成本明细账见表 5—8。

表 5—8

生产成本——辅助生产成本明细账

车间:供电车间　　2021 年 9 月　　单位:元

2021 年		凭证号	摘　要	机物料消耗	工资	其他薪酬费用	折旧费	办公费	劳动保护费	水费	合计
月	日										
9	略	略	根据表 5—3	5 000							5 000

续表

2021年		凭证号	摘要	机物料消耗	工资	其他薪酬费用	折旧费	办公费	劳动保护费	水费	合计
月	日										
			根据表5—4		6 800						6 800
			根据表5—5			3 978					3 978
			根据表5—6				2 922				2 922
			根据表5—7					1 200			1 200
			根据表5—7						400		400
			根据表5—7							400	400
			待分配费用合计	5 000	6 800	3 978	2 922	1 200	400	400	20 700
			分配转出	5 000	6 800	3 978	2 922	1 200	400	400	20 700

2. 辅助生产费用分配表

采用直接分配法编制辅助生产费用分配表(见表5—9)。

表5—9 **辅助生产费用分配表**

2021年9月 单位:元

项目		机修车间
待分配辅助生产费用		20 700
供应辅助生产以外的劳务数量(千瓦)		1 800
分配率		11.5
甲产品	耗用数量	800
	分配金额	9 200
乙产品	耗用数量	500
	分配金额	5 750
基本生产车间	耗用数量	400
	分配金额	4 600
企业管理部门	耗用数量	100
	分配金额	1 150
合计		20 700

3. 编制会计分录

借:生产成本——基本生产成本——甲产品 9 200

　　　　——基本生产成本——乙产品 5 750

　制造费用 4 600

　管理费用 1 150

　贷:生产成本——辅助生产成本 20 700

(七)制造费用的归集和分配

1. 制造费用明细账

根据以上账务处理登记制造费用明细账，见表 5—10。

表 5—10　　**制造费用明细账**

车间：基本生产车间　　2021 年 9 月　　单位：元

2021 年		凭证号	摘　要	机物料消耗	工资	其他薪酬费用	折旧费	办公费	劳动保护费	水费	合计
月	日										
9	略	略	根据表 5—3	6 000							6 000
			根据表 5—4		8 700						8 700
			根据表 5—5			5 809.5					5 809.5
			根据表 5—6				8 570				8 570
			根据表 5—7					5 000			5 000
			根据表 5—7						4 000		4 000
			根据表 5—7							2 000	2 000
			根据表 5—9							4 600	4 600
			待分配费用合计	6 000	8 700	5 089.5	8 570	5 000	4 000	6 600	43 959.5
			分配转出	6 000	8 700	5 089.5	8 570	5 000	4 000	6 600	43 959.5

2. 制造费用分配表

根据该明细账归集的费用进行制造费用的分配。本月制造费用按产品生产工时进行分配。本月甲产品实际耗用的生产工时为 3 300 小时，乙产品实际耗用的生产工时为 4 700 小时，见表 5—11。

表 5—11　　**制造费用分配表**　　单位：元

分配对象	分配标准（工时）	制　造　费　用	
		分配率	分配金额
甲产品	3 300		18 117
乙产品	4 700		25 803
合　计	8 000	5.49	43 920

3. 编制会计分录

借：生产成本——基本生产成本——甲产品　　18 117
　　　　　　——基本生产成本——乙产品　　25 803
　贷：制造费用　　43 920

（八）计算完工产品成本和月末在产品成本

1. 产品成本明细账

根据上述各种费用分配表和其他有关资料，登记产品成本计算单，分别归集甲、乙两种产品的成本，并采用约当产量比例法，计算分配甲、乙产品的完工产品成本和月末在产品成本。甲产品耗用的原材料在生产开始时一次投入，乙产品耗用的原材料在生产过程中均衡投入，其他各项费用随着生产的进行均衡发生，见表 5—12 和表 5—13。

表 5—12　　**产品成本明细账**

产品名称:甲产品　　2021 年 9 月　　单位:元

月	日	摘　　要	数量	直接材料	直接人工	制造费用	合　计
9	1	月初在产品成本		2 810	2 014	1 633	6 457
	31	根据表 5—3		61 940			61 940
		根据表 5—4			39 600		39 600
		根据表 5—5			23 166		23 166
		根据表 5—9		9 200			9 200
		根据表 5—11				18 117	18 117
		生产费用合计		73 950	64 780	19 750	158 480
		完工产品产量	700				
		月末在产品产量	150				
		约当总产量		850	790	790	
		单位成本		87	82	25	194
		完工产品总成本		60 900	57 400	17 500	135 800
		在产品成本		13 050	7 380	2 250	22 680

表 5—13　　**产品成本明细账**

产品名称:乙产品　　2021 年 9 月　　单位:元

月	日	摘　　要	数量	直接材料	直接人工	制造费用	合　计
9	1	月初在产品成本		2 930	1 606	1 805	6 341
	31	根据表 5—3		87 920			87 920
		根据表 5—4			56 400		56 400
		根据表 5—5			32 994		32 994
		根据表 5—9		5 750			5 750
		根据表 5—11				25 803	25 803
		生产费用合计		96 600	91 000	27 608	215 208
		完工产品产量	560				
		月末在产品产量					
		约当总产量		560	560	560	
		单位成本		172.5	162.5	49.3	384.3
		完工产品总成本		96 600	91 000	27 608	215 208
		在产品成本					

2. 完工产品成本汇总表

根据产品成本计算单编制完工产品成本汇总表,见表 5—14。

表 5－14　　**完工产品成本汇总表**

2021 年 9 月　　单位:元

产品名称	计量单位	完工数量	成本项目				单位成本
			直接材料	直接人工	制造费用	合计	
甲产品	件	700	60 900	57 400	17 500	135 800	194
乙产品	件	560	96 600	91 000	27 608	215 208	384.3
合　计			157 500	148 400	45 108	351 008	

3. 编制会计分录

根据完工产品成本汇总表,编制会计分录如下:

借:库存商品——甲产品　135 800

　　　　——乙产品　215 208

　贷:生产成本——基本生产成本——甲产品　135 800

　　　　　——基本生产成本——乙产品　215 208

应知考核

一、单项选择题

1. 对于大量、大批、单步骤生产企业,计算产品成本时主要采用的方法为(　　)。

A. 品种法　B. 分批法　C. 分步法　D. 综合法

2. 某企业为大量、大批、单步骤生产的企业,在计算产品成本时可采用的成本计算方法有(　　)。

A. 平行结转分步法　B. 逐步结转分步法　C. 分批法　D. 品种法

3. 下列关于产品成本计算的品种法的说法中,不正确的是(　　)。

A. 品种法适用于大量、大批、单步骤生产的企业

B. 成本计算对象是产品品种

C. 采用品种法时,无须将生产费用在完工产品和在产品之间进行分配

D. 品种法下,一般定期(每月末)计算产品成本

4. 下列关于品种法的说法中,不正确的是(　　)。

A. 成本核算对象是产品品种　B. 一般定期计算产品成本

C. 发电企业适用于该方法　D. 成本计算期和产品的生产周期基本一致

5. 某企业的辅助生产车间主要为基本生产车间、行政管理部门供电,应采用的成本计算方法是(　　)。

A. 分批法　B. 分步法　C. 品种法　D. 分类法

二、多项选择题

1. 下列各项中,属于企业在确定生产成本在完工产品与在产品之间的分配方法时,应考虑的具体条件有(　　)。

A. 在产品数量的多少　B. 定额管理基础的好坏

C. 各项成本比重的大小　D. 各月产品数量变化的大小

2. 品种法的基本特点有(　　)。

A. 成本计算对象是产品品种
B. 一般定期计算产品成本
C. 一般不存在完工产品与在产品之间分配费用的问题
D. 成本计算期和产品的生产周期基本一致
3. 下列各项中，关于品种法的表述正确的有(　　)。
A. 广泛适用于单步骤、大量、大批生产的企业
B. 广泛适用于单件、小批生产的企业
C. 定期计算产品成本
D. 成本核算对象是产品品种
4. 下列关于品种法的表述中，正确的有(　　)。
A. 成本核算对象是产品品种
B. 成本计算期与产品生产周期基本一致
C. 单步骤、大量生产的企业适宜采用品种法核算产品成本
D. 如果月末有在产品，要将生产成本在完工产品和在产品之间进行分配
5. 下列关于品种法的表述中，正确的有(　　)。
A. 以产品品种作为成本计算对象，归集和分配生产费用，计算产品成本
B. 适用于多步骤生产，但管理上不要求分步计算成本的企业
C. 如果月末有在产品，要将生产成本在完工产品和在产品之间进行分配
D. 一般定期(每月末)计算产品成本

三、判断题

1. 企业按照客户订单组织产品生产的情况下，应当采用品种法核算产品成本。(　　)
2. 品种法一般适用于大量、大批、单步骤生产企业。(　　)
3. 不论什么组织方式的制造企业和生产类型的产品，也不论成本管理要求如何，最终都必须按照产品品种计算出产品成本。(　　)
4. 品种法是按月核算产品成本的。(　　)
5. 辅助生产车间，如供电、供水车间，通常不采用品种法核算成本。(　　)

应会考核

■ 观念应用

【背景资料】

金杰公司的成本核算程序

金杰公司是国内干法腈纶纤维生产公司，大量大批生产化纤产品。该公司设有一个基本生产车间，主要生产短纤和长纤两种纤维产品；还设有一个辅助生产车间，即运输车间，为基本生产车间和管理部门提供运输服务。从公司生产工艺过程看，属于单步骤生产类型，成本核算的管理要求是能够提供最终的完工产品成本。

【考核要求】

(1)该公司的短纤和长纤两种产品用什么方法核算成本？
(2)按照什么程序进行成本核算？
(3)如何编制完工产品成本结转的会计分录？

■ 技能应用

品种法的应用

某企业仅生产甲产品，采用品种法计算产品成本。2021 年 9 月初，在产品直接材料成本为 30 万元，直接人工成本为 8 万元，制造费用为 2 万元。2022 年 3 月份，发生直接材料成本 75 万元，直接人工成本 20 万元，制造费用 6 万元。3 月末，甲产品完工 50 件，在产品 100 件。月末计算完工产品成本时，直接材料成本按完工产品与在产品数量比例分配，直接人工成本和制造费用采用定额工时比例分配。单位产成品工时定额为 20 小时，单位在产品工时定额为 10 小时。

【技能要求】

(1)计算甲完工产品应负担的直接材料成本。

(2)计算甲完工产品应负担的直接人工成本。

(3)计算甲完工产品应负担的制造费用。

(4)计算甲完工产品的总成本，并编制完工产品入库的账务处理。

■ 案例分析

【分析情境】

熟悉各种费用的划分

杨阳是东方财经大学会计学院 2020 级在校本科生，暑假期间为巩固自己所学的会计理论知识，来到妈妈所在的星海发电厂实习。妈妈恰巧是该厂的一名成本核算员，她先给杨阳介绍了自己工厂的生产特点并告诉杨阳：星海发电厂属于单步骤大量生产企业，只生产电力一种产品，设有燃料、锅炉、汽机、电机四个基本生产车间和一个修理辅助生产车间。该企业采用品种法计算电力产品成本，设置“生产成本明细账”和“电力产品成本计算单”等明细账。“生产成本明细账”中设“燃料费”“水费”“材料费”“工资和福利费”“折旧费”“低值易耗品摊销”“其他费用”成本项目。妈妈为了检验杨阳的理论与实践结合的能力，将星海发电厂 2021 年 8 月发生的经济业务情况汇总后提供给杨阳如下资料：

(1)根据有关凭证编制的“燃料费用分配表”如表 5—15 所示。

表 5—15　燃料费用分配表

燃料名称	数量(吨)	单价(元/吨)	金　额
阜新原煤	500	300	150 000
大同原煤	600	200	120 000
合　计	1 100	—	270 000

(2)汇总的材料费用、工资等费用分配如表 5—16 所示。

表 5—16　材料费用、工资等费用分配表

车　间	材料费用	工资	福利费	水费	折旧费	低值易耗品摊销	其他
燃料车间	10 000	20 000	2 800	300	2 000	100	1 800
锅炉车间	4 500	40 000	5 600	22 000	1 500	200	2 700
汽机车间	11 200	32 000	4 480	1 000	1 800	120	2 200
电机车间	22 200	21 000	2 940	800	1 100	90	2 200
修理车间	4 200	10 000	1 400	600	3 000	150	1 620
合　计	52 100	123 000	17 220	24 700	9 400	660	10 520

(3)本月电力生产量为3 820千度，其中，厂用电量为820千度，厂供电量为3 000千度。

【情境思考】

妈妈要求杨阳解释如下问题：

(1)星海发电厂应该用何种方法计算产品成本？

(2)阐述简单品种法与典型品种法的区别。

(3)帮助妈妈编制“生产成本明细账”和“电力产品成本计算单”，计算星海发电厂2021年8月电力产品总成本和单位成本。

(注：本案例中，电力产品总成本为507 600元，单位成本为169.20元。)

项目实训

【实训项目】

产品成本核算的品种法

【实训目的】

通过对产品成本核算的品种法的理解，明确产品成本核算方法的选择，规划自己的成本会计职业生涯和提升职业素养。

【实训情境】

某企业生产A、B两种产品，采用品种法计算产品成本，制造费用按产品生产工时比例分配，生产费用采用约当产量比例法在完工产品与月末在产品之间分配，原材料在生产开始时一次投入，其他加工费用发生较为均衡，期末在产品完工程度平均按50%计算。

企业2021年8月有关A、B产品成本费用资料如下：

资料1：月初A在产品220件，直接材料为220 000元，直接人工为18 000元，制造费用为26 000元；B在产品100件，直接材料为100 000元，直接人工为8 100元，制造费用为11 200元。

资料2：本月投入生产A产品780件，本月完工产品840件，月末在产品160件；B产品投产400件，完工420件，月末在产品80件。本月生产A产品生产工时30 000小时，B产品生产工时20 000小时。

资料3：本月生产A、B产品发生有关成本费用资料如下：

(1)本月仓库发出材料汇总表见表5—17。

表5—17　　发出材料汇总表

2021年8月　　单位：元

耗用部门及用途	金　额
生产A产品	740 000
生产B产品	360 000
车间机物料耗用	3 000
行政管理部门	5 000
合　计	1 108 000

(2)当月职工薪酬分配表见表5—18。

表 5—18

职工薪酬分配表

2021 年 8 月

单位:元

部门及用途	金　额
生产 A 产品	147 600
生产 B 产品	100 000
车间管理人员	50 000
行政管理部门	80 000
专设销售机构人员	40 000
合　计	417 600

(3)计提当月固定资产折旧 85 000 元。其中,生产用固定资产折旧 55 000 元,行政管理用固定资产折旧 30 000 元。

(4)用银行存款支付当月车间生产工人劳保用品费 2 000 元。

(5)计算分配结转当月制造费用。

(6)结转当月完工产品成本。

【实训任务】

(1)根据资料 3 中(1)—(6)业务做相应的账务处理。

(2)根据上述资料分别填制 A、B 产品成本计算单,见表 5—19 和表 5—20。

表 5—19

A 产品成本计算单

2021 年 8 月

单位:元

月	日	摘　要	产量(件)	直接材料	直接人工	制造费用	合　计
8	1	期初在产品成本	220	220 000	18 000	26 000	264 000
	31	本月生产费用	780				
	31	生产费用累计	1 000				
	31	完工产品成本	840				
	31	月末在产品成本	160				

表 5—20

B 产品成本计算单

2021 年 8 月

单位:元

月	日	摘　要	产量(件)	直接材料	直接人工	制造费用	合　计
8	1	期初在产品成本	100	100 000	8 100	11 200	119 300
	31	本月生产费用	400				
	31	生产费用累计	500				
	31	完工产品成本	420				
	31	月末在产品成本	80				

(3)撰写“产品成本核算的品种法”实训报告(见表 5—21)。

表 5—21 “产品成本核算的品种法”实训报告

项目实训班级：	项目小组：	项目组成员：
实训时间： 年 月 日	实训地点：	实训成绩：
实训目的：		
实训步骤：		
实训结果：		
实训感言：		
不足与今后改进：		
项目组长评定签字：		项目指导教师评定签字：

项目六

产品成本核算的分批法

○ **知识目标**

理解：分批法的概念及适用范围、分批法的特点；

熟知：分批法的成本核算程序；

掌握：简化分批法。

○ **技能目标**

能够掌握简化分批法，并掌握该方法的具体运用；能够运用所学的实务知识规范相关技能活动。

○ **素质目标**

运用所学的产品成本核算的分批法知识研究相关案例，培养和提高学生在特定业务情境中分析问题与决策设计的能力；结合行业规范或标准，运用成本会计知识，分析行为的善恶，强化学生的职业道德素养。

○ **思政目标**

能够正确理解“不忘初心”的核心要义和精神实质；树立正确的世界观、人生观和价值观，做到学思用贯通、知信行统一；通过学习产品成本核算的分批法知识，明确在成本业务核算中的基本方法的选择和具体运用，塑造职业本领和职业技能，从而提升自己的职业素养。

○ **项目引例**

成本核算方法的正确选择

宏光公司属于小型加工企业，按生产订单生产产品，2021 年实现销售收入 2 000 万元。该企业主要是销售部门拿到订单后交给生产部门。生产部门发出“生产通知单”，将生产任务下达生产车间，并通知财会部门。财会部门根据产品批别，开设生产成本明细账，账中按成本项目开设专栏，用于归集生产费用，计算本批产品成本。产品生产成本明细账的开设和结账，与生产通知单的签发和结束协调一致，保证各批产品成本计算的正确性。

引例解析

请分析：宏光公司能否采用前面学过的成本核算方法？产品成本是由哪些项目组成的？每个项目又应该如何进行归集和分配呢？

○ **知识精讲**

任务一　分批法概述

动漫视频

分批法

一、分批法的概念及适用范围

分批法，是指按照产品批别来归集生产费用、计算产品成本的一种方法。这种方法适用于单件小批生产企业，如重型机器制造、船舶制造、精密工具仪器制造，以及服装、印刷等企业。在单件小批生产企业里，生产组织是按照购买者的订货情况来进行的，每批产品的品种、规格、数量、交货日期、所用原材料和制造方法等往往各不相同，所以需要以生产批别为对象计算产品成本。分批法主要适用于以下情况：

（一）根据购买者的订单组织生产的企业

有些企业专门根据购买者的要求生产一定数量和特殊规格、型号的产品，如根据订货者的要求生产有专门用途的仪器、设备、大型锅炉等。

（二）产品种类经常变动的小规模制造企业

这类企业的生产组织有较大的灵活性，能够做到根据市场需要不断地改变产品的种类、规格等，如小型五金厂、服装厂、印刷厂等。这种产品一般不重复生产，即便是重复生产也是不定期的，适合采用分批法计算产品成本。

（三）承揽修理业务的工厂

修理业务多种多样，要根据承接的各种修理工作分别计算成本，向客户收取货款。这种企业往往根据合同规定，在生产成本上加上约定利润，这种约定利润可以是在成本的基础上加一定百分比的利润或一定数额的利润，因此，需要计算每次修理业务的成本，如汽车修理厂、船舶修理厂等。

（四）新产品试制车间

专门试制、开发新产品的车间要按新产品的种类分别计算成本。新产品的试制往往数量较少，重复性较差，适合采用分批法计算产品成本。

上述这些单位的共同特点是：一批产品通常不重复生产，或即使重复生产也是不定期的；企业生产计划的编制及日常检查、核算工作都以购货者订货为依据，或企业事先规定的批量为依据。

在单件小批生产企业中，产品的品种和每批产品的批量往往根据客户的订货单来确定，按照产品批别计算产品成本往往也就是按照客户的订单计算产品成本，所以产品成本核算的分批法又称为订单法。然而产品成本核算的分批与客户的订单并不完全一致，因为企业产品成本核算的分批是以生产计划部门开出的生产通知单（也称内部订单、工作命令单、开工通知单）为依据的。客户的订单与企业的生产通知单所规定的内容可以相同，也可以不同。如果一张订单只规定生产一种产品，但这种产品的数量较大，不便于集中一次投产，或者客户要求分批交货，则企业可以分成几批组织生产，并计算成本；如果一张订单只规定生产一种产品，但这种产品属于大型复杂产品，如大型船舶，由于其价值大，生产周期长，则企业可以按产品的组成部分分批组织生产，并计算成本；如果在同一时期内，几张订单规定生产相同的产品，为了经济、合理地组织生产，则企业可以将相同产品合为一批组织生产，并计算成本；如果一张订单规定生产的产品不止一种，为了分析和考核各种产品成本计划的执行情况，并便于生产管理，则企业可以按照产品的品种划分批别组织生产，并计算成本。总之，根据具体情况，企业可以将一张订单分为几张生产通知单，也可以将几张订单合并为一张生产通知单。生产通知单应对各批生产任务进行编号，这个编号称为产品批别（批号）。

二、分批法的特点

（一）成本核算对象

采用分批法计算产品成本的企业，是以产品批次或按订单、生产通知单来组织生产的，其日常成本核算应以批次或订单、生产通知单作为核算对象，财会部门应按批次设置产品成本明细账，并据以归集费用。凡是能直接计入各成本核算对象的直接材料、燃料和动力、直接人工、专项费用、废品损失、停工损失，应根据其原始凭证，直接记入该批产品成本明细账；凡不能直接计入各批产品成本的共同生产费用，如人工费用、制造费用等，应按照一定的标准进行分配后，记入各有关批次的产品成本明细账。由于分批法下存在多个成本核算对象，且间接费用多，为了提高成本核算的正确性，因此要合理选择分配标准。

（二）成本计算期

为了保证各批产品成本计算的正确性，各批产品成本明细账的设立和结算应与生产通知单的签发和结束密切配合、协调一致。各批或各订单产品的成本总额在完工以后（完工月的月末）计算确定，因而产品成本计算是不定期的。成本计算期与产品生产周期基本一致，而与会计报告期不一致。

（三）生产费用的分配

在单件生产情况下，在产品完工前，所归集的生产费用就是在产品成本；在产品完工后，所归集的生产费用就是完工产品成本。在小批生产情况下，月末计算产品成本时，产品往往已经全部完工，或者全部没有完工，这种情况同单件生产一样，也不需要对所归集的生产费用进行分配。

当某批产品的批量较大且客户要求分批交货时，就会出现该批别产品跨月陆续完工的情况。在这种情况下，月末企业需要将产品成本明细账中归集的生产费用在完工产品与在产品之间进行分配，计算出完工产品成本与月末在产品成本。如果当月完工产品的数量不多，占投产批量比重较小，为了简化成本计算工作，可以计划单位成本、定额单位成本或最近一期相同产品的实际单位成本计算完工产品成本。这样，产品成本明细账中归集的累计生产费用减去完工产品成本后，剩余的生产费用即为月末在产品成本。在该批产品全部完工时，企业应另行计算该批产品的实际成本与单位成本，但对上月已入账的完工产品成本，不再进行调整。如果当月完工产品的数量较多，占投产批量比重较大，为了保证成本计算的准确性，则应采用适当的方法，将所归集的生产费用在完工产品与月末在产品之间进行分配。

为了减少分批交货分配生产费用的工作量，在合理组织生产的前提下，可以适当缩小产品批量，尽量使同一批产品在同一个月内完成，避免出现跨月陆续完工的情况。缩小产品批量应有一定限度，如果批量过小，不仅会使生产组织不经济、不合理，而且会使设立的产品成本明细账过多，从而加大核算工作量。

三、分批法的成本核算程序

（一）开设产品成本明细账

在开始生产时，会计部门应根据每一张订单或每一批产品的生产通知单开设一张产品成本明细账。产品成本明细账可按车间、成本项目分设专栏，把有关这一张订单的直接成本或间接成本全部记入。除会计部门设置的产品成本明细账外，各车间也可按每一张订单或每一批产品的生产通知单开设一张产品成本明细账，记录每一张订单在本车间发生的费用。分批法十分强调按订单或批别归集成本，因此，各张订单、各批产品所直接耗用的各种材料、费用都要在有关的原始凭证上填明订单号及生产通知单号，以便将费用整理、归集记入各产品成本明细账内，间接费用要填明其用途和费用发生地点。

（二）归集有关生产费用

财会部门月末根据费用的原始凭证编制材料、职工薪酬等费用分配表。对于能分清批次的直接费用，根据原始凭证写明订单号、生产通知单号、批别号，据以登记有关产品成本明细账；对于不能分清批次，由几批产品共同耗用的费用，应采用一定的方法分配记入各批产品成本明细账。辅助生产成本、各车间制造费用、管理部门的有关费用要按原始凭证填明的发生地点、费用明细项目，通过材料、职工薪酬等费用分配表汇总登记辅助生产成本、制造费用、管理费用明细账。

（三）分配辅助生产费用

月末，财会部门编制辅助生产费用分配表，采用一定的分配方法，按各批受益产品和各受益部门耗用的辅助生产产品或劳务数量，将辅助生产费用记入有关批别产品的成本及制造费用等账户。

若辅助生产车间单独设置“制造费用”账户核算制造费用，则应先将所归集的制造费用分配结转计入辅助生产费用。

（四）分配制造费用

车间所发生的不能直接分清是哪一批产品应负担的制造费用，应按照生产工时、生产工人工资等标准进行合理分配，并分别记入有关批别产品成本明细账。

（五）核算废品损失

单件、小批生产一般单独计算废品损失，可根据废品凭证，计算不可修复废品成本，从各有关产品成本明细账的直接材料、直接人工、燃料和动力及制造费用等成本项目中减除，转入废品损失。在分批法下，废品损失一般能直接归属于各订单，这样就可以从废品损失明细账直接转入各有关订单的产品成本明细账。

（六）生产费用在完工产品与在产品之间的分配

采用分批法计算产品成本，由于其成本计算期通常与生产周期一致，所以一般不存在生产费用在完工产品与在产品之间分配的问题。当某批别产品完工后，财会部门可依据产品验收入库凭证、剩余材料退库凭证等会计凭证，直接计算该批别产品的总成本和单位成本。未完工的各批产品，产品成本明细账上所归集的累计生产费用，就是月末在产品成本，仍保留在产品成本明细账上。当产品陆续完工、分期交货时，财务部门应在交出货物的月份，按计划成本、定额成本或以往同类产品实际成本等计算交出货物的成本并予以结转，待该批别产品全部完工时，再结转剩余产品成本，并计算该批别产品的实际生产成本。

【注意】分批法与品种法的成本核算程序基本相同，只是在分批法下，产品成本明细账按产品批别设置，以此为成本核算对象进行费用的归集和分配。

分批法的成本核算程序如图6—1所示。

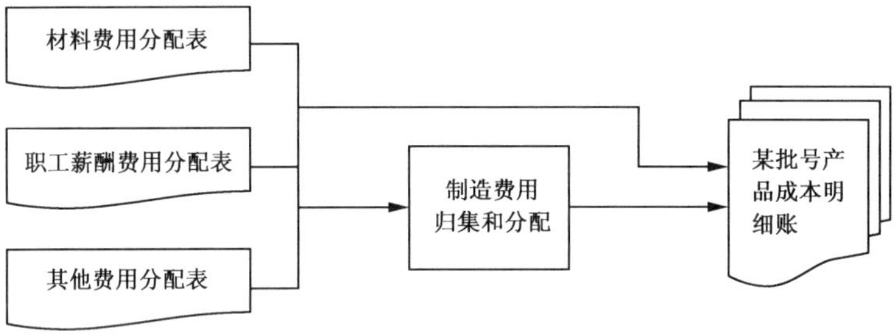

图6—1　分批法的成本核算程序

四、简化分批法

（一）简化分批法的概念和特点

动漫视频

简化分批法

在小批、单件生产的企业或车间中，同一期（月）内投产的产品批数往往很多，有的多达几十批，甚至上百批。在这种情况下，各种间接计入的费用在各批产品之间按期（月）进行分配的工作极为繁重，可采用简化分批法，即不分批计算在产品成本的分批法。企业采用这种方法，仍应按产品批别设立产品成本明细账，但在各批产品完工前，账内只按期（月）登记直接计入的费用（如直接材料）和生产工时，只有在有完工产品的各期（月）方可分配间接计入的费用，计算、登记各批完工产品成本。简化分批法的主要特点如下：

（1）每期（月）发生的各项间接计入费用不是按期（月）在各批产品之间进行分配的，而是将其分别累计后，在产品完工时按照完工产品累计生产工时的比例，在各批完工产品之间进行分配，因此，这种方法也叫累计间接费用分配法或不分批计算在产品成本分批法。间接费用分配的计算公式为：

$$\frac{\text{全部产品某项累计}}{\text{间接费用分配率}}=\frac{\text{全部产品该项}}{\text{累计间接费用}}\div\left(\frac{\text{完工产品累计}}{\text{生产工时}}+\frac{\text{在产品累计}}{\text{生产工时}}\right)$$

$$\frac{\text{某批完工产品应负担}}{\text{某项间接费用}}=\frac{\text{该批完工产品}}{\text{累计生产工时}}\times\frac{\text{全部产品该项累计}}{\text{间接费用分配率}}$$

(2)必须设立基本生产成本二级账，按成本项目登记全部产品的期(月)初在产品费用、本期(月)生产费用、累计生产费用、期(月)初在产品生产工时、本期(月)生产工时和累计生产工时，以按期(月)提供全部产品累计生产费用和生产工时的资料，据此计算全部产品累计间接费用分配率。

由此可以看出，在简化分批法下，各批产品之间分配间接费用以及完工产品与期(月)末在产品之间分配费用工作是利用累计间接费用分配率，到产品完工时合并在一起进行的，即各项间接费用累计分配率既是在各批完工产品之间分配该费用的依据，也是在完工批别与期(月)末在产品批别之间以及某批产品的完工产品与期(月)末在产品之间分配各该费用的依据。该方法在各期(月)间接费用水平相差悬殊的情况下不宜采用，在期(月)末未完工产品批数不多的情况下也不宜采用，否则会影响计算的正确性。

(二)简化分批法的成本核算程序

(1)根据要素费用分配表和生产工时统计资料，完整登记“基本生产成本二级明细账”(包括直接费用、间接费用和生产工时资料)，但在三级明细账中，只登记每批次产品本期发生的直接费用和累计生产工时资料。

(2)当某批号产品全部完工时，按照累计生产工时比例，分配完工批号产品应负担的间接费用，加上该批号产品成本明细账登记、归集的直接费用，确定该批号完工产品总成本和单位产品成本。

具体来说，简化分批法下，每月发生的各项间接费用，不是按月在各批产品之间进行分配，而是将其先分别归集、累计，到整批产品完工时，按完工产品累计生产工时比例，在各批完工产品之间进行分配。其计算公式如下：

$$\frac{\text{间接费用}}{\text{累计分配率}}=\frac{\text{某项间接费用累计发生总额}}{\sum(\text{某批号产品累计生产总工时})}$$

$$\frac{\text{某批号完工产品}}{\text{应分配间接费用}}=\frac{\text{该批号完工产品}}{\text{累计生产总工时}}\times\frac{\text{间接费用}}{\text{累计分配率}}$$

$$\frac{\text{某批号完工}}{\text{产品总成本}}=\frac{\text{该批号产品三级明细账}}{\text{归集的直接费用合计}}+\sum\left(\frac{\text{该批号完工产品}}{\text{应分配间接费用}}\right)$$

简化分批法的成本计算程序如图 6－2 所示。

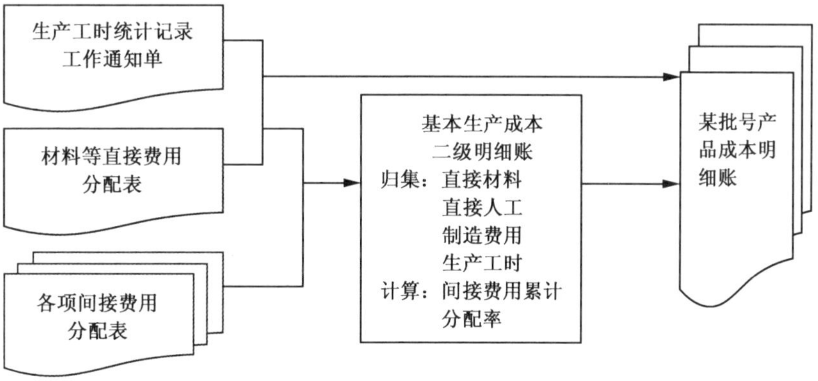

图 6－2　简化分批法的成本核算程序

(3)汇总基本生产成本明细账中各批别的完工成本,并进行基本生产成本二级账登记。

(4)根据基本生产成本二级账中的累计费用减去完工成本,计算确定在产品成本。

任务二 分批法举例

本任务以小批生产企业为例,说明产品成本计算的分批法及简化分批法。

【做中学 6—1】 东方企业按照购货者的要求,小批生产甲、乙产品,采用分批法计算产品成本。该企业 2021 年 9 月份投产甲产品 50 件,批号为 901,10 月份全部完工;10 月份投产乙产品 40 件,批号为 1001,当月完工 30 件,并已交货,还有 10 件尚未完工,原材料为生产开始时一次性投入。901 批和 1001 批产品成本计算单分别见表 6—1 和表 6—2。各种成本的归集和分配过程略。

表 6—1 **产品成本计算单**

批号:901 产品名称:甲产品 开工日期:9 月 15 日

委托单位:东方企业 批量:50 件 完工日期:10 月 15 日 单位:元

项 目	直接材料	直接人工	制造费用	合 计
9 月末成本余额	54 000	4 050	15 300	73 350
10 月份发生生产成本:	—	—	—	—
据材料成本分配表	20 700	—	—	20 700
据工资成本分配表	—	7 650	—	7 650
据制造费用分配表	—	—	36 000	36 000
合 计	74 700	11 700	51 300	137 700
结转产成品(50 件)成本	74 700	11 700	51 300	137 700
单位成本	1 494	234	1 026	2 754

在本例中,901 批产品 10 月份全部完工,所以 10 月初在产品生产成本和 10 月份发生的产品生产成本合计为 10 月份完工产品成本。1001 批产品 10 月末部分完工,应采用适当的方法将产品生产成本在完工产品和在产品之间进行分配。本例由于材料在生产开始时一次投入,所以材料成本按完工产品和在产品实际数量比例进行分配,而其他成本则按约当产量法进行分配。

1. 材料成本按完工产品和在产品数量作为比例进行分配

完工产品应负担材料成本=360 000÷(30+10)×30=270 000(元)

在产品应负担材料成本=360 000÷(30+10)×10=90 000(元)

表 6—2 **产品成本计算单**

批号:1001 产品名称:乙产品 开工日期:10 月 1 日

委托单位:东方企业 批量:40 件 单位:元

项 目	直接材料	直接人工	制造费用	合 计
10 月份发生生产成本:	—	—	—	—
据材料成本分配表	360 000	—	—	360 000
据工资成本分配表	—	35 000	—	35 000
据制造费用分配表	—	—	91 000	91 000

续表

项　目	直接材料	直接人工	制造费用	合　计
合　计	360 000	35 000	91 000	486 000
结转产品成本(30件)	270 000	30 000	78 000	378 000
单位成本	9 000	1 000	2 600	12 600
月末在产品成本	90 000	5 000	13 000	108 000

2. 其他生产成本按约当产量比例进行分配

(1)计算1001批乙产品在产品约当产量,见表6—3。

表6—3　乙产品约当产量计算表

工　序	完工程度 ①	在产品(件)		完工产品(件) ④	产量合计(件) ⑤=③+④
		②	③=①×②		
1	15%	2	0.3	—	—
2	25%	2	0.5	—	—
3	70%	6	4.2	—	—
合　计	—	10	5	30	35

(2)直接人工成本按约当产量法分配如下:

完工产品应负担直接人工=35 000÷(30+5)×30=30 000(元)

在产品应负担直接人工=35 000÷(30+5)×5=5 000(元)

(3)制造费用按约当产量法分配如下:

完工产品应负担制造费用=91 000÷(30+5)×30=78 000(元)

在产品应负担制造费用=91 000÷(30+5)×5=13 000(元)

将各项成本分配结果记入1001批乙产品成本计算单(见表6—2),即可计算出乙产品的产品成本和月末在产品成本。

【做中学6—2】　东方企业小批生产多种产品,由于产品批次多,为简化成本计算,采用简化分批法——累计间接费用分配法计算成本。该企业2021年5月份产品批号为:

A01号:甲产品10件,3月投产,本月完工;

B01号:甲产品15件,4月投产,本月尚未完工;

C01号:乙产品10件,4月投产,本月完工;

D01号:丙产品5件,5月投产,本月尚未完工。

该企业设立的生产成本——基本生产成本二级账见表6—4。

表6—4　生产成本——基本生产成本二级账

2021年5月　　单位:元

月	日	摘　要	直接材料	生产工时	直接人工	制造费用	合　计
4	30	余额	12 000	4 000	8 720	9 560	34 280
5	31	本月发生	8 500	3 000	8 780	11 440	31 720
5	31	累计	20 500	7 000	17 500	21 000	66 000

续表

月	日	摘　要	直接材料	生产工时	直接人工	制造费用	合　计
5	31	累计分配率	—	—	2.5	3	—
	31	完工转出	13 500	4 700	11 750	14 100	39 350
	31	余额	7 000	2 300	5 750	6 900	19 650

直接人工累计分配率＝17 500÷7 000 ＝2.5

制造费用累计分配率＝21 000÷7 000 ＝3

本月完工转出直接材料＝4 500（见A01号成本计算单中数据）＋9 000（见C01号成本计算单中数据）＝13 500(元)

本月完工转出生产工时＝2 200（见A01号成本计算单中数据）＋2 500（见C01号成本计算单中数据）＝4 700(小时)

本月完工转出直接人工＝4 700(本月完工转出生产工时)×2.5(直接人工累计分配率)＝11 750(元)

本月完工转出制造费用＝4 700×3＝14 100(元)

该企业设立各批产品成本计算单分别见表6—5、表6—6、表6—7和表6—8。

表6—5 **成本计算单**

产品批号:A01　　购货单位:×××企业　　产品名称:甲产品

投产日期:3月　　批量:10件　　完工日期:5月　　单位:元

月	日	摘　要	直接材料	生产工时	直接人工	制造费用	合　计
3	31	本月发生	1 000	700	—	—	—
4	30	本月发生	3 000	1 000	—	—	—
5	31	本月发生	500	500	—	—	—
5	31	累计数及累计分配率	4 500	2 200	2.5	3	—
	31	本月完工产品转出	4 500	2 200	5 500	6 600	16 600
	31	完工产品单位成本	450	—	550	660	1 660

A01批甲产品直接人工成本＝2 200(A01号累计生产工时)×2.5(直接人工累计分配率)＝5 500(元)

A01批甲产品制造费用成本＝2 200×3 ＝6 600(元)

A01批甲产品总成本＝4 500＋5 500＋6 600 ＝16 600(元)

表6—6 **成本计算单**

产品批号:B01　　购货单位:×××企业　　产品名称:甲产品

投产日期:4月　　批量:15件　　完工日期:　　单位:元

月	日	摘　要	直接材料	生产工时	直接人工	制造费用	合　计
4	30	本月发生	3 000	800	—	—	—
5	31	本月发生	2 000	1 000	—	—	—

B01批甲产品本月尚未完工，因此，其成本计算单中只登记4、5月份生产该批产品所发生的直接成本（直接材料）和生产工时。

C01批乙产品直接人工成本＝2 500（C01号累计生产工时）×2.5（直接人工累计分配率）＝6 250（元）

C01批乙产品制造费用成本＝2 500×3 ＝7 500（元）

C01批乙产品总成本＝9 000＋6 250＋7 500 ＝22 750（元）

表6－7　　成本计算单

产品批号：C01　　购货单位：×××企业　　产品名称：乙产品

投产日期：4月　　批量：10件　　完工日期：5月　　单位：元

月	日	摘　要	直接材料	生产工时	直接人工	制造费用	合　计
4	30	本月发生	5 000	1 500	—	—	—
5	31	本月发生	4 000	1 000	—	—	—
5	31	累计数及累计分配率	9 000	2 500	2.5	3	—
	31	本月完工产品转出	9 000	2 500	6 250	7 500	22 750
	31	完工产品单位成本	900	—	625	750	2 275

表6－8　　成本计算单

产品批号：D01　　购货单位：×××企业　　产品名称：丙产品

投产日期：5月　　批量：5件　　完工日期：　　单位：元

月	日	摘　要	直接材料	生产工时	直接人工	制造费用	合　计
5	31	本月发生	2 000	500	—	—	—

D01批丙产品本月尚未完工，因此，其成本计算单中只登记5月份生产该批产品所发生的直接成本（直接材料）和生产工时。

应知考核

一、单项选择题

1. 采用分批法计算产品成本时，以（　　）作为成本核算对象。

A. 产品品种　　B. 产品批别　　C. 生产步骤　　D. 产品产量

2. 适合精密仪器制造企业采用的成本计算方法是（　　）。

A. 品种法　　B. 分批法

C. 逐步结转分步法　　D. 平行结转分步法

3. 下列关于产品成本计算的分批法的说法中，不正确的是（　　）。

A. 分批法主要适用于单件、小批类型的生产，也可用于一般企业中新产品试制或试验的生产、在建工程以及设备修理作业等

B. 分批法又称为订单法

C. 分批法下，成本计算期与生产周期基本一致，而与核算报告期不一致

D. 分批法下，需要定期计算产品成本

4. 采用简化分批法，在产品完工以前，产品成本明细账（　　）。

A. 不登记任何费用

B. 登记直接计入费用，不登记间接计入费用

C. 登记间接计入费用，不登记直接计入费用

D. 只登记材料费用

5. 甲制药厂正在试制生产某流感疫苗。为了核算此疫苗的试制生产成本，最适合的成本计算方法是(　　)。

A. 品种法　　B. 分步法

C. 分批法　　D. 品种法与分步法相结合

二、多项选择题

1. 下列各企业，适用于单件、小批生产的有(　　)。

A. 冶金企业　　B. 重型机器制造

C. 纺织企业　　D. 设备修理作业

2. 下列关于分批法的表述中，正确的有(　　)。

A. 成本计算期与产品生产周期基本一致　　B. 一般不需在完工产品和在产品之间分配成本

C. 以产品的批别作为成本核算对象　　D. 需要计算和结转各步骤产品的生产成本

3. 成本计算分批法的特点有(　　)。

A. 产品成本计算期与产品生产周期基本一致，成本计算不定期

B. 月末无须进行在产品与完工产品之间的费用分配

C. 比较适合冶金、纺织、机械制造等行业企业

D. 以成本计算品种法原理为基础

4. 产品成本计算的分批法适用于(　　)。

A. 单件、小批生产

B. 大量、大批、多步骤生产

C. 大量、大批、单步骤生产

D. 一般企业中的新产品试制或实验的生产、在建工程以及设备修理作业等

5. 下列企业类型中，可以采用分批法进行成本核算的有(　　)。

A. 造船企业　　B. 重型机器制造企业

C. 采掘企业　　D. 精密仪器制造企业

三、判断题

1. 只要产品批次多，就应该采用简化分批法计算产品成本。(　　)

2. 采用分批法时，完工产品成本可能按计划单位成本或定额单位成本计算。(　　)

3. 由于每批或每件产品的品种、数量及计划开工、完工时间一般是根据购买者的订单以生产通知单形式下达的，因此分批法也叫订单法。(　　)

4. 采用分批法，如果批内产品跨期(月)陆续完工情况不多，完工产品数量占全部批量比重较小，完工产品可按计划成本或定额成本计算。(　　)

5. 采用简化分批法，必须设立基本生产成本二级账。(　　)

应会考核

■ 观念应用

【背景资料】

家具有限公司的成本核算方法

某办公家具有限公司属于单件小批量生产企业，按客户订单组织产品生产，2021 年 9 月继续加工上月投产的 8 批产品，本月投产 6 批产品，月末完工 4 批产品。

【考核要求】

公司应该采用什么成本核算方法？应设置几个产品成本计算单？根据公司的特点，能否采用累计间接费用分配法计算产品成本？

■ 技能应用

分批法的应用

某企业设有一小批生产的小型工厂，为一个基本生产车间，按生产任务通知单组织生产。2021 年 7 月份继续对 701、702 批次甲产品进行加工，703 批次产品 7 月份投产，有关资料如下：

(1)本月生产产品的批号资料见表 6—9。

表 6—9　　各批产品生产资料情况

批　号	产品名称	投产日期	批量(台)	本月完工情况
701	甲产品	5 月	4	本月全部完工
702	甲产品	6 月	10	本月完工 6 台
703	乙产品	7 月	8	本月完工 2 台

(2)本月生产费用资料见表 6—10 和表 6—11。

表 6—10　　各批产品的月初在产品费用资料　　单位：元

产品批号	直接材料	燃料及动力	直接人工	制造费用	合　计
701	6 560	7 200	3 640	1 780	19 180
702	12 860	10 280	5 870	3 890	32 900

(3)在完工产品与在产品之间分配生产费用的方法：

702 批号甲产品本月完工产品数量较大。原材料是在生产开始时一次性投入的，其原材料费用按照完工产品与在产品的数量比例分配。其他费用采用约当产量法分配，在产品完工程度为 60%。

703 批号乙产品本月完工产品数量为 2 台。为简化核算，完工产品按定额成本转出，每台定额成本为：直接材料 1 160 元，燃料及动力 920 元，直接人工 612 元，制造费用 328 元，合计 3 020 元。

表 6—11　　各种费用分配表汇总的各批产品本月生产费用　　单位：元

产品批号	直接材料	燃料及动力	直接人工	制造费用	合　计
701	—	3 150	2 980	970	7 100
702	—	3 820	6 120	2 730	12 670
703	9 360	8 180	5 740	3 010	26 290

【技能要求】

根据上述资料,计算完工产品成本,登记各批产品成本明细账,见表6—12至表6—14。

表6—12 **基本生产成本明细账**

产品批号:701 投产日期:2021年5月 产品名称:甲产品

批量:4台 完工日期:2021年7月 单位:元

项　目	直接材料	燃料及动力	直接人工	制造费用	合　计
月初在产品成本					
本月发生费用	—				
合　计					
完工产品成本					
单位成本					

表6—13 **基本生产成本明细账**

产品批号:702 投产日期:2021年6月 产品名称:甲产品

批量:10台 完工日期:2021年8月(完工6台) 单位:元

项　目	直接材料	燃料及动力	直接人工	制造费用	合　计
月初在产品成本					
本月发生费用	—				
合　计					
完工产品成本					
单位成本					
月末在产品成本					

表6—14 **基本生产成本明细账**

产品批号:703 投产日期:2021年7月 产品名称:乙产品

批量:8台 完工日期:2021年8月(完工2台) 单位:元

项　目	直接材料	燃料及动力	直接人工	制造费用	合　计
本月发生费用					
单位定额成本					
完工产品定额成本					
在产品成本					

■ 案例分析

【分析情境】

李涛是德威机电设备有限公司的一名成本核算员。该公司主要生产A、B、C、D四种产品。2021年8月份,该公司的产品投产情况如下:

(1)601A产品3件,6月份投产,本月全部完工;

(2)602B产品5件,6月份投产,本月全部完工;

(3)701C产品10件,7月份投产,本月完工2件,其余为在产品;

(4)801D 产品 8 件,8 月份投产,本月无 1 件完工。

基本生产成本明细账及产品成本明细账的有关资料分别如表 6—15 至表 6—19 所示。

表 6—15

基本生产成本明细账

(各批产品总成本)

摘 要	工时	直接材料	直接人工	制造费用	合 计
月初在产品成本	1 220	4 900	2 482	4 350	11 732
发生费用	680	1 300	1 328	2 300	4 928
累计	1 900	6 200	3 810	6 650	16 660
分配累计制造费用					
转出完工批次成本					
月末在产品成本					

表 6—16

产品成本明细账(601A 产品)

2021 年 8 月 批量:3 件 完工:3 件

摘 要	工时	直接材料	直接人工	制造费用	合 计
月初在产品成本	450	2 000	1 000	—	3 000
发生费用	250	1 000	600	—	1 600
分配累计制造费用	700	—	—		
合 计	—	3 000	1 600		
转出完工产品成本	—				
单位成本	—				

表 6—17

产品成本明细账(602B 产品)

2021 年 8 月 批量:5 件 完工:5 件

摘 要	工 时	直接材料	直接人工	制造费用	合 计
月初在产品成本	150	800	300	—	1 100
发生费用	50	200	100	—	300
分配累计制造费用	200	—	—		
合 计	—	1 000	400		
转出完工产品成本	—				
单位成本	—				

表 6—18

产品成本明细账(701C 产品)

2021 年 8 月 批量:10 件 完工:2 件

摘 要	工 时	直接材料	直接人工	制造费用	合 计
月初在产品成本	620	2 100	1 182	—	3 282
发生费用	200	60	400	—	
合 计					

表 6—19 **产品成本明细账(801D 产品)**

2021 年 8 月 批量:8 件 未完工:8 件

摘 要	工 时	直接材料	直接人工	制造费用	合 计
发生费用	180	40	228	—	
合 计				—	

【情境思考】

在税收检查过程中,税务人员与李涛探讨了几个问题:

(1)为什么你们公司采用分批法计算产品成本?

(2)采用当月分配法与采用累计分配法计算产品成本有何区别?

(3)针对你们公司的特点,能否解释为何选择采用累计分配法计算产品成本?

(4)请讲解有关采用累计分配法计算完工批别产品负担的累计制造费用和完工批别产品的总成本及单位成本的原理与方法。

项目实训

【实训项目】

产品成本核算的分批法

【实训目的】

通过实训,运用成本核算的分批法,完成产品成本的计算与核算,学以致用。

【实训情境】

某企业小批生产多种产品且产品批数多,为简化成本计算工作,采用简化分批法计算产品成本。该企业 2021 年 9 月份的产品批号为:

9010 号:甲产品 6 件,7 月投产,本月完工。

9011 号:甲产品 8 件,8 月投产,本月全部尚未完工。

9041 号:乙产品 12 件,8 月投产,本月完工 2 件,原材料在生产开始时一次性投入(完工产品耗用工时为 10 460 小时)。

9061 号:丙产品 4 件,9 月投产,本月全部尚未完工。

【实训任务】

(1)根据简化分批法计算产品成本并填写表 6—20 至表 6—24。直接材料按照产品产量分配,直接人工与制造费用采用生产工时作为分配标准。

表 6—20 **基本生产成本二级账** 单位:元

项 目	直接材料	生产工时	直接人工	制造费用	成本合计
月初在产品成本	30 120	62 000	23 850	36 060	90 030
本月发生费用	24 100	101 500	41 550	45 690	111 340
合 计	54 220	163 500	65 400	81 750	201 370
全部产品累计间接计入费用分配率	—	—			—

表 6—21　　　　**基本生产成本明细账**

产品批号:9010　　投产日期:2021 年 7 月　　产品名称:甲产品

批量:6 件　　完工日期:2021 年 9 月　　单位:元

项　目	直接材料	生产工时	直接人工	制造费用	成本合计
月初在产品成本	6 930	300	—	—	—
本月发生费用	1 210	16 700	—	—	—
合　计	8 140	31 000	—	—	—
累计费用分配率	—	—			—
完工产品成本		—			
单位成本		—			

表 6—22　　　　**基本生产成本明细账**

产品批号:9011　　投产日期:2021 年 8 月　　产品名称:甲产品

批量:8 件　　完工日期:　　单位:元

项　目	直接材料	生产工时	直接人工	制造费用	成本合计
月初在产品成本	9 840	19 070	—	—	—
本月发生费用	2 980	42 080	—	—	—

表 6—23　　　　**基本生产成本明细账**

产品批号:9041　　投产日期:2021 年 8 月　　产品名称:乙产品

批量:12 件　　完工日期:2021 年 9 月(完工 2 件)　　单位:元

项　目	直接材料	生产工时	直接人工	制造费用	成本合计
月初在产品成本	13 350	28 630	—	—	—
本月发生费用	—	140	—	—	—
合　计	13 350	28 770	—	—	—
累计费用分配率		—			—
完工产品成本					
单位成本		—			
月末在产品成本			—	—	—

表 6—24　　　　**基本生产成本明细账**

产品批号:9061　　投产日期:2021 年 9 月　　产品名称:丙产品

批量:4 件　　完工日期:　　单位:元

项　目	直接材料	生产工时	直接人工	制造费用	成本合计
本月发生生产费用	19 910	28 580	—	—	—

表 6—25　　**完工产品成本汇总表**

2021 年 9 月　　单位:元

批号	产量(件)	生产工时	直接材料	直接人工	制造费用	成本合计
9010						
9041						
合　计	—					

表 6—26　　**基本生产成本二级账**　　单位:元

项　目	直接材料	生产工时	直接人工	制造费用	成本合计
月初在产品成本					
本月发生费用					
合　计					
完工产品成本					
月末在产品成本					

(2)撰写"产品成本核算的分批法"实训报告(见表 6—27)。

表 6—27　　**"产品成本核算的分批法"实训报告**

项目实训班级:	项目小组:	项目组成员:
实训时间:　年　月　日	实训地点:	实训成绩:
实训目的:		
实训步骤:		
实训结果:		
实训感言:		
不足与今后改进:		
项目组长评定签字:		项目指导教师评定签字:

项目七

产品成本核算的分步法

○ **知识目标**

理解:分步法的概念及适用范围、特点;

熟知:分步法的成本核算程序;

掌握:综合结转法及其成本还原、分项结转法与平行结转分步法。

○ **技能目标**

能够根据企业实际情况熟练运用综合结转法及其成本还原、分项结转法与平行结转分步法的基本技能。

○ **素质目标**

运用所学的产品成本核算的分步法知识研究相关案例,培养和提高学生在特定业务情境中分析问题与决策设计的能力;结合行业规范或标准,运用成本会计知识,分析行为的善恶,强化学生的职业道德素养。

○ **思政目标**

能够正确理解"不忘初心"的核心要义和精神实质;树立正确的世界观、人生观和价值观,做到学思用贯通、知信行统一;通过学习产品成本核算的分步法知识,培养业务核算中的创新能力和职业荣誉感,形成职业态度和职业认同。

○ **项目引例**

合理选择成本核算方法的必要性

小李应聘到一家纺织厂做成本会计员,财务部老成本会计张师傅向小李介绍了企业的基本情况,该纺织厂规模不大,共有 3 个纺纱车间、2 个织布车间,另外,还有若干为纺纱织布车间服务的辅助生产车间。该厂第一纺纱车间的纱全部对外销售,第二纺纱车间的纱供第一织布车间使用,第三纺纱车间的纱供第二织布车间使用。纺纱和织布的工序包括清花、粗纺、并条、粗纱、捻线、织布等工序。各工序生产的半成品直接供下一工序使用,不经过半成品库。

该厂现行的成本计算模式是:第一纺纱车间采用品种法计算成本,第二纺纱车间和第一织布车间采用品种法计算成本,第三纺纱车间和第二织布车间采用逐步结转分步法计算成本。

引例解析

为了加强企业的成本管理,纺织厂财务部对各车间生产的半成品均要进行考核;另外,主管部门还要对半成品成本情况进行评比和检查。

请分析:纺织厂各车间成本核算方法的选择是否合理并说明理由? 如果不合理,则应如何改进?

○ **知识精讲**

任务一 分步法概述

一、分步法的概念及适用范围

动漫视频

分步法

分步法，是指以产品的品种及其所经生产步骤作为成本核算对象来归集生产费用，计算产品成本的方法。

分步法主要适用于产品生产可以划分为若干生产步骤的大量、大批、多步骤生产，如冶金、纺织、造纸和机械制造等企业的产品生产。在这些企业中，为了加强各生产步骤的成本管理，企业不仅要按照产品的品种计算各种产成品的实际总成本和单位成本，而且要按照生产步骤归集生产费用，计算各生产步骤的成本，以便考核产成品及其所经生产步骤的成本计划执行情况。

二、分步法的特点

（一）成本核算对象和产品成本计算单的设置

企业采用分步法计算产品成本时，应当按照产品的生产步骤设置产品成本计算单。如果企业只生产一种产品，成本核算对象就是该种产成品及其所经生产步骤，产品成本计算单应当按照生产步骤设置；如果生产多种产品，成本核算对象则是各种产成品及其所经生产步骤，产品成本计算单应当按照生产步骤分产品品种设置。

企业发生的直接材料、燃料和动力、直接人工等直接费用，凡能直接计入各成本核算对象的，应当直接记入按成本核算对象设立的产品成本计算单；不能直接计入的，应当先按生产步骤归集，月末再按一定标准分配记入各成本核算对象的产品成本计算单。企业发生的制造费用应当先按生产单位（车间、分厂）归集，月末再直接记入或者分配记入各成本核算对象的产品成本计算单。

企业采用分步法计算产品成本，应当根据其生产特点和成本管理要求，按照既要加强成本管理，又要简化成本核算的原则，合理确定作为成本核算对象的生产步骤。分步法中作为成本核算对象的生产步骤是按照企业成本管理的要求来划分的，与产品实际生产步骤可能一致，也可能不完全一致。在大量、大批、多步骤生产的企业，生产单位一般是按照生产步骤设立的，为了加强生产单位的成本管理，也要求按照生产单位来归集生产费用，计算产品成本。因此，分步计算成本一般也就是分生产单位计算成本，但是，当一个生产单位的规模比较大，生产单位内部包含几个生产步骤，而企业成本管理上又要求在生产单位内部再分生产步骤计算成本时，成本核算对象中的生产步骤就不应当是生产单位，而是生产单位内的生产步骤。此外，为了简化成本核算工作，按照企业成本管理的要求，也可以将几个生产步骤（生产单位）合并为一个成本核算对象（成本核算的一个步骤），来归集生产费用，计算生产步骤的成本。

（二）成本计算期

分步法以产品品种及其所经生产步骤作为成本核算对象，企业生产类型是大量、大批、多步骤生产。采用分步法计算产品成本时，成本计算应当定期按月进行，成本计算期与生产周期不一致，与会计报告期一致。

（三）生产费用在完工产品与月末在产品之间的分配

在大量、大批、多步骤的生产企业，月末通常有在产品。企业采用分步法计算产品成本时，需要正确计算各生产步骤的在产品成本，将已经记入产品成本计算单中的生产费用合计数在完工产品与月末在产品之间进行分配。

三、分步法的成本核算程序

企业采用分步法核算产品成本，应当先核算各生产步骤的成本，再核算最终完工产成品的成本。由于不同企业对于生产步骤的成本管理有不同的要求，出于简化成本核算工作的考虑，按照生产步骤来归集费用、计算产品成本时，有逐步结转分步法和平行结转分步法两种不同的方法。逐步结转分步法和平行结转分步法下各生产步骤的成本计算和结转方式不同，成本计算程序也不相同。

（一）逐步结转分步法成本计算程序

动漫视频
逐步结转分步法

逐步结转分步法的成本核算对象是产成品及其所经生产步骤的半成品，逐步结转分步法也称为计算半成品成本的分步法。

逐步结转分步法成本计算程序是：首先，计算第一生产步骤所产半成品成本，并将其转入第二生产步骤；然后，将第二生产步骤发生的各种费用，加上第一生产步骤转入的半成品成本，计算出本生产步骤所产半成品成本，并将其转入第三生产步骤；这样按照生产步骤逐步计算并且结转半成品成本以后，在最后的生产步骤计算出完工产成品成本。在设有半成品仓库的企业，还应当在半成品仓库和有关生产步骤（生产半成品和领用半成品的生产步骤）之间，随着半成品实物的收入和发出进行半成品成本的结转。导入案例中清浦纺织厂采用的就是逐步结转分步法。逐步结转分步法成本计算程序如图7—1所示。

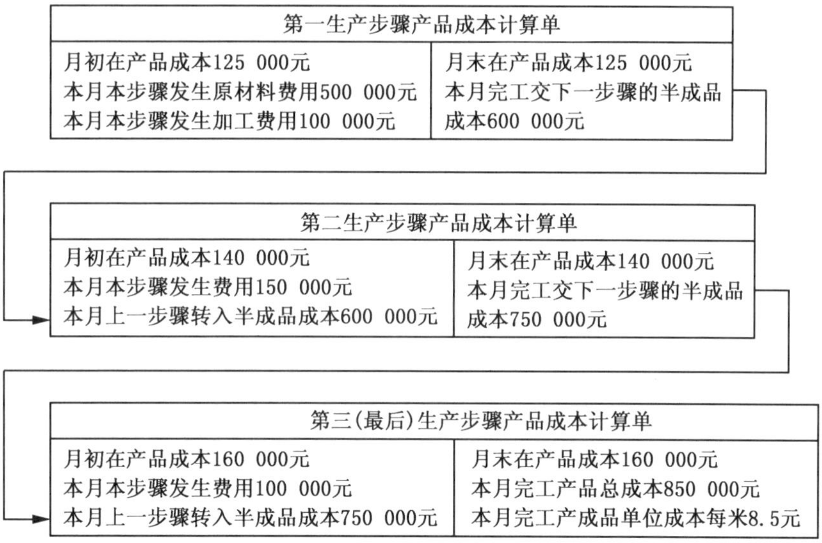

图7—1　逐步结转分步法成本计算程序

在图7—1中，三个生产步骤各自的成本核算方法与品种法相同，因此，也有人认为逐步结转分步法就是品种法的多次连续应用。企业在采用品种法计算出第一生产步骤的半成品成本以后，按照下一生产步骤耗用半成品的数量转入下一生产步骤产品成本计算单；下一生产步骤再次按照品种法的原理归集本生产步骤发生的费用和所耗上一生产步骤半成品成本，计算出本步骤半成品成本，再按照下一生产步骤耗用半成品的数量转入下一生产步骤产品成本计算单；如此逐步计算并结转半成品成本，直至最后生产步骤计算出产成品成本。

动漫视频
平行结转分步法

（二）平行结转分步法成本计算程序

平行结转分步法的成本核算对象是产成品及其所经生产步骤。与逐步结转分步法不同，平行结转分步法不计算和结转各生产步骤的半成品成本，因此平行结转分步法也称为不计算半成品成本的分步法。

平行结转分步法成本计算程序是：首先，由各生产步骤计算出某产品（成本核算对象）在本生产步骤所发生的各种费用；其次，将各生产步骤该产品（成本核算对象）所发生的费用在最终产成品与月末在产品（广义在产品）之间进行分配，确定各生产步骤应计入最终产成品成本的"份额"；最后，将各生产步骤应计入相同产成品成本的份额直接相加（汇总），计算出最终产成品的实际总成本。平行结转分步法的成本计算程序如图 7—2 所示。

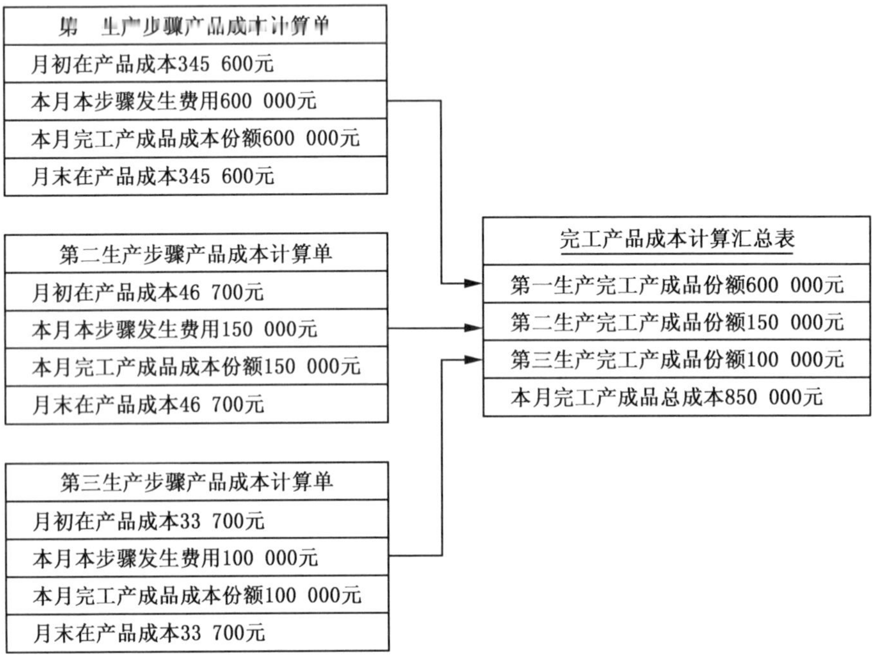

图 7—2　平行结转分步法成本计算程序

任务二　逐步结转分步法

一、逐步结转分步法概述

逐步结转分步法是为了分步计算半成品成本而采用的一种分步法，也称计算半成品成本分步法。此方法是按照产品加工的顺序，逐步计算并结转半成品成本，直到最后加工步骤完成才能计算产成品成本的一种方法。具体来说，企业按照产品加工顺序，先计算第一个加工步骤半成品成本，然后结转给第二个加工步骤；第二步骤把第一步骤结转来的半成品成本加上本步骤耗用的材料成本和加工成本，即可求得第二个加工步骤的半成品成本。以此类推，直到最后一个步骤生产完工产品。

逐步结转分步法适用于大量、大批、连续式复杂生产的企业。这种类型的企业有的不仅将产成品作为商品对外销售，而且各生产步骤所产半成品也经常作为商品对外销售。例如，钢铁厂生产的生铁、钢锭，纺织厂生产的棉纱等，都需要计算半成品成本。

逐步结转分步法在完工产品和在产品之间分配生产成本，即在各步骤完工产品和在产品之间进行分配。用这种方法计算产品成本，有利于提供各个生产步骤的半成品资料；为各生产步骤在产品实物与资金管理提供资料；能够全面地反映各生产步骤生产耗费水平，更好地满足各生产步骤成本管理要求。但是，采用这种方法，成本结转工作量较大。各步骤半成品成本如果采用逐步综合结转方法，还要进行成本还原，增加了核算工作量。

【提示】逐步结转分步法按照成本在下一步骤成本计算单中的反映方式，还可以分为综合结转和分项结转两种方法。

二、综合结转法

（一）综合结转法的概念

综合结转法，是指上一步骤转入下一步骤的半成品成本，以“直接材料”或专设的“半成品”项目综合列入下一步骤的成本计算单中。如果半成品通过半成品库收发，由于各期（月）所生产半成品单位成本不同，所耗半成品单位成本可以如同材料核算一样，采用先进先出法或加权平均法计算。

（二）综合结转法的成本计算程序

（1）根据确定的成本计算对象设置“产品成本计算单”。

（2）第一步骤根据本步骤发生的各种生产费用，计算该步骤半成品（也称完工半成品）成本，直接转入下一步骤或半成品仓库。

（3）第二步骤以后各生产步骤将从上一步骤或半成品库转入半成品成本，以“半成品”或“直接材料”综合项目计入本步骤成本计算单中，再加上本步骤发生的费用，计算出本步骤完工半成品成本，然后以综合项目转入下一步骤成本计算单中。

（4）最后步骤计算出完工产成品的成本。

（三）综合结转法举例

【做中学7—1】 某企业生产甲产品需经过三个生产步骤，原材料在开始生产时一次投入。月末在产品数量按约当产量法计算。有关资料分别见表7—1和表7—2。

表7—1　产量资料　单位：件

项　目	第一步骤	第二步骤	第三步骤
月初在产品数量	200	100	80
本月投产数量	1 800	1 600	1 400
本月完工产品(或完工半成品)数量	1 600	1 400	1 200
月末在产品数量	400	300	280
在产品完工程度	50%	50%	50%

表7—2　生产费用资料　单位：元

成本项目	月初在产品成本			本月发生费用		
	第一步骤	第二步骤	第三步骤	第一步骤	第二步骤	第三步骤
直接材料	405 000	138 000	14 000	1 850 000	—	—
燃料及动力	30 000	53 000	37 400	1 500 000	1 900 000	1 450 000
直接人工	104 000	211 500	98 400	2 200 000	6 500 000	3 600 000
制造费用	176 000	233 000	181 400	3 100 000	4 200 000	6 800 000
合　计	715 000	635 500	331 200	8 650 000	12 600 000	11 850 000

通过综合结转法可以计算各步骤成本，其分配情况为：

第一步骤产品成本：

直接材料费用分配率＝(405 000＋1 850 000)÷(1 600＋400)＝1 127.5

完工半成品应分配直接材料费用＝1 600×1 127.5＝1 804 000(元)

在产品应分配直接材料费用＝400×1 127.5＝451 000(元)

燃料及动力费用分配率＝(30 000＋1 500 000)÷(1 600＋400×50%)＝850

完工半成品应分配燃料及动力费＝1 600×850＝1 360 000(元)

在产品应分配燃料及动力费＝400×50%×850＝170 000(元)

其他费用计算方法同上，据此可编制第一步骤产品成本计算单(见表7—3)。

表7—3 **第一步骤产品成本计算单** 单位：元

项目		直接材料	燃料及动力	直接人工	制造费用	合计
月初在产品成本		405 000	30 000	104 000	176 000	715 000
本月发生费用		1 850 000	1 500 000	2 200 000	3 100 000	8 650 000
合计		2 255 000	1 530 000	2 304 000	3 276 000	9 365 000
产品产量(件)	完工半成品产量	1 600	1 600	1 600	1 600	—
	在产品约当产量	400	200	200	200	—
	合计	2 000	1 800	1 800	1 800	—
单位成本		1 127.5	850	1 280	1 820	5 077.5
转出完工半成品成本		1 804 000	1 360 000	2 048 000	2 912 000	8 124 000
在产品成本		451 000	170 000	256 000	364 000	1 241 000

将第一步骤产品成本计算单中完工半成品成本8 124 000元转入第二步骤产品成本计算单中的“半成品”成本项目中。

第二步骤产品成本：

第二步骤半成品成本合计＝138 000＋8 124 000(第一步骤转入)＝8 262 000(元)

半成品成本分配率(单位成本)＝(138 000＋8 124 000)÷(1 400＋300)＝4 860

完工半成品应分配半成品成本＝1 400×4 860＝6 804 000(元)

在产品应分配半成品成本＝300×4 860＝1 458 000(元)

燃料及动力费用分配率(单位成本)＝(53 000＋1 900 000)÷(1 400＋300×50%)＝1 260

完工半成品应分配燃料和动力费用＝1 260×1 400＝1 764 000(元)

在产品应分配燃料及动力费用＝150×1 260＝189 000(元)

其他费用计算方法同上，据此可编制第二步骤产品成本计算单(见表7—4)。

将第二步骤完工半成品18 634 000元以“半成品”综合成本项目转入第三步骤产品成本计算单中。

表7—4 **第二步骤产品成本计算单** 单位：元

项目	半成品	燃料及动力	直接人工	制造费用	合计
月初在产品成本	138 000	53 000	211 500	233 000	635 500
本月发生费用	8 124 000	1 900 000	6 500 000	4 200 000	20 724 000
合计	8 262 000	1 953 000	6 711 500	4 433 000	21 359 500

续表

项　目		半成品	燃料及动力	直接人工	制造费用	合　计
产品产量（件）	完工半成品产量	1 400	1 400	1 400	1 400	—
	在产品约当产量	300	150	150	150	—
	合　计	1 700	1 550	1 550	1 550	—
单位成本		4 860	1 260	4 330	2 860	13 310
转出完工半成品成本		6 804 000	1 764 000	6 062 000	4 004 000	18 634 000
月末在产品成本		1 458 000	189 000	649 500	429 000	2 725 500

第三步骤产品成本：

第三步骤半成品成本合计＝14 000＋18 634 000（第二步骤转入）＝18 648 000（元）

半成品成本分配率（单位成本）＝（14 000＋18 634 000）÷（1 200＋280）＝12 600

完工产品应分配半成品成本＝1 200×12 600＝15 120 000（元）

月末在产品应分配半成品成本＝280×12 600＝3 528 000（元）

燃料及动力费用分配率（单位成本）＝（37 400＋1 450 000）÷（1200＋280×50%）＝1 110

完工产品应分配燃料及动力费用＝1 200×1 110＝1 332 000（元）

在产品应分配燃料及动力费用＝140×1 110＝155 400（元）

其他费用计算方法同上，据此可编制第三步骤产品成本计算单（见表7—5）。

表7—5　　**第三步骤产品成本计算单**　　单位：元

项　目		半成品	燃料及动力	直接人工	制造费用	合　计
月初在产品成本		14 000	37 400	98 400	181 400	331 200
本月发生费用		18 634 000	1 450 000	3 600 000	6 800 000	30 484 000
合　计		18 648 000	1 487 400	3 698 400	6 981 400	30 815 200
产品产量（件）	完工产品产量	1 200	1 200	1 200	1 200	—
	在产品约当产量	280	140	140	140	—
	合　计	1 480	1 340	1 340	1 340	—
单位成本		12 600	1 110	2 760	5 210	21 680
完工产品成本		15 120 000	1 332 000	3 312 000	6 252 000	26 016 000
月末在产品成本		3 528 000	155 400	386 400	729 400	4 799 200

由此计算出完工产品1 200件，总成本为26 016 000元，单位成本为21 680元，月末在产品总成本为4 799 200元。

（四）综合结转的成本还原

动漫视频

成本还原

1. 成本还原的概念

在企业管理工作中需要按原始成本项目考核产品成本的具体构成情况，而综合结转法并没有计算出完工产品成本的具体构成项目数额，为此需要对完工产品成本进行成本还原。成本还原，就是将产成品耗用各步骤半成品的综合成本，逐步分解还原为原来的成本项目。

2. 成本还原的方法

成本还原的方法是指将产成品成本中以综合项目反映的半成品成本逐步分解为以原始成本项目表现的成本，这时，就要从最后一个步骤起进行成本还原，直至还原到第一个步骤。在实务中，企业进行成本还原常用的方法有项目结构率方法和还原分配率方法。

(1)项目结构率方法。项目结构率方法是指按半成品各成本项目占全部成本的比重还原，主要有以下四个步骤：

步骤一，计算成本还原分配率。成本还原分配率是指各步骤完工产品成本构成，即各成本项目占全部成本的比重。计算公式为：

还原分配率＝上一步骤完工半成品各成本项目金额÷上一步骤完工半成品成本合计

步骤二，将半成品综合成本进行分解。分解方法是用产成品成本中半成品的综合成本乘以上一步骤生产该种半成品各成本项目比重。计算公式为：

半成品成本还原＝本期(月)产成品耗用上一步骤半成品成本×还原分配率

步骤三，计算还原后产品成本。还原后产品成本是根据还原前成本加上半成品成本还原计算的。计算公式为：

还原后产品成本＝还原前产品成本＋半成品成本还原

步骤四，如果成本计算有两个以上步骤，第一次成本还原后，还有未还原的半成品成本，此时，应将未还原的半成品成本进行还原，即用未还原的半成品成本乘以前一步骤该种半成品各个成本项目比重。以此类推，后面的还原步骤和方法同上，直至还原到第一步骤为止。

【做中学7—2】 以【做中学7—1】成本计算结果资料为基础，进行成本还原计算，并将计算结果填入表7—6。

表7—6　　产品成本还原计算表

产量：1 200　　单位：元

成本项目	成　本	还原前产品成本	本月生产半成品成本	还原分配率	半成品成本还原	还原后总成本	还原后单位成本
	(1)	(2)	(3)	(4)＝(3)栏各项÷(3)栏合计	(5)＝(4)×(2)栏半成品项目	(6)＝(2)＋(5)	(7)＝(6)÷完工产品产量(1 200)
按第二步骤半成品成本结构进行还原	直接材料	—	—	—	—	—	—
	半成品	15 120 000	6 804 000	0.37	5 594 400	5 594 400	4 662
	燃料及动力	1 332 000	1 764 000	0.09	1 360 800	2 692 800	2 244
	直接人工	3 312 000	6 062 000	0.33	4 989 600	8 301 600	6 918
	制造费用	6 252 000	4 004 000	0.21	3 175 200	9 427 200	7 856
	合　计	26 016 000	18 634 000	—	15 120 000	26 016 000	21 680
按第一步骤半成品成本结构进行还原	直接材料	—	1 804 000	0.22	1 230 768	1 230 768	1 025.64
	半成品	5 594 400	—	—	—	—	—
	燃料及动力	2 692 800	1 360 000	0.17	951 048	3 643 848	3 036.54
	直接人工	8 301 600	2 048 000	0.25	1 398 600	9 700 200	8 083.50
	制造费用	9 427 200	2 912 000	0.36	2 013 984	11 441 184	9 534.32
	合　计	26 016 000	8 124 000	—	5 594 400	26 016 000	21 680

根据表7—6的资料，还原后的完工产品为1 200件，总成本为26 016 000元，具体包括直接材料1 230 768元、燃料及动力3 643 848元、直接人工9 700 200元及制造费用11 441 184元，与之对应的成本项目单位成本分别为直接材料1 025.64元、燃料及动力3 036.54元、直接人工8 083.50元及制造费用9 534.32元。

(2)还原分配率方法。还原分配率法是按各步骤耗用半成品总成本占上一步骤完工半成品总成本比重进行还原，主要有以下四个步骤：

步骤一，计算成本还原分配率。成本还原分配率是指产成品成本中半成品成本占上一步骤所产该种半成品总成本的比重。计算公式为：

$$\text{成本还原分配率}=\frac{\text{本期(月)产成品耗用上一步骤半成品成本合计}}{\text{本期(月)生产该种半成品成本合计}}$$

步骤二，半成品成本还原。方法是用成本还原分配率乘以本期(月)生产该种半成品成本项目金额。计算公式为：

半成品成本还原＝成本还原分配率×本期(月)生产该种半成品成本项目金额

步骤三，计算还原后产品成本。还原后产品成本是用还原前产品成本加上半成品成本还原计算的。计算公式为：

还原后产品成本＝还原前产品成本＋半成品成本还原

步骤四，如果成本计算需经两个以上的步骤，则需重复步骤一至三进行多次还原，直至还原到第一步骤为止。

【做中学7—3】 以【做中学7—1】的计算结果资料为基础，进行成本还原计算，并将计算结果列入表7—7。

表7—7　　产品成本还原计算表

产量：1 200　　单位：元

项目	成本	还原前产品成本	本月生产半成品成本	还原分配率	半成品成本还原	还原后总成本	还原后单位成本
		(1)	(2)	(3)	(4)＝(3)×(2)	(5)＝(1)＋(4)	(6)＝(5)÷产量
按第二步骤半成品成本结构进行还原	直接材料	—	—	15 120 000÷18 634 000＝0.811 4	—	—	—
	半成品	15 120 000	6 804 000		5 520 766	5 520 766	4 600.64
	燃料及动力	1 332 000	1 764 000		1 431 310	2 763 310	2 302.76
	直接人工	3 312 000	6 062 000		4 918 707	8 230 707	6 858.92
	制造费用	6 252 000	4 004 000		3 249 217	9 501 217	7 917.68
	合计	26 016 000	18 634 000		15 120 000	26 016 000	21 680
按第一步骤半成品成本结构进行还原	直接材料	—	1 804 000	5 520 766÷8 124 000＝0.679 56	1 225 926	1 225 926	1 021.61
	半成品	5 520 766	—		—	—	—
	燃料及动力	2 763 310	1 360 000		924 202	3 687 512	3 072.93
	直接人工	8 230 707	2 048 000		1 391 739	9 622 446	8 018.71
	制造费用	9 501 217	2 912 000		1 978 899	11 480 116	9 566.75
	合计	26 016 000	8 124 000		5 520 766	26 016 000	21 680

根据表7—7的计算结果，还原后的完工产品为1 200件，总成本为26 016 000元，具体包括直

接材料 1 225 926 元、燃料及动力 3 687 512 元、直接人工 9 622 446 元及制造费用 11 480 116 元，与之对应的成本项目单位成本分别为直接材料 1 021.61 元、燃料及动力 3 072.93 元、直接人工 8 018.71 元及制造费用 9 566.75 元。

三、分项结转分步法

分项结转分步法是指上一步骤转入下一步骤的半成品成本不是以“半成品”或“直接材料”成本项目反映的，而是分别成本项目计入下一步骤成本计算单的有关成本项目中。

运用分项结转分步法进行产品成本计算时，上一步骤半成品成本按照成本项目逐一转到下一步骤成本计算单上的“对口”成本项目中。如果半成品通过半成品库收发，那么在自制半成品明细账中登记半成品成本时，也应按照成本项目分别登记。总之，半成品成本无论处于哪个生产步骤，都是分成本项目反映的。企业在具体对成本进行计量时，既可以按照半成品实际单位成本结转，也可按照半成品计划单位成本结转，然后按成本项目分项调整成本差异。

因此，采用分项结转分步法计算出来的产品成本能提供按原始成本项目反映的产品成本结构，不需要进行成本还原。

【做中学 7—4】 某企业甲产品由两个车间进行生产，采用分项结转分步法计算产品成本，在产品按定额成本计算，原材料系在开始生产时一次投入。产量资料和定额及生产费用资料分别见表 7—8 和表 7—9。

表 7—8　　**产量资料**　　单位：件

项　目	第一车间	第二车间
月初在产品	100	80
本月投产	200	250
本月完工	250	300
月末在产品	50	30
完工进度(%)	50	50

表 7—9　　**定额及生产费用资料**　　单位：元

项　目	单件定额成本		月初在产品成本(定额成本)		本月发生生产费用	
	第一车间	第二车间	第一车间	第二车间	第一车间	第二车间
直接材料	200	200	20 000	16 000	41 000	—
燃料及动力	50	60	2 500	2 400	12 000	16 000
直接人工	30	20	1 500	800	6 100	4 800
制造费用	40	10	2 000	400	6 500	2 200
合　计	320	290	26 000	19 600	65 600	23 000

根据上述资料，采用分项结转分步法可以编制第一车间产品成本计算单(见表 7—10)。

表 7—10　　**第一车间产品成本计算单**　　单位：元

项　目	直接材料	燃料及动力	直接人工	制造费用	合　计
月初在产品成本(定额成本)	20 000	2 500	1 500	2 000	26 000
本月发生费用	41 000	12 000	6 100	6 500	65 600

续表

项　目	直接材料	燃料及动力	直接人工	制造费用	合　计
合　计	61 000	14 500	7 600	8 500	91 600
完工半成品成本	51 000	13 250	6 850	7 500	78 600
月末在产品成本(定额成本)	10 000	1 250	750	1 000	13 000

根据第一车间转出完工半成品成本，分成本项目转入第二车间成本计算单中相同成本项目中，即可编制成第二车间产品成本计算单(见表 7—11)。

表 7—11　　**第二车间产品成本计算单**　　单位：元

项　目	直接材料	燃料及动力	直接人工	制造费用	合　计
月初在产品成本(定额成本)	16 000	2 400	800	400	19 600
本月发生费用	—	16 000	4 800	2 200	23 000
上一车间转入	51 000	13 250	6 850	7 500	78 600
合　计	67 000	31 650	12 450	10 100	121 200
完工产品成本	61 000	30 750	12 150	9 950	113 850
月末在产品成本(定额成本)	6 000	900	300	150	7 350

任务三　平行结转分步法

一、平行结转分步法的概述

(一)平行结转分步法的概念

平行结转分步法，也称不计算半成品成本分步法，是指在计算各步骤成本时，不计算各步骤所产半成品的成本，也不计算各步骤所耗上一步骤半成品成本，而只计算本步骤发生的各项其他成本以及这些成本中应计入产成品的“份额”，将相同产品各步骤成本明细账中的这些“份额”平行结转、汇总，即可计算出该种产品的产成品成本。

(二)成本核算对象和成本结转程序

采用平行结转分步法的成本核算对象是各种产成品及其经过各生产步骤中的成本“份额”，而各步骤产品生产成本并不伴随着半成品实物转移而结转。其成本结转程序如图 7—3 所示。

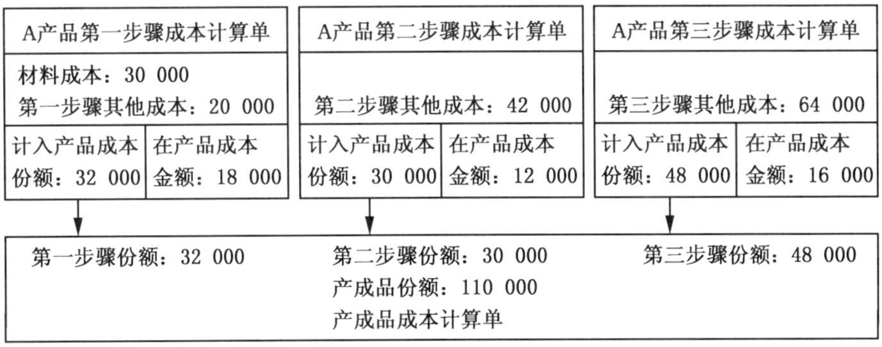

图 7—3　平行结转分步法结转程序

从图7—2可以看出，各生产步骤均不计算本步骤半成品成本，尽管半成品实物转入下一生产步骤继续加工，但其成本并不结转到下一生产步骤成本计算单中去，只是在产品最后完工转入产成品库时，才将各步骤生产成本中应由完工产品负担的份额从各步骤成本计算单中转出，平行汇总到产成品成本中。

（三）产品生产成本在完工产品和在产品之间分配

采用平行结转分步法，每一生产步骤的生产成本也要在其完工产品与期（月）末在产品之间进行分配。这里的完工产品是指企业最后完工的产成品，在产品是指各步骤尚未加工完成的在产品和各步骤已完工但尚未最终完成的产品。

二、平行结转分步法举例

【做中学7—5】 2021年9月，某企业乙产品生产有两个步骤，分别在两个生产车间内进行，第一车间为第二车间提供半成品，第二车间加工完成为产成品。有关生产成本资料分别见表7—12、表7—13和表7—14。产成品和月末在产品之间分配生产成本的方法采用定额比例法，材料成本按定额材料成本比例分配，其他成本按定额工时比例分配。

（1）定额资料见表7—12。若企业月末没有盘点在产品，月末在产品定额资料要根据月初在产品定额资料加上本月投产定额资料减去产成品定额资料计算求出。

表7—12　　**乙产品定额资料**

2021年9月　　单位：元　　数量单位：小时

生产步骤	月初在产品		本月投入		产成品				
	材料成本	工时	材料成本	工时	单件定额		产量	总定额	
					材料成本	工时		材料成本	工时
第一车间份额	87 945	1 350	127 985	3 150	380	7	500	190 000	3 500
第二车间份额	—	1 200	—	4 800	—	10	500	—	5 000
合　计	87 945	2 550	127 985	7 950	—	17	—	190 000	8 500

（2）根据定额资料、各种成本分配表和产成品产量月报，登记第一、第二车间成本计算单（见表7—13和表7—14）。

表7—13　　**乙产品成本计算单——第一车间**

2021年9月　　单位：元　数量单位：小时

项　目	产成品产量（件）	直接材料		定额工时	直接人工	制造费用	合　计
		定额	实际				
月初在产品	—	87 945	80 146	1 350	9 256	13 000	102 402
本月生产成本	—	127 985	116 350	3 150	16 250	16 250	148 850
合　计	—	215 930	196 496	4 500	25 506	29 250	251 252
分配率	—	—	0.91	—	5.668	6.5	—
产成品中本步骤份额	500	190 000	172 900	3 500	19 838	22 750	215 488
月末在产品	—	25 930	23 596	1 000	5 668	6 500	35 764

表 7—14

乙产品成本计算单——第二车间

2021 年 9 月　　单位：元　数量单位：小时

项　目	产成品产量（件）	直接材料		定额工时	直接人工	制造费用	合　计
		定额	实际				
月初在产品	—	—	—	1 200	11 167	10 595	21 762
本月生产成本	—	—	—	4 800	25 805	40 885	66 690
合　计	—	—	—	6 000	36 972	51 480	88 452
分配率	—	—	—	—	6.162	8.58	—
产成品中本步骤份额	500	—	—	5 000	30 810	42 900	73 710
月末在产品	—	—	—	1 000	6 162	8 580	14 742

（3）根据第一、第二车间成本计算单，平行汇总产成品成本，见表 7—15。

表 7—15

乙产成品成本汇总计算表

2021 年 9 月　　单位：元

生产车间	产成品数量（件）	直接材料	直接人工	制造费用	合　计
第一车间	—	172 900	19 838	22 750	215 488
第二车间	—	—	30 810	42 900	73 710
合　计	500	172 900	50 648	65 650	289 198
单位成本	—	345.80	101.30	131.30	578.40

通过上述举例可以看出，平行结转分步法的优点主要有：

（1）各步骤可以同时计算产品成本，平行汇总计入产成品成本，不必逐步结转半成品成本。

（2）能够直接提供按原始成本项目反映的产成品成本资料，不必进行成本还原，因而能够简化和加速成本计算工作。

平行结转分步法的不足也表现得比较明显，主要有：

（1）不能提供各步骤的半成品成本资料。

（2）在产品的费用在产品最后完成以前不随实物转出而转出，即不按其所在的地点登记，而按其发生的地点登记，因而不能为各个生产步骤在产品实物和资金管理提供资料。

（3）各生产步骤产品成本不包括所耗半成品费用，因而不能全面地反映各该步骤产品生产耗费水平（第一步骤除外），不能更好地满足这些步骤成本管理的要求。

应知考核

一、单项选择题

1. 关于产品成本计算的分步法，下列说法中不正确的是（　　）。

A. 逐步结转分步法适用于大量、大批、连续式复杂生产的企业

B. 逐步结转分步法能提供各个生产步骤的半成品成本资料，但是成本结转工作量较大

C. 平行结转分步法能够直接提供按原始成本项目反映的产成品成本资料，可以全面反映各步骤的生产耗费水平

D. 平行结转分步法下各步骤的完工产品数量相等,都等于本期最终完工的产成品数量

2. 下列成本核算方法中,不利于考查企业各类存货资金占用情况的是( )。

A. 品种法 B. 分批法 C. 逐步结转分步法 D. 平行结转分步法

3. 下列有关成本计算的分步法的表述中,错误的是( )。

A. 逐步结转分步法适用于大量、大批、连续式复杂生产的企业

B. 平行结转分步法能够直接提供按原始成本项目反映的产成品资料

C. 逐步结转分步法下,各步骤可以同时计算产品成本

D. 平行结转分步法无法全面反映各步骤产品的生产耗费水平(第一步骤除外)

4. 关于平行结转分步法,下列说法中不正确的是( )。

A. 计算各步骤成本时,不计算各步骤所产半成品成本

B. 计算各步骤成本时,不计算各步骤所耗上一步骤的半成品成本

C. 各步骤的产品生产费用不随半成品实物的转移而结转

D. 某一步骤的生产费用在其完工产品与月末在产品之间进行分配时,在产品指的是该步骤尚未加工完成的在产品

5. 某产品生产需经过三个生产步骤,采用逐步结转分步法计算成本。本月第一步骤转入第二步骤的生产成本为 2 865 元,第二步骤转入第三步骤的生产成本为 4 700 元。本月第三步骤发生的成本为 2 300 元(不包括上一步骤转入的成本),第三步骤月初在产品成本为 800 元,月末在产品成本为 600 元,本月该种产品的产成品成本为( )元。

A. 6 500 B. 7 200 C. 6 800 D. 2 500

二、多项选择题

1. 分步法与分批法的主要区别在于( )。

A. 完工产品和在产品之间进行费用分配的方法不同

B. 各月生产费用的归集和分配方法不同

C. 成本计算对象不同

D. 成本计算期不同

2. 下列关于成本计算分步法的表述中,正确的有( )。

A. 平行结转分步法下能提供各步骤半成品的成本资料

B. 平行结转分步法下能直接提供按原始成本项目反映的产成品成本资料

C. 逐步结转分步法下不能提供各步骤半成品的成本资料

D. 逐步结转分步法下各步骤的产品生产成本随着半成品实物的转移而结转

3. 以下关于成本计算分步法的表述中,正确的有( )。

A. 逐步结转分步法有利于各步骤在产品的实物管理和成本管理

B. 当企业经常对外销售半成品时,不宜采用平行结转分步法

C. 采用逐步分项结转分步法时,需要进行成本还原

D. 采用平行结转分步法时,无须将产品生产费用在完工产品和在产品之间进行分配

4. 采用平行结转分步法,每一步骤的生产费用也要在其完工产品和月末在产品之间进行分配。如果某产品生产分三个步骤在三个车间进行,则第一车间的在产品包括( )。

A. 第一车间尚未完工产品 B. 第二车间尚未完工产品

C. 第三车间尚未完工产品 D. 第三车间完工产品

5. 下列关于平行结转分步法的说法中,正确的有( )。

A. 不计算各步骤所产半成品成本
B. 不计算各步骤所耗上一步骤的半成品成本
C. 能够简化和加速成本计算工作
D. 不能全面地反映各该步骤产品的生产耗费水平(第一步骤除外)

三、判断题

1. 在实际工作中,分步法产品成本计算的分步与产品实际生产步骤应完全一致。（　　）
2. 逐步结转分步法是为了计算半成品成本而采用的一种分步法。（　　）
3. 完工产品各成本项目,其成本还原后的合计与成本还原前的合计应该是相等的。（　　）
4. 采用平行结转分步法,每一生产步骤生产成本要在最终完工产品与各步骤尚未加工完成的在产品和各步骤已完工但未最终完成的产品之间进行分配。（　　）
5. 平行结转分步法能够直接提供原始的成本项目资料。（　　）

应会考核

■ 观念应用

【背景资料】

腾飞纺织股份公司的成本核算方法选择

腾飞纺织股份公司是东南沿海地区一家拥有近 5 000 名职工的企业,主要生产棉纺织品。2021 年暑假,学校组织会计专业的 10 名学生到该纺织股份公司实习。同学们到公司后了解到:在经营管理上,该公司各项数据的统计、传递制度比较完善,成本核算的基础较好。在成本核算上,该公司生产的甲产品经过三个基本生产车间连续加工制成,第一车间生产完工的 A 半成品不经过仓库收发,直接转入第二车间加工制成 B 半成品,B 半成品通过仓库收发入库,第三车间向半成品仓库领用 B 半成品继续加工成甲产品。其中,1 件甲产品耗用 1 件 B 半成品,1 件 B 半成品耗用 1 件 A 半成品。同时,生产甲产品所需的原材料于第一车间生产开始时一次投入,第二、第三车间不再投入材料。此外,该公司由于生产比较均衡,各基本生产车间的月末在产品完工率均为 50%。

【考核要求】

甲产品成本核算到底采用品种法核算还是采用分步法核算?其成本结转到底是采用逐步结转还是平行结转?能采用相同的方法计算成本吗?计算这些产品成本应考虑哪些因素?

■ 技能应用

约当产量法的应用

某企业甲产品由第一车间和第二车间进行生产,采用平行结转分步法计算产品成本。直接材料于生产开始时一次投入,各步骤月末在产品完工程度均为 40%,生产费用采用约当产量法在完工产品与在产品之间进行分配。相关资料分别见表 7—16、表 7—17、表 7—18 和表 7—19。

表 7—16　　**各车间产量记录**　　单位:件

项　目	第一车间	第二车间
月初在产品	80	20
本月投入	400	440
本月完工	440	400
月末在产品	40	60

表 7—17　　第一车间成本计算单　　单位:元

项　目	直接材料	直接人工	制造费用	合　计
月初在产品成本	2 800	580	1 008	4 388
本月发生费用	8 000	1 800	2 800	12 600
费用分配率				
计入产成品成本份额				
月末在产品成本				

表 7—18　　第二车间成本计算单　　单位:元

项　目	直接材料	直接人工	制造费用	合　计
月初在产品成本	—	4 160	1 520	5 680
本月发生费用	—	12 800	11 200	24 000
费用分配率				
计入产成品成本份额	—			
月末在产品成本	—			

表 7—19　　产品成本汇总计算表　　单位:元

项　目	直接材料	直接人工	制造费用	合　计
第一车间				
第二车间	—			
合　计				

【技能要求】

(1)计算第一车间约当总产量(按直接材料、直接人工、制造费用分别计算),并把表 7—17 填写完整。

(2)计算第二车间的约当总产量,并把表 7—18 填写完整。

(3)把表 7—19 填写完整,并计算单位产品成本。

■ 案例分析

【分析情境】

盛大企业的成本核算

盛大企业下设一个基本生产车间。该车间分两个生产步骤大量大批地生产 A 产品,其中,第一生产步骤生产完的半成品直接转入第二生产步骤继续加工成 A 产品。

【情境思考】

(1)该企业属于哪种生产类型?

(2)若该企业管理上要求分步计算产品成本,请问该企业应选择哪种产品成本核算方法?

(3)若该企业管理上要求分别计算产品成本,请问成本计算对象如何确定?生产成本明细账如何设置?

项目实训

【实训项目】

产品成本核算的分步法

【实训目的】

通过实训，根据下列不同资料，采用分步法，完成完工产成品成本和期末在产品成本的计算。

【实训情境】

某企业生产甲产品，经过三个生产步骤，原材料在开始生产时一次投入，月末在产品按约当产量法计算。其他有关资料分别见表7—20和表7—21。

表7—20　　**产量资料**　　单位：件

项　目	第一步骤	第二步骤	第三步骤
月初在产品数量	40	60	80
本月投产数量	80	100	130
本月完工产品数量	100	130	160
月末在产品数量	20	30	50
在产品完工程度	50%	50%	60%

表7—21　　**生产费用资料**　　单位：元

成本项目	月初在产品			本月发生费用		
	第一步骤	第二步骤	第三步骤	第一步骤	第二步骤	第三步骤
直接材料	1 800	2 500	5 291	24 000	—	—
燃料及动力	600	915	1 250	9 300	3 000	5 400
直接人工	1 000	1 125	1 360	7 910	2 500	3 200
制造费用	700	875	1 130	4 250	1 300	2 100
合　计	4 100	5 415	9 031	45 460	6 800	10 700

【实训任务】

(1)采用综合逐步结转分步法计算产品成本，填列表7—22、表7—23和表7—24。

表7—22　　**第一步骤产品成本计算单**　　单位：元

项　目	直接材料	燃料及动力	直接人工	制造费用	合　计
月初在产品					
本月发生费用					
合　计					

续表

项目		直接材料	燃料及动力	直接人工	制造费用	合计
产量（件）	完工半成品产量					—
	在产品约当产量					—
	合计					—
单位成本						
转出半成品成本						
月末在产品成本						

表 7—23　　第二步骤产品成本计算单　　单位：元

项目		直接材料	燃料及动力	直接人工	制造费用	合计
月初在产品						
本月发生费用						
合计						
产量（件）	完工半成品产量					—
	在产品约当产量					—
	合计					—
单位成本						
转出半成品成本						
月末在产品成本						

表 7—24　　第三步骤产品成本计算单　　单位：元

项目		直接材料	燃料及动力	直接人工	制造费用	合计
月初在产品						
本月发生费用						
合计						
产量（件）	完工半成品产量					—
	在产品约当产量					—
	合计					—
单位成本						
转出半成品成本						
月末在产品成本						

(2)按照项目结构率方法和还原分配率方法进行成本还原，填列表 7—25 和表 7—26。

表 7－25　　**产品成本还原表(项目结构率方法)**

产量:160　　单位:元

	成本项目	还原前	本月半成品	还原分配率(%)	半成品还原	还原后总成本
按第二步骤半成品成本结构进行还原	直接材料	—	—	—		
	半成品				—	—
	燃料及动力					
	直接人工					
	制造费用					
	合　计					
按第一步骤半成品成本结构进行还原	直接材料	—				
	半成品		—	—	—	—
	燃料及动力					
	直接人工					
	制造费用					
	合　计					

表 7－26　　**产品成本还原表(还原分配率方法)**

产量:160　　单位:元

	成本项目	还原前	本月半成品	还原分配率(%)	半成品还原	还原后总成本
按第二步骤半成品成本结构进行还原	直接材料	—	—			
	半成品				—	—
	燃料及动力					
	直接人工					
	制造费用					
	合　计					
按第一步骤半成品成本结构进行还原	直接材料	—				
	半成品		—		—	—
	燃料及动力					
	直接人工					
	制造费用					
	合计					

(3)撰写“产品成本核算的分步法”实训报告(见表 7－27)。

表 7—27 **"产品成本核算的分步法"实训报告**

项目实训班级：	项目小组：	项目组成员：
实训时间： 年 月 日	实训地点：	实训成绩：
实训目的：		
实训步骤：		
实训结果：		
实训感言：		
不足与今后改进：		
项目组长评定签字： 项目指导教师评定签字：		

项目八

产品成本核算的辅助方法

○ **知识目标**

理解:分类法和定额法的概念、特点;

熟知:分类法和定额法的适用范围;

掌握:分类法和定额法的计算程序及实际应用。

○ **技能目标**

能够初步地掌握分类法和定额法的计算程序,定额法下各种差异的计算方法。

○ **素质目标**

运用所学的分类法和定额法知识研究相关案例,培养和提高学生在特定业务情境中分析问题与决策设计的能力;结合行业规范或标准,运用成本会计知识,分析行为的善恶,强化学生的职业道德素养。

○ **思政目标**

能够正确理解“不忘初心”的核心要义和精神实质;树立正确的世界观、人生观和价值观,做到学思用贯通、知信行统一;通过学习分类法和定额法知识,学会在业务核算处理中采用正确的方法进行成本核算,提升成本会计人员最基本的业务素养和职业能力。

○ **项目引例**

华夏公司的成本核算方法改进

华夏公司是一家生产实木地板的企业,生产车间生产的产成品品种、规格繁多。

按照生产经营的特点,公司采用分步法计算产品成本。公司在具体的工作中按照产品的品种、规格归集生产费用,计算产品成本,成本核算的工作极为繁重。

请分析:根据生产特点,采用分步法是否合理?

引例解析

○ **知识精讲**

任务一　分类法

一、分类法的概念和特点

(一)分类法的概念

某些企业的生产产品种类、规格繁多,如果按照产品的品种、规格归集生产成本,计算各种产品的成本,则其计算工作量十分繁重。为减轻核算工作量,对于可按一定标准分类的生产企业,可采用分类法计算产品成本。分类法是以产品类别为成本计算对象,归集生产费用,先计算出各类完工产品总成本,然后再按一定的标准计算类内每一种产品成本的方法。分类法与品种法关系密切,可以被认为是品种法的扩展。

（二）**分类法的特点**

（1）分类法是以产品的类别为成本计算对象，开设生产成本明细账，归集该类产品的生产费用。每种产品发生的费用直接计入其所属类别后再采用一定的分配标准在所属类别内进行分配，最后计算出此种产品的成本。

（2）分类法的成本计算期要根据成本管理要求和产品生产类型进行确定，如果是小批生产，配合分批法使用，产品成本计算期就可以不固定；如果是大量生产类型，则需要配合品种法或分步法进行成本计算，产品成本计算期固定。

（3）如果月末存在未完工产品，需要采用约当产量法、定额成本法或定额比例法等分配方法将生产费用在完工产品与月末在产品之间进行分配。

二、分类法的适用范围

分类法适用于企业所生产产品的品种或规格繁多并且可以对企业的产品进行适当分类的企业，具体包括以下类型：

（1）用同样的原材料、经过同样的工艺过程生产出来的不同规格的产品，如制鞋厂生产不同尺寸的鞋。

（2）几种主要产品是用同一种原材料进行加工而同时制造，即联产品，如石油冶炼行业投入原油，加工出润滑油、机油、汽油、柴油、沥青等。

（3）生产主要产品的生产过程中附带生产的非主要产品即副产品，如食用油厂在油脂精炼后的副产品即油脚、皂脚等。将主副产品归为一类作为成本计算对象，然后将副产品成本按有关方法确定后从总成本中扣除，余额即为主产品成本。

三、分类法的成本核算程序

（1）根据产品所用原材料和工艺技术过程的不同，将产品划分为若干类，按照产品类别开设成本明细账，按类归集产品的生产费用，计算各类产品的成本。

（2）选择合理的标准，将每类产品的成本在类内各种产品之间进行分配，计算每类产品内各种产品的成本。

企业按类别计算出各类产品的总成本后，需要将每类产品总成本在类内各种产品之间进行分配，从而计算出各种完工产品的成本。在这里，分配标准的选择是非常重要的。分配标准应选择与产品成本高低有着直接联系的项目。各成本项目可采用同一分配标准，也可采用不同的分配标准。通常采用的分配标准有定额消耗量、定额成本、计划成本、产品售价、产品的重量或体积等。类内产品成本的计算在一般情况下是采用系数法、按定额成本计价法或按定额比例法计算。

企业采用分类法时，一般是将类内产品的分配标准折合为系数，按系数分配计算类内各种产品成本。确定系数的具体做法是，在同类产品中选择一种产量大、生产稳定或规格折中的产品作为标准产品，把这种产品的分配标准系数确定为1，以其他产品的单位产品的分配标准数据与标准产品相比，求出的比例即为其他产品的系数。系数确定后，把各种产品的实际产量乘上系数，换算成标准产品产量，或称为总系数，再按各种产品总系数比例分配计算类内各种产品成本。分配计算类内各种产品成本时，既可以按综合系数分配，也可以分成本项目采用单项系数分配。

定额比例法是在计算出类内产品的总成本后按类内各种产品的定额比例进行分配，从而计算出类内每一种产品成本的一种方法。这种方法一般适用于定额比较健全、稳定的企业。具体计算时，材料费用可采用材料的定额耗用量的比例进行分配，加工费用可采用定额工时的比例进行分配。

系数分配法的有关计算公式如下：

某产品系数＝该产品售价(或定额消耗量、体积)÷标准产品售价(或定额消耗量、体积)

某种产品总系数(标准产量)＝该产品实际产量×该产品的系数

费用分配率＝应分配成本总额÷类内各种产品系数之和

某种产品应负担费用＝该产品系数×费用分配率

【做中学 8—1】 大华工厂为大量、大批、单步骤小型生产企业，设有一个基本生产车间，大量生产 5 种规格不同的电子元件，根据产品结构特点和耗用的原材料及工艺技术过程的不同，可以将这五种产品划为一类(甲类)，甲类产品包括 101、102、103、104、105 五种不同规格的产品。该厂根据产品生产特点和成本管理要求，可先采用品种法的基本原理计算出甲类产品本月完工产品的实际总成本，然后采用系数分配法将本类产品的总成本分配于类内各种规格的产品中。本月生产地甲类产品的成本已经按照品种法的基本原理进行归集和分配，甲类产品的成本计算单见表 8—1。本类产品的生产费用在本月完工产品与月末在产品之间的分配采用定额比例法。甲类产品中各种产品的消耗定额见表 8—2。

要求：计算甲类产品中各种产品的成本。

表 8—1　　**大华工厂产品成本计算单**

产品：甲类　　2021 年 6 月　　单位：元

项　目	直接材料	直接人工	制造费用	合　计
月初在产品成本	24 000	4 800	3 600	32 400
本月生产费用	120 000	36 000	26 400	182 400
生产费用合计	144 000	40 800	30 000	214 800
本月完工产品总成本	120 000	38 250	28 050	186 300
月末在产品成本	24 000	2 550	1 950	28 500

表 8—2　　**大华工厂甲类产品的材料和工时消耗定额**

产品：甲类　　2021 年度　　使用编号：01

产品名称	材料消耗定额	工时消耗定额
101 产品	3.60	0.84
102 产品	3.30	0.72
103 产品	3.00	0.60
104 产品	2.40	0.54
105 产品	2.10	0.48

分析：

1. 选定标准产品

大华工厂甲类产品中，103 号产品生产比较稳定、产量较大、规格比较适中，故选择 103 号产品为标准产品。

2. 确定各类产品系数

大华工厂甲类产品中，直接材料费用按材料消耗定额比例进行分配，直接人工和制造费用按工时消耗定额确定系数，类内产品系数的计算如表 8—3 所示。

表 8—3　**大华工厂甲类产品系数计算表**

产品：甲类　2021 年度　使用编号：01

产品名称	材料消耗定额	系　数	工时消耗定额	系　数
101 产品	3.60	1.2	0.84	1.4
102 产品	3.30	1.1	0.72	1.2
103 产品	3.00	1.0	0.60	1.0
104 产品	2.40	0.8	0.54	0.9
105 产品	2.10	0.7	0.48	0.8

3. 计算各类产品本月总系数

生产成本在类内各种产品之间分配，分配标准是总系数(标准产量)。根据表 8—3 所列各种产品的系数和本月各种产品产量资料，编制"大华工厂产品总系数计算表"，如表 8—4 所示。

表 8—4　**大华工厂产品总系数计算表**

产品名称	产品产量	材　料		工　时	
		系数	总系数	系数	总系数
101 产品	500	1.2	600	1.4	700
102 产品	400	1.1	440	1.2	480
103 产品	2 140	1.0	2 140	1.0	2 140
104 产品	500	0.8	400	0.9	450
105 产品	600	0.7	420	0.8	480
合　计			4 000		4 250

4. 计算各种产品的总成本和单位成本

(1)根据表 8—1 所列甲类产品本月完工产品总成本以及表 8—4 所列各种产品总系数，可以计算出各成本项目的费用分配率。

直接材料费用分配率＝120 000÷4 000＝30

直接人工费用分配率＝38 250÷4 250＝9

制造费用分配率＝28 050÷4 250＝6.6

(2)根据各种产品的总系数和费用分配率，编制"大华工厂产品成本计算表"(见表 8—5)，计算各种产品的总成本和单位成本。

表 8—5　**大华工厂产品成本计算表**

产品：甲类产品　2021 年 6 月　单位：元

产品名称	产品产量	材料总系数	直接材料分配金额	工时总系数	直接人工分配金额	制造费用分配金额	产成品总成本	单位成本
分配率			30		9	6.6		
101	500	600	18 000	700	6 300	4 620	28 920	57.84
102	400	440	13 200	480	4 320	3 168	20 688	51.72
103	2 140	2140	64 200	2 140	19 260	14 124	97 584	45.60

续表

产品名称	产品产量	材料总系数	直接材料分配金额	工时总系数	直接人工分配金额	制造费用分配金额	产成品总成本	单位成本
104	500	400	12 000	450	4 050	2 970	19 020	38.04
105	600	420	12 600	480	4 320	3 168	20 088	33.48
合　计		4 000	120 000	4 250	38 250	28 050	186 300	

(3)根据上述产品成本计算资料，编制结转本月完工入库产品成本的会计分录。

借:库存商品——101 产品　　28 920
　　　　　——102 产品　　20 688
　　　　　——103 产品　　97 584
　　　　　——104 产品　　19 020
　　　　　——105 产品　　20 088
　贷:生产成本——基本生产成本——甲类产品　　186 300

任务二　定额法

在分类法下，生产费用的日常核算是按照生产费用的实际发生额进行的，产品的实际成本也是根据实际生产费用计算的。生产费用和脱离定额的差异及其发生的原因，只有在月末通过实际资料与定额资料的对比、分析才能得到反映，不能在费用发生时就能得到反映，这样，不利于更好地加强定额管理和成本控制，更有效地发挥成本核算对于节约生产费用、降低产品成本的作用。产品成本计算的定额法(也称定额成本法)，就是为了及时反映和监督生产费用和产品脱离定额的差异，加强成本管理和成本控制而采用的一种成本计算方法。

一、定额法的概念和特点

(一)定额法的概念

动漫视频

定额法

产品成本计算的定额法，是指以产品定额成本为基础，加上(或减去)脱离定额的差异、材料成本差异和定额变动差异，来计算产品实际生产成本的方法。采用定额法计算产品成本，可以及时地反映和监督产品成本脱离定额成本的状况，为加强定额管理提供了相关信息。

定额法完工产品实际成本的计算公式为：

完工产品实际成本＝完工产品定额成本±脱离定额成本差异±材料成本差异±定额变动差异

式中，

(1)完工产品定额成本是根据企业现行材料消耗定额、工时定额、费用定额及其他有关资料计算的一种目标成本。产品定额成本的制定过程也是对产品成本事前控制的过程。定额成本是计算实际产品成本的基础，也是企业对生产费用进行事中和事后分析的依据。

(2)脱离定额成本差异是指产品生产过程中各项费用(实际费用)脱离现行定额的差异。脱离定额差异反映了企业各项生产费用支出的合理程度以及执行现行定额的质量。

(3)材料成本差异也是产品生产费用脱离定额的一部分。采用定额法计算产品成本的企业，原材料日常核算是按计划成本进行的，所以，原材料项目的脱离定额差异，仅指消耗数量的差异(量差)，其金额为原材料消耗数量差异与其计划单位成本的乘积，不包括材料成本差异(价差)。因此，企业应当单独计算产品成本应负担的材料成本差异，其金额为按计划单位成本和材料实际消耗量计算的材料总成本与材料成本差异率的乘积。

(4)定额变动差异是指由于修订定额而产生的新旧定额之间的差异，它反映的是定额自身变动的结果，与生产费用支出的节约和超支无关。新定额的执行一般从月初开始，这样，当月投入的生产费用在计算其脱离定额差异时一般都按新标准执行，但月初在产品一般是按旧定额计算的，所以，月初在产品的生产费用和本月发生的生产费用就产生了与定额标准不一致的现象。为了调整月初在产品定额成本，企业必须先计算月初在产品的定额变动差异。定额变动差异主要是指月初在产品账面定额成本与按新定额计算定额成本之间的差异。

(二)定额法的特点

1. 事前制定产品定额成本

定额法以产品定额成本为基础计算产品实际成本。企业采用定额法时必须事前制定产品的各项消耗定额和费用定额，并以现行消耗定额和费用定额为依据，制定产品的定额成本，作为降低产品成本、控制费用支出的目标。

2. 分别核算符合定额的费用和脱离定额的差异

企业采用定额法计算产品成本，在生产费用发生时，就应当将符合定额的费用和脱离定额的差异分别核算，及时揭示实际生产费用脱离定额的差异，以加强生产费用和产品成本的日常核算、分析和控制。

3. 以定额成本为基础加减各种定额差异求得实际成本

定额法是一种成本计算和成本管理相结合的方法。作为成本计算方法，它应当计算出产品的实际成本。在定额法下，本月完工产品的实际成本是以本月完工产品定额成本为基础，加上或减去本月完工产品应负担的脱离定额差异、材料成本差异、定额变动差异等后计算得出的。

二、定额法的适用范围

定额法不是成本计算的基本方法，它是为了加强成本管理、进行成本控制而采用的一种成本计算与成本管理相结合的方法，与企业生产类型没有直接联系。定额法最早应用于大量大批生产的机械制造企业，后来逐渐扩大到具备上述条件的其他企业。只要企业定额管理制度比较健全，定额管理基础工作较好，产品生产已经定型，各项消耗定额比较准确、稳定，都可以采用定额法。

三、定额法的成本计算程序

(一)制定产品定额成本

定额成本，是指根据企业现行材料消耗定额、工时定额、费用定额以及其他有关资料计算出来的一种成本控制目标。产品定额成本的制定过程是产品成本的事前控制过程。定额成本是计算产品实际成本的基础，也是企业对生产费用进行事中控制和事后分析的依据。

企业采用定额法计算产品成本，应当根据其现行消耗定额和费用定额，按照企业确定的成本项目，分产品品种(企业确定的成本核算对象)分别制定产品定额成本，编制产品定额成本表。为了便于进行成本分析和考核，定额成本采用的成本项目和计算方法应当与计划成本、实际成本采用的成本项目和计算方法一致。企业制定定额成本依据的现行定额，是指企业从月初起施行的定额。在有定额变动的月份，企业应当根据变动以后的定额，调整月初在产品的定额成本，计算定额变动差异。

企业制定的定额成本和计划成本都是成本控制的目标。定额成本和计划成本的制定过程都是对产品成本进行事前控制的过程，但定额成本和计划成本有不同之处。定额成本是根据企业现行消耗定额制定的，随着生产技术的进步和劳动生产率的提高，消耗定额必须不断修订，定额成本在年度内有可能因企业消耗定额的修订而变动。计划成本是根据企业计划期(通常为年度)内的平均消耗定额制定的，在计划期(年度)内，计划成本通常是不变的。定额成本是计算产品实际成本的基础，是生产费用日常(事中)控制的依据。计划成本是企业计划年度内成本控制的目标，是考核和分析企业成本计划完成与否的依据。

产品的定额成本一般由企业的财会部门会同计划、技术、生产等部门共同制定。由于不同企业的产品生产工艺不同，产品定额成本的制定程序也不尽相同。例如，机械制造企业的产品一般由许多零件、部件组成，如果产品的零件、部件不多，一般可以先计算各种零件、部件的定额成本，最后汇总计算产成品的定额成本；如果产品的零件、部件比较多，为了简化成本计算工作，可以根据记录各种零件原材料的消耗定额和工时定额的“零件定额卡”，以及原材料计划单价、计划人工费用率和计划制造费用率，计算各部件的定额成本，再汇总计算产成品的定额成本，或者根据“零件定额卡”“部件定额卡”，直接计算产品定额成本。

产品定额成本是根据现行定额计算确定的。现行定额(包括材料消耗定额、工时消耗定额和费用定额等)修订以后，定额成本也应随之修订。月初，产品定额成本修订以后，当月投产的产品应当按照新的定额成本计算；而月初在产品的定额成本是按照上月定额计算的，为了统一以新的定额成本为基础，企业必须将月初在产品成本按新的定额成本进行调整。

定额变动差异，是指由于修订定额而产生的新旧定额之间的差异，它是定额自身变动的结果，与生产费用支出的节约和超支无关。企业年度内修订定额一般在月初进行，在有定额变动的月份，本月投入产品的定额成本是按新定额成本计算的，只有月初在产品的定额成本是按旧定额计算的。因此，定额变动差异是月初在产品账面定额成本与其按新定额计算的定额成本之间的差异。月初在产品定额变动差异是定额本身变动的结果，与生产费用的节约和浪费无关。但是，定额成本是计算产品实际成本的基础，月初在产品定额成本调低时，企业应将定额变动差异加入产品实际成本；反之，应从产品实际成本中扣除。

月初在产品定额变动差异，可以根据消耗定额发生变动的在产品盘存数量(或在产品台账的账面结存数量)和修订后的定额消耗量，计算出月初在产品新的定额消耗量和新的定额成本，再与修订前的月初在产品定额成本比较计算得出。这种计算要按照产品构成的零部件和工序进行，当构成产品的零部件种类较多时，计算工作量比较大。为了简化计算工作，企业一般可以根据各成本项目变动前后单位产品的定额成本，计算一个定额变动系数，再据以确定月初在产品定额变动差异。采用这种方法，定额变动系数和在产品定额变动差异的计算公式为：

$$\text{定额变动系数}=\text{本月执行的单位产品新定额费用}\div\text{上月单位产品定额费用(旧定额)}$$

$$\text{月初在产品定额变动差异}=\text{按旧定额计算的月初在产品成本}\times\left(1-\frac{\text{定额变动}}{\text{系数}}\right)$$

(二)核算脱离定额差异和材料成本差异

脱离定额差异，是指产品生产过程中实际发生的生产费用脱离现行定额的差异，反映了企业各项生产费用支出的合理程度和执行现行定额的工作质量。将符合定额的费用和脱离定额的差异分别核算，是定额法的重要特征。在生产费用发生时，企业应将实际生产费用区分为符合定额的费用和脱离定额的差异，分别编制定额凭证和差异凭证，在有关费用分配表和产品成本计算单中分别予以登记。产品定额成本应当按照企业规定的成本项目制定，脱离定额差异也应当按照成本项目分别核算。

1. 直接材料脱离定额差异

直接材料脱离定额差异包括材料耗用量差异(量差)和材料价格差异(价差)。在实际工作中，采用定额法计算产品成本的企业,原材料的日常核算是按计划成本计价来组织的。为了便于产品成本的分析和考核,企业应当单独计算产品成本应负担的材料成本差异(价差)。直接材料项目脱离定额差异仅指材料耗用量差异(量差),即生产过程中产品实际耗用材料数量与其定额耗用量之间的差异。其计算公式为:

$$直接材料脱离定额差异=\sum\left[\left(\begin{matrix}材料实际\\耗用量\end{matrix}-\begin{matrix}材料定额\\耗用量\end{matrix}\right)\times\begin{matrix}材料\\计划单价\end{matrix}\right]$$

为了计算产品的实际成本,企业应当分批或者定期汇总各种产品(各成本核算对象)直接材料脱离定额差异,编制直接材料定额成本和脱离定额差异汇总表,作为登记产品成本计算单的依据。在实际工作中,计算直接材料脱离定额差异一般有限额领料单法、切割法和盘存法等。

(1)限额领料单法。采用定额法计算产品成本时,为了加强材料费用的控制,企业应当实行"限额领料单"(定额领料)制度。符合定额的原材料应当根据"限额领料单"领用;增加产品产量而需要增加用料时,应当按照规定程序办理追加限额手续,属于定额内用料,可以根据"限额领料单"领用;减少产品产量时,应当扣减"限额领料单"上的领料限额。

除增加产品产量发生的增加用料以外,其他原因发生的超额用料,属于直接材料脱离定额差异,应当用专设的"超额材料领料单"(也可以用普通领料单以不同颜色或加盖专用戳记加以区别)等差异凭证,经过一定的审批手续领料。采用代用材料或利用废料时,企业应在"限额领料单"中注明,并在原定限额内扣除。生产任务完成后,企业应当根据车间余料填制"退料单",办理退料手续或假退料手续。"超额材料领料单"上的材料数额属于直接材料脱离定额的超支差异,"退料单"中所列材料数额和"限额领料单"中的材料余额都是直接材料脱离定额的节约差异。

(2)切割法。为了更好地控制用料差异,对于需要切割才能使用的材料,如板材、棒材等,可以通过"材料切割核算单"来计算直接材料脱离定额差异。"材料切割核算单"应当按切割材料的批别开立,填列切割材料的种类、数量、消耗定额以及应切割的毛坯数量;切割完成后,再填写实际切割成的毛坯数量和材料的实际消耗量等。企业根据切割的毛坯数量和消耗定额,计算出材料的定额耗用量后,可以与实际耗用量相比较,确定脱离定额差异。

【做中学 8—2】 友谊工厂通过"材料切割核算单"计算材料脱离定额差异,甲产品耗用 2 号钢板脱离定额差异的计算见表 8—6。计算结果表明,2 号钢板脱离定额差异为超支 96 元,扣除废料回收以后,实际超支 93.8 元(96—2.2)。

表 8—6　　**友谊工厂材料切割核算单**

切割日期:2021 年 11 月 8 日　　完工日期:2021 年 11 月 16 日　　单位:元

材料编号和名称	计量单位	零件编号和名称	产品名称	图纸号	机床号	切割责任人	
C002-2 号钢板	千克	HCL002 甲 72	甲产品	2013060	6150	金细	
材料收发数量		单位消耗定额		材料消耗总量		应切割毛坯数量	
发出	退回	材料定额	废料回收	定额	实际	定额	实际
380	10.4	4.8	0.1	360	369.6	77	75
材料脱离定额差异			废料回收总量		废料脱离定额差异		
数量	单价	金额	定额	实际	数量	单价	金额
9.6	10	96	7.5	8.6	1.1	2	—2.2
差异原因分析	切割责任人金细个人技术问题						

(3)盘存法。盘存法就是通过定期盘存的方法来核算直接材料脱离定额差异。根据企业生产

特点，定期的“期”可以是工作班、工作日，或者周、旬等。

材料脱离定额差异是材料实际消耗量与定额消耗量的差异。材料实际消耗量是被本期投产产品消耗的，定额消耗量也应当按本期投产产品的数量来计算。因此，盘存法核算直接材料脱离定额差异的程序是：先根据“产品入库单”等凭证记录的完工产品数量和实地盘存（或账面结存）确定的期末、期初在产品数量，计算出本期投产产品数量；然后，用本期投产产品数量乘以单位产品材料消耗定额，计算出材料定额消耗总量；再根据“限额领料单”“超额材料领料单”“退料单”等领、退料凭证和车间余料盘存数量，计算出本期材料实际消耗量；最后，将本期材料实际消耗量与定额消耗量的差异，乘以材料计划单价，计算出直接材料脱离定额差异。这种方法一般适用于原材料在生产开始时一次投入的产品。其计算公式为：

$$本期投产产品数量=本期完工产品数量+期末盘存在产品数量-期初盘存在产品数量$$

$$直接材料脱离定额差异=\left(\begin{matrix}本期材料\\实际消耗量\end{matrix}-本期投产产品数量\times\begin{matrix}单位产品材料\\消耗定额\end{matrix}\right)\times 材料计划单价$$

【做中学 8－3】 友谊工厂生产的丙产品原材料（2 号钢板）在生产开始时一次投入，单位产品 2 号钢板消耗定额为 20 千克，2 号钢板计划单位成本为 10 元。丙产品实地盘点确定的期初在产品为 20 件，期末在产品为 25 件；“产品交库单”汇总的本期完工入库产品为 515 件。根据“限额领料单”记录，本期丙产品领用 2 号钢板为 11 000 千克；根据车间材料盘存资料，2 号钢板期初余料为 40 千克，期末余料为 50 千克。采用盘存法计算本期丙产品耗用 2 号钢板脱离定额的差异。

本期丙产品投产量＝515＋25－20＝520（件）

本期 2 号钢板定额消耗量＝520×20＝10 400（千克）

本期 2 号钢板实际消耗量＝11 000＋40－50＝10 990（千克）

本期材料脱离定额差异＝（10 990－10 400）×10＝590×10＝5 900（元）

计算结果表明，丙产品的材料脱离定额差异为超支 590 千克，超支 5 900 元。

2. 材料成本差异

在采用定额法计算产品成本的企业，原材料的日常核算是按计划成本组织的，所以直接材料项目的脱离定额差异仅指消耗数量的差异（量差），其金额为原材料消耗数量差异与其计划单位成本的乘积，不包括材料成本差异（价差）。产品成本应负担的材料成本差异的金额是该产品按计划单位成本和材料实际消耗量计算的材料总成本与材料成本差异率的乘积。其计算公式为：

$$某产品应分配的材料成本差异额=\left(\begin{matrix}该产品材料\\定额成本\end{matrix}\pm\begin{matrix}材料脱离\\定额差异\end{matrix}\right)\times 材料成本差异率$$

3. 直接人工脱离定额差异

在计件工资制下，直接人工为直接计入费用，一般没有脱离定额差异。由于工作条件变化而在计件单价之外支付的工资、津贴、补贴等，企业应当将符合定额的职工薪酬反映在产量记录中，对直接人工脱离定额差异设置“职工薪酬补付单”等凭证，单独反映并办理一定的审批手续。在计时工资制下，直接人工为间接计入费用，其脱离定额的差异不能在平时分产品（成本核算对象）计算，只有在月末确定本月实际直接人工费用总额和产品生产总工时以后才能计算。其计算公式为：

$$计划小时人工费用率=\frac{计划产量的定额直接人工费用}{计划产量的定额生产工时}$$

$$实际小时人工费用率=\frac{实际直接人工费用总额}{实际生产总工时}$$

$$某产品定额直接人工费用=该产品实际完成的定额生产工时\times 计划小时人工费用率$$

$$某产品实际直接人工费用=该产品实际生产工时\times 实际小时人工费用率$$

$$某产品直接人工脱离定额差异=该产品实际直接人工费用-该产品定额直接人工费用$$

4. 制造费用脱离定额差异

制造费用是生产单位为生产产品和提供劳务所发生的间接费用，在生产多种产品的企业(生产单位)属于间接计入费用。制造费用脱离定额差异不能在平时分产品(成本核算对象)计算，只有在月末确定实际制造费用总额和产品生产总工时以后才能确定。其计算公式为：

$$计划小时制造费用率=\frac{计划产量的定额制造费用}{计划产量的定额生产工时}$$

$$实际小时制造费用率=\frac{实际制造费用总额}{实际生产总工时}$$

$$某产品定额制造费用=该产品实际完成的定额生产工时\times计划小时制造费用率$$

$$某产品实际制造费用=该产品实际生产工时\times实际小时制造费用率$$

$$某产品制造费用脱离定额差异=该产品实际制造费用-该产品定额制造费用$$

(三)在本月完工产品和月末在产品之间分配脱离定额差异

月末，企业应将上月结转和本月发生的脱离定额差异、材料成本差异和定额变动差异分别汇总，按照企业确定的分配方法，在本月完工产品和月末在产品之间进行分配。在实际工作中，为了简化成本核算工作，材料成本差异和定额变动差异一般全部由本月完工产品负担，脱离定额差异可以按照本月完工产品和月末在产品定额总成本的比例进行分配。其计算公式为：

$$直接材料脱离定额差异分配率=\frac{直接材料脱离定额差异总额}{本月完工产品定额总成本+月末在产品定额总成本}$$

直接人工和制造费用脱离定额差异分配率的计算公式与直接材料的相同。

$$完工产品应分配的脱离定额差异=完工产品定额总成本\times脱离定额差异分配率$$

(四)计算本月完工产品的实际总成本和单位成本

企业在计算本月完工产品应负担的脱离定额差异以后，以本月完工产品的定额成本为基础，加上或减去各项定额差异，可以计算出本月完工产品的实际总成本。本月完工产品的实际总成本除以完工产品的实际总产量，即为本月完工产品的单位成本。

四、定额法举例

【做中学 8-4】 天海工厂生产甲、乙、丙三种产品，采用定额法计算产品成本。甲产品定额成本根据零件定额卡、部件定额卡直接计算。2021 年 11 月，甲产品有关零件定额卡见表 8-7，部件定额卡见表 8-8，产品消耗定额计算表见表 8-9；本月三种产品计划完成定额工时为 358 000 小时，产品生产工人计划薪酬总额为 2 864 000 元，计划制造费用总额为 716 000 元。根据有关消耗定额和计划小时费用分配率制定的单位产品定额成本计算表见表 8-10。甲产品本月投产 300 件，本月投入产品定额成本的计算见表 8-11；甲产品本月完工交库 320 件，本月完工产品定额成本的计算见表 8-12。

表 8-7　　天海工厂零件定额卡

零件编号：HCL002　　2021 年 11 月使用　　零件名称：甲 72

材料编号	材料名称	计量单位	材料消耗定额
C001	1 号钢板	千克	3.6
C002	2 号钢板	千克	4.8
工序	工时定额		累计工时定额

续表

材料编号	材料名称	计量单位	材料消耗定额
1	1		1
2	2		3
3	3		6

表 8—8　　**天海工厂部件定额卡**

部件编号:HCB001　　部件名称:甲 5　　2021 年 11 月使用　　单位:元

工序或耗用零件名称	零件定额								耗用零件数量(件)	部件定额	
	1 号钢板			2 号钢板			材料合计	工时定额(小时)		材料定额	工时定额(小时)
	数量(千克)	计划单价	金额	数量(千克)	计划单价	金额					
HCL 甲 72	3.6	5	18	4.8	10	48	66	6	4	264	24
HCL 甲 73	6	5	30	5	10	50	80	9	1	80	9
HCL 甲 74	8	5	40	5.8	10	58	98	4.5	2	196	9
组装											18
合　计										540	60

表 8—9　　**天海工厂产品消耗定额计算表**

产品名称:甲产品　　2021 年 11 月使用　　单位:元

工序或耗用部件编号和名称	部件定额		耗用部件数量(件)	产品定额	
	材料定额	工时定额(小时)		材料定额	工时定额(小时)
HCB001 甲 5	540	60	2	1 080	120
HCB002 甲 6	300	40	4	1 200	160
HCB003 甲 7	210	55	2	420	110
装　配					150
合　计				2 700	540

表 8—10　　**天海工厂单位产品定额成本计算表**

2021 年 11 月使用　　单位:元

产品名称	直接材料定额成本	工时消耗定额(小时)	直接人工定额成本		制造费用定额成本		定额成本合计
			计划小时人工费用率	定额成本	计划小时制造费用率	定额成本	
甲产品	2 700	540	2 864 000÷358 000=8	4 320	716 000÷358 000=2	1 080	8 100
乙产品	2 600	200	2 864 000÷358 000=8	1 600	716 000÷358 000=2	400	4 600
丙产品	2 000	300	2 864 000÷358 000=8	2 400	716 000÷358 000=2	600	5 000

表 8—11 **天海工厂投产产品定额成本计算表**

2021 年 11 月 单位:元

产品	直接材料			实际完成定额工时(小时)	直接材料		制造费用	
	投产量(件)	单位定额	总定额		计划小时人工费用率	总定额	计划小时制造费用率	总定额
甲产品	300	2 700	810 000	167 400	8	1 339 200	2	334 800
乙产品	200	2 600	520 000	40 000	8	320 000	2	80 000
丙产品	520	2 000	1 040 000	156 000	8	1 248 000	2	312 000
合 计			2 370 000	363 400		2 907 200		726 800

表 8—12 **天海工厂完工产品定额成本计算表**

2021 年 11 月 单位:元

产品	单位产品定额				完工产品产量(件)	完工产品总定额			
	直接材料	直接人工	制造费用	合 计		直接材料	直接人工	制造费用	合 计
甲产品	2 700	4 320	1 080	8 100	320	864 000	1 382 400	345 600	2 592 000
乙产品	2 600	1 600	400	4 600	200	520 000	320 000	80 000	920 000
丙产品	2 000	2 400	600	5 000	520	1 040 000	1 248 000	312 000	2 600 000
合 计						2 424 000	2 950 400	737 600	6 112 000

【做中学 8—5】 天海工厂甲产品从 2021 年 11 月 1 日起实行的单位产品定额成本为 8 100 元,其中,直接材料 2 700 元、直接人工 4 320 元、制造费用 1 080 元;上月单位产品直接材料定额成本为 2 812.5 元。甲产品月初在产品按旧定额计算的直接材料费用为 140 625 元。根据资料,甲产品月初在产品定额变动差异计算如下:

定额变动系数=2 700÷2 812.5=0.96

月初在产品定额变动差异=140 625×(1—0.96)=5 625(元)

月初在产品定额成本调整的数额与计入产品实际成本的定额变动差异之和应当等于零。甲产品月初在产品定额成本调整减少 5 625 元,甲产品实际成本中应当加上定额变动差异 5 625 元。

【做中学 8—6】 天海工厂根据 2021 年 11 月产品实际投产量、单位产品材料定额成本和实际领用材料,汇总编制直接材料费用脱离定额差异计算表(见表 8—13)。

表 8—13 **天海工厂直接材料费用脱离定额差异计算表**

2021 年 11 月 单位:元

产品名称	实际投产量(件)	定额材料费用		实际材料费用	直接材料脱离定额差异
		单位定额	总定额		
甲产品	300	2 700	810 000	797 500	—12 500
乙产品	200	2 600	520 000	506 000	—14 000
丙产品	520	2 000	1 040 000	1 095 000	55 000
合 计			2 370 000	2 398 500	28 500

根据直接材料费用脱离定额差异计算表,编制会计分录如下:

借：生产成本——基本生产成本——甲产品（定额成本）　　810 000
　　　　　　——基本生产成本——乙产品（定额成本）　　520 000
　　　　　　——基本生产成本——丙产品（定额成本）　　1 040 000
　　　　　　——基本生产成本——丙产品（脱离定额差异）　　55 000
　贷：原材料　　2 398 500
　　生产成本——基本生产成本——甲产品（脱离定额差异）　　12 500
　　　　　　——基本生产成本——乙产品（脱离定额差异）　　14 000

【做中学 8－7】 天海工厂 2021 年 11 月材料成本差异率为节约 1.2%，根据【做中学 8－6】的材料，编制的材料成本差异计算表见表 8－14。

表 8－14　　**天海工厂材料成本差异计算表**

2021 年 11 月　　单位：元

产品名称	定额材料费用	脱离定额差异	实际材料费用	材料成本差异率（%）	材料成本差异
甲产品	810 000	－12 500	797 500		－9 570
乙产品	520 000	－14 000	506 000		－6 072
丙产品	1 040 000	55 000	1 095 000		－13 140
合　计	2 370 000	28 500	2 398 500	－1.2	－28 782

根据材料成本差异计算表，编制会计分录如下：

借：材料成本差异　　28 782
　贷：生产成本——基本生产成本——甲产品（材料成本差异）　　9 570
　　　　　　——基本生产成本——乙产品（材料成本差异）　　6 072
　　　　　　——基本生产成本——丙产品（材料成本差异）　　13 140

【做中学 8－8】 天海工厂 2021 年 11 月产品实际生产总工时为 364 000 小时，其中，甲产品为 166 000 小时，乙产品为 40 500 小时，丙产品为 157 500 小时；本月实际完成定额工时 363 400 小时，其中，甲产品为 167 400 小时，乙产品为 40 000 小时，丙产品为 156 000 小时；本月产品生产工人实际薪酬总额为 2 948 400 元。本月直接人工费用计划分配率为每小时 8 元，实际分配率为每小时 8.1 元（2 948 400÷364 000）。根据资料编制的直接人工费用脱离定额差异计算表见表 8－15。

表 8－15　　**天海工厂直接人工费用脱离定额差异计算表**

2021 年 11 月　　单位：元

产品名称	定额人工费用			实际人工费用			直接人工脱离定额差异
	定额工时（小时）	计划小时人工费用率	定额直接人工费用	实际工时（小时）	实际小时人工费用率	实际直接人工费用	
甲产品	167 400		1 339 200	166 000		1 344 600	5 400
乙产品	40 000		320 000	40 500		328 050	8 050
丙产品	156 000		1 248 000	157 500		1 275 750	27 750
合　计	363 400	8	2 907 200	364 000	8.1	2 948 400	41 200

根据直接人工费用脱离定额差异计算表，编制会计分录如下：

借：生产成本——基本生产成本——甲产品(定额成本)　1 339 200
　　——基本生产成本——甲产品(脱离定额差异)　5 400
　　——基本生产成本——乙产品(定额成本)　320 000
　　——基本生产成本——乙产品(脱离定额差异)　8 050
　　——基本生产成本——丙产品(定额成本)　1 248 000
　　——基本生产成本——丙产品(脱离定额差异)　27 750
　贷：应付职工薪酬　2 948 400

【做中学 8—9】 天海工厂 2021 年 11 月产品实际生产总工时为 364 000 小时，其中，甲产品为 166 000 小时，乙产品为 40 500 小时，丙产品为 157 500 小时；本月实际完成定额工时 363 400 小时，其中，甲产品为 167 400 小时，乙产品为 40 000 小时，丙产品为 156 000 小时；本月产品实际制造费用总额为 713 440 元。本月制造费用计划分配率为每小时 2 元，实际分配率为每小时 1.96 元(713 440÷364 000)。根据资料编制的制造费用脱离定额差异计算表，见表 8—16。

表 8—16　　天海工厂制造费用脱离定额差异计算表

2021 年 11 月　　单位：元

产品名称	定额制造费用			实际制造费用			制造费用脱离定额差异
	定额工时(小时)	计划小时制造费用率	定额制造费用	实际工时(小时)	实际小时制造费用率	实际制造费用	
甲产品	167 400		334 800	166 000		325 360	−9 440
乙产品	40 000		80 000	40 500		79 380	−620
丙产品	156 000		312 000	157 500		308 700	−3 300
合　计	363 400	2	726 800	364 000	1.96	713 440	−13 360

根据制造费用脱离定额差异计算表，编制会计分录如下：

借：生产成本——基本生产成本——甲产品(定额成本)　334 800
　　——基本生产成本——乙产品(定额成本)　80 000
　　——基本生产成本——丙产品(定额成本)　312 000
　贷：制造费用　713 440
　　生产成本——基本生产成本——甲产品(脱离定额差异)　9 440
　　——基本生产成本——乙产品(脱离定额差异)　620
　　——基本生产成本——丙产品(脱离定额差异)　3 300

【做中学 8—10】 天海工厂甲产品月初在产品为 50 件，2021 年 11 月投产 300 件，完工 320 件，月末在产品原材料已经全部投入。甲产品本月发生的各项生产费用见表 8—19 的产品成本计算单。为了简化计算工作，甲产品材料成本差异和定额变动差异全部由完工产品负担，脱离定额差异按照本月完工产品和月末在产品定额成本的比例进行分配，脱离定额差异分配率的计算见表 8—17，脱离定额差异的分配结果见表 8—18。

表 8—17　　天海工厂脱离定额差异分配率计算表

产品：甲产品　　2021 年 11 月

成本项目	脱离定额差异分配率
直接材料	[−730+(−12 500)]÷945 000=−0.014

续表

成本项目	脱离定额差异分配率
直接人工	(1 836＋5 400)÷1 447 200＝0.005
制造费用	[395＋(－9 440)]÷361 800＝－0.025

表 8－18　　**天海工厂脱离定额差异分配表**

产品:甲产品　　2021 年 11 月　　单位:元

项　目	分配脱离定额差异						材　料成本差异	定　额变动差异
	直接材料(分配率－0.014)		直接人工(分配率 0.005)		制造费用(分配率－0.025)			
	定额成本	分配金额	定额成本	分配金额	定额成本	分配金额		
完工产品	864 000	－12 096	1 382 400	6 912	345 600	－8 640	－9 570	5 625
在产品	81 000	－1 134	64 800	324	16 200	－405	0	0
合　计	945 000	－13 230	1 447 200	7 236	361 800	－9 045	－9 570	5 625

表 8－19　　**天海工厂产品成本计算单**

产品:甲产品　产量:320 件　　2021 年 11 月　　单位:元

项　目	行次	直接材料	直接人工	制造费用	合　计
一、月初在产品成本					
定额成本	1	140 625	108 000	27 000	275 625
脱离定额差异	2	－730	1 836	395	1 501
二、月初在产品定额调整					
定额成本调整	3	－5 625	0	0	－5 625
定额变动差异	4	5 625	0	0	5 625
三、本月发生生产费用					
定额成本	5	810 000	1 339 200	334 800	2 484 000
脱离定额差异	6	－12 500	5 400	－9 440	－16 540
材料成本差异	7	－9 570	0	0	－9 570
四、生产费用合计					
定额成本	8	945 000	1 447 200	361 800	2 754 000
脱离定额差异	9	－13 230	7 236	－9 045	－15 039
材料成本差异	10	－9 570	0	0	－9 570
定额变动差异	11	5 625	0	0	5 625
五、脱离定额差异分配率	12	－0.014	0.005	－0.025	
六、完工产品成本					
定额成本	13	864 000	1 382 400	345 600	2 592 000
脱离定额差异	14	－12 096	6 912	－8 640	－13 824

续表

项目	行次	直接材料	直接人工	制造费用	合计
材料成本差异	15	−9 570	0	0	−9 570
定额变动差异	16	5 625	0	0	5 625
实际总成本	17	847 959	1 389 312	336 960	2 574 231
实际单位成本	18	2 649.87	4 341.60	1 053	8 044.47
七、月末在产品					
定额成本	19	81 000	64 800	16 200	162 000
脱离定额差异	20	−1 134	324	−405	−1 215

【做中学 8—11】 天海工厂甲产品成本计算结果见表 8—19,2021 年 11 月投产的乙产品和丙产品已经全部完工,不需要在完工产品和月末在产品之间分配脱离定额差异。根据本月成本计算结果(乙产品和丙产品成本计算单请自行设计)编制的完工产品成本汇总表见表 8—20。

表 8—20 **天海工厂完工产品成本汇总表**

2021 年 11 月 单位:元

产品	产量(件)	定额成本	脱离定额差异				材料成本差异	定额变动差异	实际总成本	单位成本
			直接材料	直接人工	制造费用	小计				
甲产品	320	2 592 000	−12 096	6 912	−8 640	−13 824	−9 570	5 625	2 574 231	8 044.47
乙产品	200	920 000	−14 000	8 050	−620	−6 570	−6 072	0	907 358	4 536.79
丙产品	520	2 600 000	55 000	27 750	−3 300	79 450	−13 140	0	2 666 310	5 127.52
合计		6 112 000	28 904	42 712	−12 560	59 056	−28 782	5 625	6 147 899	

根据天海工厂产品成本计算结果,编制结转本月完工入库产品实际总成本,会计分录如下:

借:库存商品——甲产品 2 574 231
　生产成本——基本生产成本——甲产品(脱离定额差异) 13 824
　　　　——基本生产成本——甲产品(材料成本差异) 9 570
　贷:生产成本——基本生产成本——甲产品(定额成本) 2 592 000
　　　　　——基本生产成本——甲产品(定额变动差异) 5 625

借:库存商品——乙产品 907 358
　生产成本——基本生产成本——乙产品(脱离定额差异) 6 570
　　　　——基本生产成本——乙产品(材料成本差异) 6 072
　贷:生产成本——基本生产成本——乙产品(定额成本) 920 000

借:库存商品——丙产品 2 666 310
　生产成本——基本生产成本——丙产品(材料成本差异) 13 140
　贷:生产成本——基本生产成本——丙产品(定额成本) 2 600 000
　　　　　——基本生产成本——丙产品(脱离定额差异) 79 450

五、定额法的优、缺点

定额法是将产品成本的计划工作、核算工作和分析工作有机结合起来,将事前、事中、事后反映和监督融为一体的一种产品成本计算的方法和成本管理制度。

(一)定额法的优点

(1)通过对生产耗费及其脱离定额差异的日常核算,能够及时反映和监督各项耗费发生脱离定额的差异,从而有利于加强成本控制,及时、有效地促进生产耗费的节约,降低产品成本。

(2)由于产品实际成本是按照定额成本和各种差异分别核算的,因此便于对各项生产耗费和产品成本进行定期分析,有利于进一步挖掘降低产品成本的潜力。

(3)通过脱离定额差异和定额变动差异的核算,有利于提高成本的定额管理和计划管理的水平。

(4)由于存在现成的定额成本资料,因此能够较为合理、简便地解决完工产品与月末在产品之间的分配费用问题。

(二)定额法的缺点

计算产品成本的工作量较大,因为采用定额法必须制定定额成本,单独核算脱离定额差异,在定额变动时还必须修订定额成本,计算定额变动差异。

应知考核

一、单项选择题

1. 必须采用分类法计算成本的产品是(　　)。

A. 联产品　　B. 副产品　　C. 主产品　　D. 等级产品

2. 分类法的成本计算对象是(　　)。

A. 产品品种　　B. 产品类别　　C. 产品规格　　D. 产品加工步骤

3. 下列适合采用分类法计算产品成本的企业是(　　)。

A. 制鞋厂　　B. 小型水泥厂　　C. 造纸厂　　D. 精密仪器生产企业

4. 在计算类内各种产品成本时,分配标准应选择与产品成本高低有着直接联系的项目,通常采用的分配标准是(　　)。

A. 定额成本　　B. 约当产量　　C. 标准产量　　D. 固定成本

5. 采用分类法计算成本的缺点是(　　)。

A. 计算的结果比较准确　　B. 计算的结果有一定的假定性

C. 计算的工作量较小　　D. 计算的工作量较大

二、多项选择题

1. 分类法下对于类内产品成本的计算,一般可以采用的方法是(　　)。

A. 系数法　　B. 按定额成本计价法

C. 按定额比例法计算　　D. 分批法

2. 下列关于分类法的表述,正确的是(　　)。

A. 分类法是以产品的类别为成本计算对象

B. 分类法的成本计算期要根据成本管理要求和产品生产类型进行确定

C. 各成本项目可采用同一分配标准,也可采用不同的分配标准

D. 采用分类法时,一般是将类内产品的分配标准折合为系数,按系数分配计算类内各种产品成本

3. 定额法的特点有(　　)。

A. 事前制定产品的定额成本

B. 分别核算符合定额的费用和脱离定额的差异

C. 以定额成本为基础,加减各种成本差异求得实际成本

D. 与品种法关系密切,可以被认为是品种法的扩展

4. 采用定额法时,产品实际成本与定额成本的关系涉及的要素有(　　)。

A. 产品定额成本　　B. 脱离定额成本差异C. 材料成本差异　　D. 定额变动差异

5. 定额法的主要优点有(　　)。

A. 能够及时反映和监督各项耗费发生脱离定额的差异

B. 有利于提高成本的定额管理和计划管理的水平

C. 计算产品成本的工作量较大

D. 单独核算脱离定额差异

三、判断题

1. 采用分类法计算产品成本,不论选择什么作为分配标准,其产品成本的计算结果都有不同程度的假定性。(　　)

2. 由于分类法是为了简化成本核算工作而采用的方法,因此只要能简化成本核算,产品就可以随意进行分类。(　　)

3. 采用分类法计算产品成本,对类内产品成本的分配,各成本项目可采用相同的分配标准,也可采用不同的分配标准。(　　)

4. 分类法适用于产品品种、规格较多,并可按一定的标准进行分类的企业的成本计算,也是成本计算的一种基本方法。(　　)

5. 采用定额法必须制定定额成本,单独核算脱离定额差异。(　　)

应会考核

■ 观念应用

【背景资料】

江林木材加工厂应该采用什么方法分配成本

江林木材加工厂在加工圆木时会生产出一等品木材、二等品木材和三等品木材,另外还有副产品锯末和木片。2021 年 9 月份,该企业共加工出一等品木材 150 立方米、二等品木材 250 立方米、三等品木材 60 立方米,并产生副产品锯末和木片 10 立方米。上述产品总成本为 33 万元,其中,圆木成本 25 万元,加工成本 8 万元。但企业将上述产品按照市场上同类产品销售价格出售后,账上出现了奇怪的现象,即只有一等品木材盈利而且利润率很高,但二等品木材和三等品木材以及副产品却是亏损的,而且单位产品的亏损额逐渐加大。这是什么原因?原来是企业将总成本按各种产品的数量平均分配给各产品的结果,即成本分配方法所致。

【考核要求】

该加工厂应该采用什么方法分配成本才合理呢?

■ 技能应用

分类法的应用

某企业生产 A、B、C 三种产品,由于耗用的原材料和工艺过程基本相同,合并为一类(甲类)计算产品成本。本月生产 A 产品 500 件,B 产品 600 件,C 产品 100 件。公司规定原材料以 A 产品作为标准产品,按定额系数在三种产品之间分配,A 产品系数为 1,B 产品系数为 0.6,C 产品系数

为 1.4;人工成本和制造费用按定额工时进行分配。单位产品定额工时为:A 产品 4 小时,B 产品 4.5 小时,C 产品 5 小时。本月完工的甲类产品成本总额为 135 280 元,其中,直接材料 50 000 元,直接人工 35 360 元,制造费用 49 920 元。

【技能要求】

按分类法计算 A、B、C 三种产品的成本,填写表 8—21。

表 8—21　　**甲类产品成本分配表**

项目	产量	直接材料费用系数	直接材料费用总系数	工时消耗定额	定额工时总数	直接材料	直接人工	制造费用	合计
(1)	(2)	(3)	(4)=(2)×(3)	(5)	(6)=(2)×(5)	(7)=(4)×分配率	(8)=(6)×分配率	(9)=(6)×分配率	(10)
分配率									
A 产品									
B 产品									
C 产品									
合计									

■ 案例分析

【分析情境】

海达制鞋厂生产的男式和女式牛皮鞋包括 10 个型号的产品。2020 年 11 月,男、女式牛皮鞋全部产品实际总成本为 727 800 元,如果按 10 种产品分别计算成本,工作量较大。该厂先按类别计算出本月男式牛皮鞋总成本为 397 800 元、女式牛皮鞋总成本为 330 000 元,再将各自的总成本采用系数分配法分别在男式牛皮鞋和女式牛皮鞋内部进行分配。例如,男式牛皮鞋包括 38—42 码五种号型,定额成本分别为 108 元、114 元、120 元、126 元、132 元,根据定额成本资料计算的系数分别为 0.9、0.95、1.0、1.05、1.1;五种号型男式牛皮鞋本月实际产量分别为 200 双、200 双、1 500 双、1 000 双、300 双,按系数折算的标准产量分别为 180 双、190 双、1 500 双、1 050 双、330 双,标准总产量为 3 250 双。用实际总成本 397 800 元除以标准总产量 3 250 双,可以计算出标准产量的单位成本为 122.4 元;用单位成本乘以标准产量,可以计算出五种号型男式牛皮鞋的总成本分别为 22 032 元、23 256 元、183 600 元、128 520 元、40 392 元;再用各号型的总成本除以对应的实际产量,求得五种号型男式牛皮鞋的单位成本分别为 110.16 元、116.28 元、122.40 元、128.52 元、134.64 元。

【情境思考】

该厂对男式牛皮鞋和女式牛皮鞋两类产品总成本的计算是采用品种法吗?该厂五种号型男式牛皮鞋的成本是如何计算的?该厂的成本核算对象是什么?

项目实训

【实训项目】

产品成本核算的辅助方法

【实训目的】

通过实训,使学生了解分类法和定额法及其成本核算过程,加深学生对分类法和定额法的理解与运用。

【实训情境】

1. 企业基本情况

海西集团下属的建福公司第一分厂生产A、B、C三种产品，所用原材料和工艺过程相似，合并为甲类进行生产成本计算。该企业规定：该类产品的原材料费用随生产进度逐步投入，材料费用按照各种产品的原材料费用系数进行分配；加工费用按照各种产品的工时系数进行分配。同类产品内各种产品的原材料费用，按原材料费用定额确定系数；同类产品内各种产品之间的直接工资和制造费用，均按各种产品的定额工时计算确定系数；该公司规定B种产品为标准产品。

2. 成本计算的有关资料

海西集团下属的建福公司第一分厂2021年9月生产甲类(A、B、C三种产品)产品，有关成本资料如下：

(1)甲类产品成本资料如表8—22所示。

表8—22　　甲类产品期初在产品成本和本月生产费用

2021年9月　　单位：元

项　目	直接材料	直接人工	制造费用	合　计
期初在产品成本(定额成本)	41 910	13 530	44 550	99 990
本月生产费用	53 340	18 500	60 090	131 930
生产费用合计	95 250	32 030	104 640	231 920

(2)甲类产品的工时定额和材料消耗定额分别为：①工时定额为：A产品16小时，B产品10小时，C产品11小时。②材料消耗定额为：A产品212.80元，B产品266.00元，C产品345.80元。

(3)该公司9月份各产品完工产品与在产品的实际产量分别为：①完工产品产量：A产品120件，B产品90件，C产品150件。②在产品产量为：A产品100件，B产品100件，C产品50件。

(4)甲类各种产品在产品单位定额成本资料如表8—23所示。

表8—23　　甲类各种产品在产品单位定额成本　　单位：元

甲类产品	直接材料	直接人工	制造费用	合　计
A产品	120	50	165	335
B产品	110	60	158	328
C产品	149.60	34.20	191	374.80

【实训任务】

(1)计算甲类完工产品的生产成本。

根据上述成本资料，运用品种法的成本计算原理，计算出甲类产品的本月完工产品成本和月末在产品成本，如表8—24所示。

表8—24　　成本计算单

产品：甲类产品　　2021年9月　　单位：元

2021年		摘　要	直接材料	直接人工	制造费用	合　计
月	日					
10	31	期初在产品成本(定额成本)				

续表

2021年 月	2021年 日	摘　　要	直接材料	直接人工	制造费用	合　计
11	30	本月发生的生产费用				
	30	生产费用合计				
	30	本月完工甲类产品成本				
	30	期末甲类在产品成本(定额成本)				

(2)计算甲类产品的类内A、B、C产品的生产成本。

①根据各产品所耗各种原材料的消耗定额、计划单价、费用总定额以及工时定额编制系数计算表,如表8—25所示。

表8—25　　各种产品系数计算表

产品:甲类产品　　2021年9月

产品名称		加工费用系数		直接材料系数	
		单位产品工时定额	人工和制造费用系数	单位产品材料定额	原材料费用系数
甲类产品	A产品				
	B产品(标准产品)				
	C产品				

②根据各种产品的产量、人工和制造费用分配总系数,材料费用分配总系数,编制产品总系数计算表,如表8—26所示。

表8—26　　产品总系数计算表

产品:甲类产品　　2021年9月

品　名	产品产量(件)	人工和制造费用分配总系数		材料费用分配总系数	
		系数	总系数	系数	总系数
A产品					
B产品					
C产品					
合　计					

③根据甲类产品的生产成本明细账中9月份产成品的成本资料,编制该类各种产成品成本计算表,如表8—27所示。

表8—27　　甲类内各种产品成本计算表

产品类别:甲类产品　　2021年9月　　单位:元

项　目	产量(件)	原材料费用总系数	直接材料分配额	加工费用总系数	直接人工分配额	制造费用分配额	各种产品总成本	单位成本
甲类产品成本								

续表

项目	产量（件）	原材料费用总系数	直接材料分配额	加工费用总系数	直接人工分配额	制造费用分配额	各种产品总成本	单位成本
分配率								
A产品								
B产品								
C产品								
合计								

(3)根据表8—27的成本计算单和产品入库单，编制结转完工入库产品成本的会计分录。

(4)撰写“产品成本核算的辅助方法”实训报告(见表8—28)。

表8—28　“产品成本核算的辅助方法”实训报告

项目实训班级：	项目小组：	项目组成员：
实训时间：　年　月　日	实训地点：	实训成绩：
实训目的：		
实训步骤：		
实训结果：		
实训感言：		
不足与今后改进：		
项目组长评定签字：		项目指导教师评定签字：

项目九

标准成本法和作业成本法

○ **知识目标**

理解:标准成本法的概念及特点,作业成本法的概念及特点;

熟知:标准成本的制定,作业成本法的理论基础,作业成本与传统成本计算方法的比较;

掌握:标准成本的差异计算与分析,作业成本法的基本程序。

○ **技能目标**

能够初步掌握标准成本法和作业成本法的计算和在现实领域中的应用。

○ **素质目标**

能够了解成本会计发展的前沿动态及其对我国现行成本核算、成本控制和成本管理制度的影响,把知识应用于具体的领域,学以致用。

○ **思政目标**

能够正确理解"不忘初心"的核心要义和精神实质;树立正确的世界观、人生观和价值观,做到学思用贯通、知信行统一;通过学习标准成本法和作业成本法知识,学会接受现实成本会计改革的最新动态,在新形态下接受新思想,提升职业素养。

○ **项目引例**

农机厂应用作业成本法

某农机厂是典型的国有企业,拥有以销定产、多品种、小批量的生产模式。在传统成本法下,制造费用超过人工费用的200%,成本控制不力。为此,该厂决定实施作业成本法。

企业根据工艺流程,确定了32个作业以及各作业的动因。作业动因主要是人工工时,其他作业动因有运输距离、准备次数、零件种类数、订单数、机器小时、客户数等。

该厂通过计算,发现传统成本法的成本扭曲:最大差异率达到46.5%,根据作业成本法提供的信息,为了加强成本控制,针对每个作业制定目标成本,使得目标成本可以细化到班组,增加了成本控制的有效性。

该厂通过对成本信息的分析,发现生产协调、检测、修理和运输作业不增加顾客价值。这些作业的执行人员归属一个分厂管理,但是人员分布在各个车间。该厂通过作业分析,发现大量的人力资源冗余,可以裁减一半的人员,并减少相关的资源支出;运输作业由各个车间分别提供,但是都存在能力剩余,如果将运输作业集中管理,则可以减少三四台叉车。

引例解析

此外,正确的成本信息对于销售决策也有重要影响。根据作业成本信息以及市场行情,企业修订了部分产品的价格。修订后的产品价格更加真实地反映了产品的成本,具有更强的竞争力。

请分析:选择合适的成本计算方法的重要性。

○ **知识精讲**

任务一　标准成本法

一、标准成本的概念及种类

（一）标准成本的概念

标准成本是企业根据产品各项标准消耗量（如材料、工时等）及标准费用率事先计算出来的产品支出；也是企业通过精确调查、分析并采用相应技术制定出来的，能够用来评价实际成本、衡量生产工作效率的一种目标成本。企业利用标准成本与实际成本相比较，可以分析差异产生的原因，从而采取相应措施控制成本费用支出，逐渐达到标准成本水平，不断降低产品的实际成本。标准成本体现了企业成本管理的目标和要求，有利于衡量产品在生产过程中的工作效率和达到控制成本的目的，也成为存货和销货成本的计价依据。

在实务中，标准成本通常表现为以下两种含义：

1. 单位产品标准成本

单位产品标准成本是根据企业单位产品标准消耗量和标准单价计算出来的，有时也称为成本标准。用公式表示为：

单位产品标准成本＝成本标准＝单位产品标准消耗量×标准单价

2. 实际产量标准成本总额

实际产量标准成本总额是指企业根据实际产品产量和单位产品标准成本得出的成本支出。用公式表示为：

实际产量标准成本总额＝实际产量×单位产品标准成本

（二）标准成本的分类

1. 按照标准成本制定过程中生产技术和经营管理水平不同进行的分类

按照标准成本制定过程中生产技术和经营管理水平不同，标准成本可分为理想标准成本和正常标准成本。

（1）理想标准成本，是指在最优生产条件下利用现有规模和设备能够达到的最低成本。在理想标准成本下，极少浪费，无废料、废品，企业工艺技术水平达到最高水平，生产经营实现最佳运作，产品制造过程处于最先进、最完美状态。因此，企业全部劳动要素都应达到最佳使用状态。这种情况往往很难达到，企业若将理想标准成本作为短期努力目标则很难实现，只能作为考核时的参考指标。理想标准成本的主要用途是提供一个完美无缺的目标，揭示实际成本下降的潜力。

（2）正常标准成本，是指在效率良好的条件下，根据下期一般应该发生的生产要素消耗量、预计价格和预计生产经营能力利用程度制定出来的标准成本。正常标准成本将未来视为历史的延伸，是一种经过努力可以达到的成本，企业可以此作为现行标准成本。

在实务中，正常标准成本是通过科学的方法根据客观实验和过去实践经过充分研究后制定出来的，具有客观性和科学性；排除了各种偶然性和意外情况，同时又保留了目前条件下难以避免的损失，代表了正常情况下的消耗水平，具有现实性；是应该发生的成本，可作为评价业绩的尺度，并具有实现目标成本的激励性；可以在工艺技术水平和管理有效性水平变化不大时持续使用而不需要经常修订，具有稳定性。正常标准成本通常只有在经济形势稳定、生产发展较为平稳的情况下才能采用。

2. 按其适用期不同进行的分类

标准成本按其适用期不同，可以分为基本标准成本和现行标准成本。

(1)基本标准成本,是指一经制定,只要生产基本条件无重大变化就不予变动的标准成本。在企业中,生产基本条件无重大变化主要体现为生产产品的物理结构、重要原材料与劳动要素价格、生产技术和工艺等条件没有变化或者根本变化。一旦这些条件发生变化,企业必须对基本标准成本进行修订。但若出现如市场供求变化带来售价和生产经营能力利用程度等变化,或者由于工作方法改变引起的效率变化等都不属于基本条件变化,对此也就不需要对基本标准成本进行修订。

基本标准成本与各期实际成本比较可以反映成本变动趋势,但是由于该标准成本不按各期实际修订,因此,不宜用来直接评价企业工作效率和成本控制的有效性。

(2)现行标准成本,是指根据其适用期间发生的价格、效率和生产经营能力利用程度等因素预计的标准成本。在这些决定性因素发生变化时,企业需要根据具体情况修订现行标准成本。在实务中,现行标准成本既可作为评价实际成本的依据,也可成为存货和销货成本的计价依据。

二、标准成本法的概念和特点及适用性

(一)标准成本法的概念

标准成本法即通常所说的标准成本制度,是一种以成本控制为核心,把成本的事前计划、事中控制、事后计算分析考核相结合的一种成本控制系统。在标准成本法下,企业要为产品成本制定各种标准,使之适用于生产管理并能进行有效的控制。其主要目的在于尽可能地降低成本,提高企业的经营绩效。

(二)标准成本法的特点

标准成本法在西方国家及我国管理较为先进的企业中被广泛应用,因为它可以有效地进行成本控制,有利于正确评价业绩,增强员工的成本意识,最终提高企业的经营绩效。其主要特点如下:

(1)事先要为企业生产的各种产品制定各成本项目的标准,即衡量实际成本节约或超支的尺度(事前计划)。

(2)生产过程中将实际发生的成本与标准成本作比较,及时揭示并分析成本差异,并可以迅速采取有效措施加以改进(事中控制)。

(3)月末,将实际产量下的标准成本与实际成本作比较,揭示成本差异分析原因,查明责任,评估业绩,并指出降低成本的途径(事后分析考核)。

(三)标准成本法的适用性

标准成本法适用于产品品种较少的大批量生产企业,而对于单件、批量小和试制性生产的企业比较少用。

标准成本法可以简化存货核算的工作量,对于存货品种变动不大的企业尤为适用。

标准成本法关键在于标准成本的制定。标准成本制定的合理性、确实可行性,要求有高水平的技术人员和健全的管理制度。

标准成本法适用于标准管理水平较高而且产品的成本标准比较准确、稳定的企业。我国工业企业的产品成本不能采用标准成本法计算;如果平时按标准成本计算,月末则必须调整为实际成本。

三、标准成本的制定

标准成本一般是由财务部门会同采购部门、生产部门、技术部门和其他相关经营管理部门等在对企业生产经营具体条件进行分析、研究、技术测定的基础上采用科学的方法制定的。通常情况下,制定标准成本首先要确定直接材料和直接人工标准成本,其次确定制造费用标准成本,最后确定单位产品标准成本。

在制定标准成本时，无论哪一个成本项目，都需要分别确定其用量标准和价格标准，两者相乘后得出单位产品的标准成本。其中，用量标准包括单位产品材料消耗量、单位产品直接工人工时等，这些主要是由生产技术部门来制定。价格标准包括如原材料单价、小时工资率、小时制造费用分配率等，这些由财务部门同有关其他部门共同确定。例如，采购部门是材料价格的责任部门，劳资部门和生产部门对小时工资率负责，各生产车间对小时制造费用分配率负责。无论是价格还是用量标准，都可以是理想状态的或正常状态的，据此得出理想标准成本或者正常标准成本。

（一）直接材料标准成本

直接材料标准成本包括直接材料用量标准和价格标准。直接材料用量标准是用统计方法、工业工程法或其他技术分析方法确定的，是指在现有技术条件下生产单位产品所需的材料数量，其中包括必不可少的消耗以及各种难以避免的损失。

直接材料价格标准是预计下一年度实际需要支付的进料单位成本，包括发票价格、运费、检验和正常损耗等成本，是取得材料的完全成本。有关计算公式为：

直接材料标准成本＝直接材料用量标准×直接材料价格标准

【做中学 9—1】 某企业生产甲产品需耗用 A、B 两种直接材料，其直接材料标准成本计算见表 9—1。

表 9—1 甲产品直接材料标准成本

标　准	材料 A	材料 B
价格标准：	—	—
每千克标准价格(元)	1.07	4.28
用量标准：	—	—
单位产品标准用量(千克)	3.30	2.00
成本标准：	—	—
材料 A(3.3×1.07)(元)	3.53	—
材料 B(2.0×4.28)(元)	—	8.56
单位产品标准成本(元)	12.09	

（二）直接人工标准成本

直接人工标准成本制定包括直接人工工时标准和价格标准的制定。直接人工工时标准是单位产品标准工时。标准工时是指在现有生产技术条件下，单位产品生产所需要的时间，包括直接加工操作必不可少的时间、必要间歇和停工以及不可避免的废品耗用工时等。

直接人工价格标准是指标准工资率。如果采用计件工资制，工资率就是生产单位产品应支付的计件单价；如果采用计时工资，工资率就是单位工时标准工资率。有关计算公式为：

标准工资率＝标准工资总额÷标准总工时

直接人工标准成本＝工时标准×标准工资率

【做中学 9—2】 沿用【做中学 9—1】的资料，某企业生产甲产品经过第一车间、第二车间发生的直接人工标准成本计算见表 9—2。

表 9—2　　甲产品直接人工标准成本

项　目	第一车间	第二车间
每月总工时(小时)	4 000	10 000
每月工资总额(元)	3 600	12 600
每小时工资率(元/小时)	0.90	1.26
单位产品标准工时(小时)	2	1
单位产品直接人工标准成本(元)	1.80	1.26
单位产品直接人工标准成本合计(元)	3.06	

(三)制造费用标准成本

制造费用标准成本是按部门编制的,然后将同一产品涉及的各部门单位制造费用标准加以汇总,得出整个产品制造费用标准成本。

各部门制造费用标准成本分为变动制造费用标准成本和固定制造费用标准成本两部分。

1. 变动制造费用标准成本

变动制造费用数量标准通常采用单位产品直接人工工时标准,在直接人工标准成本制定时已经确定。变动制造费用价格标准是每一工时变动制造费用的标准分配率,根据变动制造费用预算和直接人工总工时计算求得。有关计算公式为:

变动制造费用标准分配率＝变动制造费用预算总额÷标准总工时

变动制造费用标准成本＝变动制造费用标准分配率×工时标准

2. 固定制造费用标准成本

固定制造费用标准成本制定与变动制造费用标准成本的制定基本相同,不过固定制造费用预算总额只能预计某一生产水平下的费用总额,不随生产量的变动而任意变动。有关计算公式为:

固定制造费用标准分配率＝固定制造费用预算总额÷标准总工时

固定制造费用标准成本＝固定制造费用标准分配率×工时标准

【做中学 9—3】　沿用【做中学 9—1】的资料,某企业生产甲产品发生的制造费用标准成本计算见表 9—3。

表 9—3　　甲产品制造费用标准成本

部　门	第一车间	第二车间
变动制造费用预算(元)	5 200	12 000
生产量标准(人工工时)(小时)	4 000	10 000
变动制造费用标准分配率(元/小时)	1.30	1.20
直接人工用量标准(人工工时)(小时)	2	1
单位产品变动制造费用标准成本(元)	2.60	1.20
单位产品变动制造费用标准成本合计(元)	3.80	
固定制造费用预算(元)	2 000	6 000
生产量标准(人工工时)(小时)	4 000	10 000
固定制造费用标准分配率(元/小时)	0.50	0.60

续表

部　门	第一车间	第二车间
直接人工用量标准(人工工时)(小时)	2	1
单位产品固定制造费用标准成本(元)	1	0.60
单位产品固定制造费用标准成本合计(元)	1.60	
单位产品制造费用标准成本总计(元)	5.40	

将以上直接材料、直接人工和制造费用标准成本按产品加以汇总，就可以确定有关产品完整的标准成本。在实务中，企业编制标准成本卡(见表 9—4)，反映产成品标准成本的具体构成情况。在每种产品生产之前，其标准成本卡要送达有关人员，包括各级生产部门负责人、财务部门、仓库等，作为领料、派工和支出其他费用的依据。

表 9—4　　单位产品标准成本卡(甲产品)

成本项目	用量标准	价格标准	标准成本
直接材料：	—	—	—
A 材料	3.30 千克	1.07 元/千克	3.53 元
B 材料	2.00 千克	4.28 元/千克	8.56 元
合　计	—	—	12.09 元
直接人工：	—	—	—
第一车间	2 小时	0.90 元/小时	1.80 元
第二车间	1 小时	1.26 元/小时	1.26 元
合　计	—	—	3.06 元
制造费用：	—	—	—
变动制造费用(第一车间)	2 小时	1.30 元/小时	2.60 元
变动制造费用(第二车间)	1 小时	1.20 元/小时	1.20 元
合　计	—	—	3.80 元
固定制造费用(第一车间)	2 小时	0.50 元/小时	1.00 元
固定制造费用(第二车间)	1 小时	0.60 元/小时	0.60 元
合　计	—	—	1.60 元
单位产品标准成本总计(元)		20.55	

四、标准成本差异分析

企业产品成本中变动部分主要包括直接材料、直接人工和变动制造费用，这些变动成本差异分析涉及的方法基本相同。在具体分析时，由于实际成本高低取决于实际用量和实际价格，而标准成本高低则取决于标准用量和标准价格，因此变动成本差异可以总结为价格脱离标准产生价格差异与用量脱离标准产生数量差异两大类，具体可以用以下公式和数据关系图(如图 9—1 所示)表示：

产品变动成本差异＝实际成本－标准成本

＝实际数量×实际价格－标准数量×标准价格

＝实际数量×实际价格－实际数量×标准价格＋实际数量×标准价格－标准数量×标准价格

＝实际数量×(实际价格－标准价格)＋(实际数量－标准数量)×标准价格

＝价格差异＋数量差异

(1)实际数量×实际价格
(2)实际数量×标准价格
(3)标准数量×标准价格

(1)-(2)：价格差异
(2)-(3)：数量差异
(1)-(3)：变动成本差异

图9—1　数据关系图

(一)直接材料成本差异分析

直接材料成本差异是指直接材料实际成本与标准成本之间的差额。该项差异形成的原因有两个:一是材料价格脱离标准(价差);二是材料用量脱离标准(量差)。有关计算公式为:

材料价格差异＝实际数量×(实际价格－标准价格)

材料数量差异＝(实际数量－标准数量)×标准价格

直接材料成本差异＝材料价格差异＋材料数量差异

【做中学9—4】　某企业本月生产产品4 000件,使用材料25 000千克,材料单价为5.5元/千克;单位产品直接材料标准成本为30元,即每件产品耗用6千克直接材料,每千克材料标准价格为5元。

直接材料价格差异＝25 000×(5.5－5)＝12 500(元)

直接材料数量差异＝(25 000－4 000×6)×5＝5 000(元)

直接材料价格差异与数量差异之和应当等于直接材料成本总差异。

直接材料的成本差异＝实际成本－标准成本＝25 000×5.5－4 000×6×5＝17 500(元)

直接材料的成本差异＝直接材料价格差异＋直接材料数量差异＝12 500＋5 000＝17 500(元)

直接材料价格差异是在采购过程中形成的。采购部门未能按标准价格进货的原因主要有:供应商价格变动,未按经济采购批量进货,未能及时订货,造成紧急订货,采购时舍近求远,使运费和途耗增加,采用不必要的快捷运输方式,违反合同被罚款,承接紧急订货造成额外采购等。这都要进行具体分析和调查,才能明确最终原因和责任归属。

直接材料数量差异是在材料耗用过程中形成的,具体原因有:操作疏忽造成废品和废料增加,工人用料不精心,操作技术改进而节省材料,新工人上岗造成多用料,机器或工具不适用造成用料增加等。在实务中,有时企业多用料并非生产部门的责任,如购入材料质量低劣、规格不符也会使用料超过标准;又如加工工艺变更、检验过严也会使材料数量差异加大。企业要进行具体的调查研究才能明确责任归属。

(二)直接人工成本差异分析

直接人工成本差异,是指直接人工实际成本与标准成本之间的差额。它也被分解为价差和量差两部分。价差是指实际工资率脱离标准工资率的差额,其差额按实际工时计算确定,又称为工资率差异。量差是指实际工时脱离标准工时的差额,其差额按标准工资率计算确定,又称为人工效率差异。有关计算公式为:

$$工资率差异=实际工时\times(实际工资率-标准工资率)$$

$$人工效率差异=(实际工时-标准工时)\times标准工资率$$

$$直接人工成本差异=工资率差异+人工效率差异$$

【做中学 9－5】 某企业本月生产产品 4 000 千克，实际使用工时 18 000 小时，支付工资 93 600 元；直接人工标准成本是 20 元/千克，即每千克产品标准工时为 4 小时，标准工资率为 5 元/小时。按上述公式计算：

工资率差异＝18 000×(93 600÷18 000－5)＝3 600(元)

人工效率差异＝(18 000－4 000×4)×5＝10 000(元)

工资率差异与人工效率差异之和应当等于直接人工成本总差异，可据此验算差异分析计算的正确性。

直接人工成本差异＝实际人工成本－标准人工成本＝93 600－4 000×4×5＝13 600(元)

直接人工成本差异＝工资率差异＋人工效率差异＝3 600＋10 000＝13 600(元)

工资率差异形成的原因是直接生产工人升级或降级使用、奖励制度未产生实效、工资率调整、加班或使用临时工、出勤率变化等。人工效率差异形成的原因包括工作环境不良、工人经验不足、劳动情绪不佳、新工人上岗太多、机器或工具选用不当、设备故障较多、作业计划安排不当、产量太少无法发挥批量节约优势等。人工效率差异主要是生产部门的责任，但也不是绝对的，如材料质量不好也会影响生产效率。

(三)变动制造费用成本差异分析

变动制造费用成本差异，是指实际变动制造费用与标准变动制造费用之间的差额。它也被分解为价差和量差两部分。价差是指变动制造费用实际小时分配率脱离标准，按实际工时计算的金额，反映消耗水平的高低，故称为变动制造费用耗费差异。量差是指实际工时脱离标准工时，按标准小时分配率计算确定的金额，反映工作效率变化引起的费用节约或超支，故称为变动制造费用效率差异。有关计算公式为：

$$\begin{matrix}变动制造费用\\耗费差异\end{matrix}=\begin{matrix}实际\\工时\end{matrix}\times\left(\begin{matrix}变动制造费用\\实际分配率\end{matrix}-\begin{matrix}变动制造费用\\标准分配率\end{matrix}\right)$$

$$变动制造费用效率差异=(实际工时-标准工时)\times变动制造费用标准分配率$$

$$变动制造费用成本差异=变动制造费用耗费差异+变动制造费用效率差异$$

【做中学 9－6】 某企业本月实际产量 4 000 台，使用工时 17 000 小时，实际发生变动制造费用 35 700 元；变动制造费用标准成本为 8 元/台，即每台产品标准工时为 4 小时，变动制造费用标准分配率为 2 元/小时。按上述公式计算：

变动制造费用耗费差异＝17 000×(35 700÷17 000－2)＝1 700(元)

变动制造费用效率差异＝(17 000－4 000×4)×2＝2 000(元)

变动制造费用成本差异＝实际变动制造费用－标准变动制造费用＝35 700－4 000×4×2＝3 700(元)

变动制造费用成本差异＝变动制造费用耗费差异＋变动制造费用效率差异＝1 700＋2 000＝3 700(元)

变动制造费用耗费差异是实际支出与按实际工时和标准分配率计算的预算数之间的差额。耗费差异是部门经理的责任，部门经理有责任将变动费用控制在弹性预算限额之内。变动制造费用效率差异是由于实际工时脱离了标准，多用工时导致的费用增加，因此形成原因与人工效率差异相同。

(四)固定制造费用成本差异分析

与变动制造费用成本不同，固定制造费用分析方法包括二因素分析法和三因素分析法。

1. 二因素分析法

二因素分析法是将固定制造费用差异分为耗费差异和能量差异。其中，固定制造费用耗费差异是指固定制造费用实际金额与预算金额之间的差额。计算公式为：

固定制造费用耗费差异＝固定制造费用实际数－固定制造费用预算数

＝固定制造费用实际数－固定制造费用标准分配率×生产能量

固定制造费用能量差异是指固定制造费用预算数与标准成本的差额，或实际业务量标准工时与生产能量差额用标准分配率计算的金额，反映实际产量标准工时未能达到生产能量而造成的损失。计算公式为：

固定制造费用能量差异＝固定制造费用预算数－固定制造费用标准成本

＝固定制造费用标准分配率×生产能量－固定制造费用标准分配率×实际产量标准工时

＝(生产能量－实际产量标准工时)×固定制造费用标准分配率

【做中学 9－7】　某企业本月实际产量 4 000 件，发生固定制造费用 27 200 元，实际工时为 17 000 小时；生产能量为 5 000 件，即 10 000 小时；每件产品固定制造费用标准成本为 6 元/件，即每件产品标准工时为 4 小时，标准分配率为 1.5 元/小时。

固定制造费用耗费差异＝27 200－10 000×1.5＝12 200(元)

固定制造费用能量差异＝10 000×1.5－4 000×4×1.5＝－9 000(元)

固定制造费用成本差异＝实际固定制造费用－标准固定制造费用＝27 200－4 000×4×1.5＝3 200(元)

固定制造费用成本差异＝固定制造费用耗费差异＋固定制造费用能量差异＝12 200－9 000＝3 200(元)

2. 三因素分析法

三因素分析法是将固定制造费用成本差异分为耗费差异、效率差异和闲置能量差异三部分。耗费差异的计算与二因素分析法相同。不同的是将二因素分析法中的能量差异进一步分解为两部分：(1)实际工时未达到标准能量而形成的闲置能量差异；(2)实际工时脱离标准工时而形成的效率差异。有关计算公式为：

耗费差异＝固定制造费用实际数－固定制造费用预算数

＝固定制造费用实际数－固定制造费用标准分配率×生产能量

闲置能量差异＝固定制造费用预算数－实际工时×固定制造费用标准分配率

＝(生产能量－实际工时)×固定制造费用标准分配率

效率差异＝(实际工时－实际产量标准工时)×固定制造费用标准分配率

【做中学 9－8】　依据【做中学 9－7】中的资料计算：

固定制造费用闲置能量差异＝(10 000－17 000)×1.5＝－10 500(元)

固定制造费用效率差异＝(17 000－4 000×4)×1.5＝1 500(元)

三因素分析法闲置能量差异(－10 500 元)与效率差异(1 500 元)之和为－9 000 元，与二因素分析法中的能量差异数额相同。

任务二 作业成本法

一、作业成本法的概念

作业成本法简称 ABC 法，即以作业为基础的成本计算方法。作业成本法的基本理论认为，企业的全部经营活动是由一系列相互关联的作业组成的，企业每进行一项作业都要耗用一定的资源；而企业生产的产品（包括提供的服务）需要通过一系列的作业来完成。因此，产品的成本实际上就是企业全部作业所消耗资源的总和。企业在计算成本时，首先按经营活动中发生的各项作业来归集成本，计算作业成本；然后按各项作业成本与成本对象（产品或服务）之间的因果关系，将作业成本追溯到成本对象，最终完成成本计算过程。

不同目的，有不同的成本。比如，为了进行战略性盈利分析，人们会计算和使用企业在全部经营活动中发生的成本，即价值链成本。价值链成本是指产品的设计、开发、生产、营销、配送和售后服务耗用作业成本的总和。价值链成本的计算，首先是将企业发生的全部资源耗费分配到价值链的一系列作业上，然后将各项作业成本分配到产品中。又如，为了进行短期的战术盈利分析，决策是否接受某一项订单等，则需要计算经营成本。产品的经营成本一般包括生产、销售和售后服务等项作业的成本，而不包括产品设计、开发等成本。再如，企业为了对外提供财务报告，则应按对外报告的要求，计算产品的生产成本。我们知道，生产成本即制造成本，包括直接材料、直接人工和制造费用；而经营成本是制造成本加上销售费用；价值链成本则是企业某一时期发生的全部成本，包括管理费用、销售费用和制造成本。运用作业成本法，我们可以将制造成本、销售费用、管理费用等间接成本更加准确地分配到有关产品中，从而得到满足不同需要的成本信息。不过，在运用作业成本法计算产品成本时，人们通常关注的重点是制造成本，强调制造费用的分配。在作业成本法下，直接成本（如直接材料成本）可以直接计入有关产品，而其他间接成本（制造费用等）则首先分配到有关作业，计算作业成本，然后将作业成本分配到有关产品。作业成本法仍然可以分为品种法、分批法和分步法等成本计算基本方法，或者说，作业成本法可与品种法、分批法和分步法结合起来运用。

二、作业成本法的有关概念

作业成本法涉及下列概念：作业和作业链、价值链、成本动因等。

（一）作业和作业链

作业是指企业在经营活动中的各项具体活动，如签订材料采购合同、将材料运达仓库、对材料进行质量检验、办理入库手续、登记材料明细账等，又如机加工车间所进行的车、铣、刨、磨等加工活动，再如产品的质量检验、包装、入库等。其中每一项具体活动就是一项作业。一项作业对于任何加工或服务对象，都必须是重复执行特定的或标准化的过程和办法。如轴承制造企业的车工作业，无论加工何种规格型号的轴承外套，都须经过将加工对象（工件）的毛坯固定在车床的卡盘上，开动机器进行切削，然后将加工完毕的工件从卡盘上取下等相同的特定动作和方法。执行任何一项作业都需要耗费一定的资源。如上述车工作业需要耗费人工、材料（如机物料等）、能源（电力）和资本（车床和厂房等）。一项作业可能是一项非常具体的活动，如车工作业；也可能泛指一类活动，如机加工车间的车、铣、刨、磨等所有作业，可以统称为机加工作业；甚至可以将机加工作业、产品组装作业等统称为生产作业（相对于产品研发、设计、销售等作业而言）。

作业有三个基本特征：首先，作业是投入产出因果连动的实体，即作业是一种资源的投入和另一种效果的产出的过程，如产品设计，投入的是智慧、技术、工具等，产出的是产品设计图案；其次，作业活动贯穿于公司经营的全过程，产品从设计到最终销售出去是由各种作业的行使而完成的；最后，作业是可量化的，即作业可以采用一定的标准计量。作业是计算成本过程中的一个元素，必须具有可量化性，同时又是计算成本的客观依据。

作业成本法的基本思想是在资源和产品之间引入一个中介即作业，把企业看作为满足客户需要而设计的作业集合体。从产品设计到产品售出的整个生产经营过程，由一系列前后有序的作业构成，将它们由此及彼、由内到外连接起来，就形成一条作业链。作业链是指企业为了满足顾客需要而建立的、一系列前后有序的作业集合体。

（二）价值链

在作业链上，存在这样一种关系：资源→作业→产品，即产品耗用作业，作业耗用资源，于是就有下述关系：每完成一项作业就要消耗一定量的资源，同时又有一定价值量的产出转移到下一项作业，照此逐步结转下去，直至最后一个步骤形成产品提供给客户。作业的转移同时伴随着价值的转移，最终产品是全部作业的集合，同时也表现为全部有关作业的价值的集合。因此，价值在作业链上各作业之间的转移就形成一条价值链。

动漫视频

价值链

价值链的概念是由一位杰出的公司战略研究专家迈克尔·波特（Michael Porter）于 1985 年提出的。它是分析企业竞争优势的根本思路，紧紧地与服务于客户需求的作业链相联系，是作业链的货币表现。对价值链的分析，可以从产品环节一直追查到产品设计环节，其目的在于两个方面：第一是筛选作业，即发现和消除对价值链无所贡献的作业，如消除存货积压；第二是改善作业，即提高作业环节的工作效率，如改善客户的服务质量。因此，对价值链进行分析，可以为企业改善成本管理指明方向，是企业挖掘降低成本潜力、加强全面质量管理、减少资源浪费的有效途径。

（三）成本动因

在作业成本法中，成本动因这一概念大量地使用着。成本动因也称成本驱动因素，是指引起相关成本对象的总成本发生变动的因素。在作业成本计算中，成本动因可分为资源动因和作业动因。

1. 资源动因

资源动因被用来计量各项作业对资源的耗用，运用资源动因可以将资源成本分配给各有关作业。例如，产品质量检验工作（作业）需要有检验人员、专用的设备，并耗用一定的能源（电力）等。检验作业作为成本对象，耗用的各项资源构成检验作业的成本。其中，检验人员的工资、专用设备的折旧费等成本，一般可以直接计入检验作业；而能源成本往往不能直接计入（除非为设备专门安装电表进行电力耗费记录），需要根据设备的额定功率（或根据历史资料统计的每小时平均耗电数量）和设备开动时间来分配。这里，“设备的额定功率乘以开动时间”就是能源成本的动因。设备开动导致能源成本发生，设备的功率乘以开动时间的数值（即动因数量）越大，耗用的能源越多。按“设备的额定功率乘以开动时间”这一动因作为能源成本的分配基础，可以将检验专用设备耗用的能源成本分配到检验作业当中。

2. 作业动因

作业动因计量各种产品对作业耗用的情况，并被用来作为作业成本的分配基础。比如，某车间生产若干种产品，每种产品又分若干批次完成，每批产品完工后都需进行质量检验。假定对任何产品的每一批次进行质量检验所发生的成本相同，则检验的“次数”就是检验成本的作业动因，它是引起产品检验成本变动的因素。某一会计期间发生的检验作业总成本（包括检验人工成本、设备折旧、能源成本等）除以检验的次数，即为每次检验所发生的成本。某种产品应承担的检验作业成本，等于该种产品的批次乘以每次检验发生的成本。产品完成的批次越多，则需要进行检验的次数越多，应承担的检验作业成本越多；反之，则应承担的检验作业成本越少。

成本动因按其性质不同还可以分为积极性成本动因（positive cost driver）和消极性成本动因

(negative cost driver)。积极性成本动因是能够产生收入、产品或利润的作业,如销售订单、生产通知单等。消极性成本动因是引起不必要的工作和利润减少的作业,如重复运送产品等。

(四)作业中心和成本库

作业中心是一系列相互联系、能够实现某种特定功能的作业集合。例如,原材料采购作业中,材料采购、材料检验、材料入库、材料仓储保管等都是相互联系的,并且都可以归于材料处理作业中心。

成本库(cost pool)是指由若干个同一(同质)成本动因导致的费用项目归集在一起的特定的集合体。成本库的建立将间接费用的分配与产生这些费用的原因——成本动因联系起来。例如,质量控制部门可按"外购材料的检验""在产品的检验"和"产成品的检验"三个成本库,并分别以"材料订购次数""设备调整与准备次数"和"销售产品数量"作为其成本动因,以它们作为分配标准,对各个成本库所汇集的成本、费用进行分配。在作业成本法下,企业通过设置各种各样的成本库,并按多样化的成本动因对间接费用进行分配,使成本计算的过程大大明细化,同时也使成本计算的正确性和成本的有效性大大提高。

三、作业成本法的理论基础

作业成本法主张对成本性态进行再认识,突破了传统管理会计对成本性态的划分,认为传统的按产品成本与产品产量是否相关作为研究成本性态的标准是有缺陷的。从多维角度来看,企业的产品制造成本全是变动的。因此,作业成本法将成本划分为短期变动成本和长期变动成本。短期变动成本是指随产品产量直接变动的成本,如直接人工、直接材料等;长期变动成本是指传统管理会计中的固定成本,它是以作业为基础,随作业消耗量的变动而变动。间接制造成本的发生受企业产品多样化、生产管理复杂化的影响,所以与企业生产、管理、服务等部门的作业直接相关。由此,作业成本法提出了成本动因理论,即企业间接制造成本的发生是企业产品生产所必需的各种作业所驱动的,其发生的多少与产品产量无关,而只与驱动其发生的作业量相关。

作业成本计算的思想是要以作业为制造费用的分配基础,而不再仅仅以单一的传统的直接人工、机器小时等数量作为分配的基础。这里所说的"作业"不是一般理解的数量(如生产工时等),而是包括各种产品的生产批次、接受货物订单的数目、发送货物订单数目以及采购、供应订单的数目等。以上这些方面的作业分别驱动了生产计划制订、产品检验、材料管理、设备调试、收货部门及发货部门成本的发生。作业成本法的理论基础是成本动因理论。这种理论提出分配间接费用应着眼于费用、成本的来源,把间接费用的分配与产生这些费用的原因联系起来,如对动力成本的发生可以追溯到产品耗用的机器小时,因为是机器小时驱动了动力消耗,所以用机器小时去分配动力费是合理的。作业成本计算着眼于分析成本产生的动因,由于成本产生的原因不同,因此控制、汇集和分配费用的方法也不同。

成本行为(cost behavior)是由成本驱动因素所支配的,要把间接成本分配到各种产品中,首先需了解成本行为,以便认识恰当的成本动因。按照这种观点,对短期变动成本应该利用"数量相关成本动因"(volume related cost driver),如直接材料成本、机器小时和直接人工小时等,而对于长期变动成本中的绝大部分采用与数量相关的成本动因是不合适的,因为这些成本是由各种各样、复杂多变的因素所驱动的,而并非由数量因素驱动。如果用数量相关的成本动因对这些成本进行分配,势必歪曲成本信息,这就是传统成本法致命的缺陷。

库珀和卡普兰曾举例证实了这一情况。设甲、乙两家企业生产规模完全相同,甲企业生产100万单位的A产品,乙企业生产10万单位的A产品和90万单位的其他同类产品。显然,甲企业属于最典型的大规模生产,生产环境简单,生产准备、存货收发、制订计划等作业都可限定在较小的范围内;乙企业的生产环境比较复杂,需要制订更多的计划,进行经常性的生产准备及产品检验等作业。这个例子证实了许多成本的变动并非是由产量变动引起的,而是由生产的品种范围决定的。上例中,如果乙企业生产B种产品800单位,按产量比例大约只分配到0.08%的制造费用,产品A则要负担10%的制造费用,这显然是不合理的,因为产量低的产品B同样要驱使各类支援性作业的发生。因此,按"与产量相关的成本动因"分配制造费用将低于其实际耗费,而产量高的产品则与之相反。显然B产品的产量较低,但应分摊的制造费用要高。

产生这种情况的根本原因就在于:许多间接成本是被各种作业所驱动的,这些作业主要表现为各服务部门为产品提供的劳务。一般来说,那些具有专门用途的低产量产品,实际耗费的制造费用较高,在以数量为基础的分配体系下,却被分配较少的制造费用,而将低于实际耗费的部分转嫁到产量高的产品,从而造成成本信息的歪曲,不利于管理决策。

综上所述,作业成本法的理论基础是成本动因理论,该理论的着眼点在于研究成本费用产生的原因。

四、作业成本法的特点

作业成本法的主要特点,是相对于以产量为基础的传统成本计算方法而言的。

(一)成本计算分为两个阶段

作业成本法的基本指导思想是产品消耗作业、作业消耗资源。根据这一指导思想,作业成本法把成本计算过程划分为两个阶段:第一阶段,将作业执行中耗费的资源追溯到作业,计算作业的成本并根据作业动因计算作业成本分配率;第二阶段,根据第一阶段计算的作业成本分配率和产品所耗费作业的数量,将作业成本追溯到各有关产品,具体如图9—2所示。

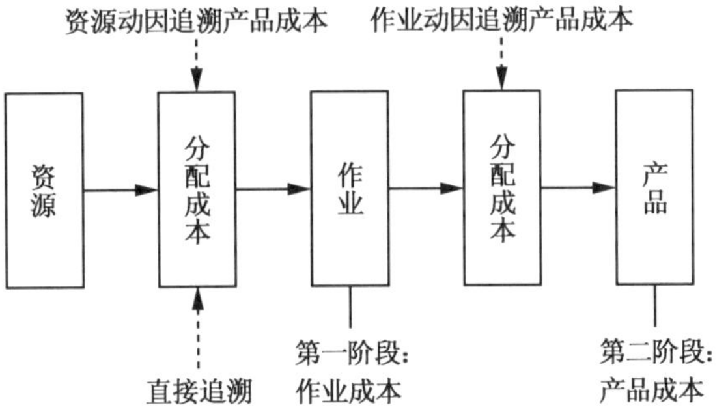

图9—2　作业成本法分两阶段分配成本

传统的成本计算方法,首先是将直接成本追溯到产品,同时将制造费用追溯到生产部门(如车间、分厂等),然后将制造费用分摊到有关产品。传统的成本计算方法分两步进行:第一步除把直接成本追溯到产品之外,还要把不同性质的各种间接费用按部门归集在一起;第二步是以产量为基础,将制造费用分摊到各种产品。传统方法下的成本计算过程,虽然也分为两步,但实际上是把生产活动中发生的资源耗费通过直接计入和分摊两种方式计入产品成本,即"资源→产品"。而作业成本法下成本计算的第一阶段,除了把直接成本追溯到产品以外,还要将各项间接费用分配到各有关作业,并把作业看成是按产品生产需求重新组合的"资源";在第二阶段,按照作业消耗与产品之间不同的因果关系,将作业成本分配到产品中。因此,作业成本法下的成本计算过程可以概括为:资源→作业→产品。作业成本法经过两个阶段的计算,把在传统成本计算方法下的"间接成本"变成了直接成本。

(二)成本分配强调可追溯性

作业成本法下的成本分配主要使用直接追溯和动因追溯。

1. 直接追溯

直接追溯是指将成本直接确认分配到某一成本对象的过程。这一过程是可以实地观察的。例如,确认一台电视机耗用的显像管、集成电路板、扬声器及其他零部件的数量是可以通过观察实现的。再比如,确认某种产品专用生产线所耗用的人工工时数,也是可以通过观察投入该生产线的工人人数和工作时间而实现的。显然,使用直接追溯方式最能真实地反映产品成本。

2. 动因追溯

动因追溯是指根据成本动因将成本分配到各个成本对象的过程。生产活动中耗费的各项资源,其成本并非都能直接追溯成本对象。对不能直接追溯的成本,作业成本法则强调使用动因(包括资源动因或作业动因)追溯方式,将成本分配到有关成本对象(作业或产品)中。采用动因追溯方式分配成本,首先必须找到引起成本变动的真正原因,即成本与成本动因之间的因果关系。如前面所说到的检验作业应承担的能源成本,以设备单位时间耗电数量和设备开动时间(即耗电量)作为资源动因进行分配,是因为设备单位时间耗电量和开动时间与检验作业应承担的能源成本之间存在着因果关系。又如各种产品应承担的检验成本,以产品投产的批次数(即质量检验次数)作为作业动因进行分配,是因为检验次数与产品应承担的检验成本之间存在着因果关系。动因追溯虽然不像直接追溯那样准确,但只要因果关系建立恰当,成本分配的结果同样可以达到较高的准确程度。

作业成本法强调使用直接追溯法和动因追溯法来分配成本,尽可能避免使用分摊方式,因此能够提供更加真实、准确的成本信息。在这里之所以使用"强调"一词,而不使用"要求"或"必须",是因为在实务中,存在着少数作业成本不能采用直接追溯或动因追溯方式进行分配。但由于这部分成本所占比重较小,不会对产品成本的准确性产生较大影响,因此不会导致成本严重扭曲。

(三)成本追溯使用众多不同层面的作业动因

一个企业仅以员工的工龄长短来确定工薪等级,并据以向员工分配薪酬,往往会造成分配上的不合理。如果同时考虑员工工龄的长短、技术水平的高低、工作能力的大小、创造财富的多少等因素来确定员工的工薪,就会使情况得到明显的改善,使分配更加合理,也更能充分反映员工对企业的贡献。同样道理,在传统的成本计算方法下,产量被认为是能够解释产品成本变动的唯一动因,并以此作为分配基础进行间接费用的分配。而制造费用是一个由多种不同性质的间接费用组成的集合,这些性质不同的费用有些是随产量变动的,而多数则并不随产量变动,因此用单一的产量作为分配制造费用的基础显然是不合适的。

作业成本法的独到之处在于它把资源的消耗首先追溯到作业,然后使用不同层面和数量众多的作业动因将作业成本追溯到产品。不同层面的作业动因包括单位水准动因(即以单位产品或其他单位产出物为计量单位的作业动因)、批次水准动因(即以"批"或"次"为计量单位的作业动因)以及产品水准动因(即以产品的品种数为计量单位的作业动因)等,而且每一层面的动因远不止 1—2 个。从运用作业成本法计算产品成本的企业实践来看,一般使用的动因为 30—50 个。采用不同层面的、众多的成本动因进行成本分配,要比采用单一分配基础更加合理,更能保证成本的准确性。

五、作业成本法与传统成本法的比较

(一)作业成本法与传统成本法的区别

1. 成本计算对象不同

传统成本法都是以企业最终产出的各种产品作为成本计算对象的。作业成本法不仅关注产品成本，而且更多关注产品成本产生的原因及其形成的全过程。因此，它的成本计算对象是多层次的，不但把最终产出的各种产品作为成本计算对象，而且把资源作业作为成本计算对象。

2. 间接费用归集和分配的理论基础不同

传统成本法的理论基础是：企业的产品按照其耗费的生产时间或按照其产量线性地消耗各项间接费用。在这种理论支持下，传统成本法将间接费用按与“产量关联”的标准来分配，如材料耗用量、直接工时等。成本计算程序如图 9－3 所示：

资源 ——→ 成本 ——→ 产品

图 9－3　成本计算程序

在传统成本法下，将资源归集在统一的成本库里，然后按照某一分配标准把成本分配到产品成本中。

作业成本法的理论基础是“成本驱动因素论”，即产品耗用作业，作业耗用资源。作业成本计算方法的程序如图 9－4 所示：

资源 ——→ 作业 ——→ 产品

图 9－4　作业成本计算方法的程序

在作业成本法下，将资源按一定的资源动因归集在作业库里，形成作业成本，然后将作业成本库的成本按作业动因分配到产品成本中。作业成本法通过选择多样化的分配标准来分配间接费用，从而使成本的可归属性大大提高，并将按人为标准分配间接费用；计算产品成本的比重缩减到最低限度，从而提高了成本信息的准确性。

3. 成本计算的侧重点不同

传统成本法以产品为成本计算对象，成本计算过程中的侧重点自然放在能构成产品成本的直接材料和直接人工成本上，而对于制造费用则只是笼统计算。作业成本法以作业为成本计算对象，是以作业成本为侧重点的。由于制造费用在作业成本法下同样要以作业形式存在，加之制造费用的作业数量众多，因此制造费用就成为作业成本法下成本计算的侧重点。

4. 成本内涵不同

传统成本观认为，成本是企业生产经营过程中所耗资金的对象化。这一观点尽管对成本的经济实质进行了概括，但没有揭示成本在管理方面的内涵。而作业成本法将成本定义为资源的耗费，而不是为获得资源而发生的支出。在作业观念下，把作业作为费用发生与成本形成的中介，成本是一个与作业相关的多层次的概念。

5. 对成本经济内容的认识不同

在传统成本观念下，产品成本是指产品的制造成本，只包括与生产产品直接相关的费用（直接材料、直接人工、制造费用等）。在作业成本观念下，作业成本只强调费用的合理性、有效性，而不论费用是否与生产产品有直接关联，因此，与产品生产没有直接关系的一些合理、有效的费用（如采购人员工资、质量检验费、物料搬运费等）同样也要计入产品成本。

6. 成本信息资料的详细程度不同

传统成本法只是按产品提供最终成本信息。而作业成本法的成本信息资料除包括产品成本外，还包括各作业的成本、各作业的资源投入与产出状况等。显然，作业成本法的成本资料包括产品生产各个环节的成本形成过程，其详细程度高于传统成本法。

7. 适用环境不同

传统成本法适用于与传统推进式生产管理系统相结合的手工制造系统和固定自动制造系统的经营环境。它应用在大批量生产和产品品种少、寿命周期长、工艺不复杂、制造费用比重较低的企业中;作业成本法则适用于实时生产系统与高度自动化制造系统相结合的经营环境。它应用在小批量、多品种、技术复杂、高度自动化生产、制造费用比重相对较高的现代企业中。

(二)作业成本法与传统成本法的联系

1. 目的相同

目的都是计算最终产品成本。传统成本法是将各项费用在各成本计算对象之间进行分配,计算出产品成本;而作业成本法是将各项费用先在各作业中心之间分配,再按照各种产品耗用作业的数量,把各作业成本计入各种产品成本,计算出产品成本的方法。

2. 对直接费用的确认和分配相同

二者都依据受益性原则,对发生的直接费用予以确认。

3. 性质相同

作业成本法与传统成本法都是成本计算系统。它们的功能都是将企业一定期间所发生的与生产有关系的资源耗用信息加工整理为企业成本信息,最终输出给管理者。从性质上来说,它们都是成本信息系统。

六、作业成本法的基本程序

(一)选择作业,归集作业成本

该步骤是对耗费的资源价值按照作业进行归集的过程。企业在生产过程中消耗的各种资源,首先要合理分配归集到作业中,按照资源消耗与作业的关系,选择主要作业,归集作业,形成作业成本库。

(二)识别成本动因

成本动因即成本驱动因素,是对导致成本发生或增加的具有相同性质的某一类重要事项进行的量度,如电力消耗的用电度数、订单处理的批次、材料搬运的数量等。

(三)计算单位作业成本

在确定作业成本库及其成本动因后,用各作业成本库的作业成本除以该作业中心的成本动因总数,即可得到各个作业成本库的单位作业成本,也就是成本的分配率。计算公式如下:

某成本库单位作业成本=该作业成本库成本总额÷该成本动因总数

(四)将作业成本分配到产品上

这是作业成本计算的最后一步。它是以每个作业成本库的单位作业成本乘以该批产品或劳务的成本动因数,即得到该批产品或劳务应承担的作业成本,将该批产品或劳务所承担的各项作业成本加总即为该批产品或劳务的总成本,再除以产品或劳务的数量即为其单位成本。

七、作业成本法的应用举例

【做中学9—9】 某企业同时生产A、B两种产品,A产品每批1 000件,年产量10 000件;B产品每批200件,年产量5 000件。有关成本动因资料如下:

A、B产品单位机器工时比例为1∶6。

A、B产品每批材料移动次数分别为10次和20次。

检验单位为A产品每批50件,B产品每批10件。

A产品直接材料20 000元,直接人工30 000元;B产品直接材料40 000元,直接人工15 000元。

依据不同的成本库，归集的制造费用如表 9—5 所示，要求按作业成本法计算 A、B 产品成本。

表 9—5　　制造费用(成本库)资料

项　目	数　额	作业层次成本动因
材料处理	12 000	批作业层次
产品检验	15 000	批作业层次
车间管理	18 000	能量作业层次
取暖照明	4 000	能量作业层次
厂房折旧	30 000	能量作业层次
机器能量	11 000	单位作业层次
合　计	90 000	

解析：按传统成本法计算产品总成本、单位成本及毛利，分别如表 9—6 和表 9—7 所示。

表 9—6　　产品生产总成本计算表

产品名称	直接材料	直接人工	制造费用	合　计
A 产品	20 000	30 000	60 000	110 000
B 产品	40 000	15 000	30 000	85 000
合　计	60 000	45 000	90 000	195 000

注：表 9—6 中制造费用按照直接人工比例分配。

表 9—7　　产品单位成本及毛利计算表

产品名称	直接成本	直接人工	制造费用	合　计	售　价	毛　利
A 产品(10 000 件)	2	3	6	11	13	2
B 产品(5 000 件)	8	3	6	17	22	5

在作业成本法下，根据以上资料，计算步骤如下：

1. 按照作业层次分配制造费用

(1)单位作业层次(机器能量按机器工时比例分配，计算过程如表 9—8 所示)。

表 9—8　　机器能量成本分配表

产品名称	数量	机器工时	合　计	分配率	分配额
A 产品	10 000	1	10 000		2 750
B 产品	5 000	6	30 000		8 250
合　计			40 000	0.275	11 000

(2)批作业层次(材料处理成本与检验成本分别按移动次数与检验次数比例分配，分别见表 9—9 和表 9—10)。

表 9—9 **材料处理成本分配表**

产品名称	批数	每批移动次数	合　计	分配率	分配额
A 产品	10	10	100		2 000
B 产品	25	20	500		10 000
合　计	—	—	600	20	12 000

表 9—10 **检验成本分配表**

产品名称	批数	每批检验数	合　计	分配率	分配额
A 产品	10	50	500		10 000
B 产品	25	20	250		5 000
合　计	—	—	750	20	15 000

(3)能量作业层次(管理人员成本、取暖照明、厂房折旧按照直接材料成本比例分配,见表9—11)。

表 9—11 **其他作业(全面管理)成本分配表**

产品名称	直接材料成本	分配率	分配额
A 产品	20 000		17 400
B 产品	40 000		34 800
合　计	60 000	0.87	52 200

2. 综合上述计算结果,编制 A、B 产品总成本和单位成本汇总表,如表 9—12 所示。

表 9—12 **产品成本计算表**

项　目	A 产品(10 000 件)		B 产品(5 000 件)	
	总成本	单位成本	总成本	单位成本
单位工作成本				
直接材料	20 000	2	40 000	8
直接人工	30 000	3	15 000	3
机器能量	2 750	0.28	8 250	1.65
小　计	52 750	5.28	63 250	12.65
批作业层次				
材料处理	2 000	0.2	10 000	2
检验成本	10 000	1	5 000	1
小　计	12 000	1.2	15 000	3
能量作业层次				
全面管理	17 400	1.74	34 600	6.92
小　计	17 400	1.74	34 600	6.92
合　计	82 150	8.22	112 850	22.57

作业成本法下，单位成本与毛利如表9—13所示。

表9—13　　产品单位成本及毛利计算表

产品名称	直接成本	直接人工	制造费用	合　计	售　价	毛　利
A产品(10 000件)	2	3	3.22	8.22	13	4.78
B产品(5 000件)	8	3	11.57	22.57	22	−0.57

通过运用传统成本法与作业成本法，对A、B产品成本的计算结果可做以下比较：

在传统成本法下，A、B产品的单位成本均低于单位售价，给管理者提供的信息是A、B产品都是盈利产品，而B产品的盈利要大于A产品。

在作业成本法下，A产品的单位成本低于单位售价，而B产品的毛利为负数，给管理者提供的信息是A产品为盈利产品，B产品为亏损产品。

上例采用不同的成本计算方法，得出了截然不同的成本信息，其原因有：

在传统成本法下，制造费用是以工时或人工费用这单一标准为基础进行分配的(A产品负担制造费用6元，B产品也负担制造费用6元)，这样一方面高估了产量较高、复杂程度较低的产品的成本，另一方面低估了产量较低而复杂程度较高的产品的成本，给管理者提供的成本信息是不真实的，会导致管理者做出错误决策。

在作业成本法下，制造费用是以作业为基础，按成本动因来分配的(A产品负担制造费用3.22元，B产品负担制造费用11.57元)，使成本计算的合理性、准确性大大提高，给管理者提供了真实、可靠的成本信息，有助于管理者做出正确决策。

八、作业成本法的适用范围

作业成本法不仅可以用于事后成本核算，而且可以用于事前计划，有助于成本管理。但其使用需要数据来源较广、分类较细。所以，作业成本法一般适用于生产自动化程度较高、制造费用在成本中所占比重较大、作业种类多，而且会计电算化程度比较高的企业。

除制造业外，其他行业如零售业、服务业等也可以采用作业成本法计算和管理成本，这样既可以提供有关成本信息，又能有效地提高资源的利用率。

应知考核

一、单项选择题

1. 作业成本法的成本计算是以(　　)为中心的。

A. 产品　　B. 作业　　C. 费用　　D. 资源

2. (　　)是作业成本法的核心内容。

A. 作业　　B. 产品　　C. 资源　　D. 成本动因

3. 在标准成本控制下的成本差异是指(　　)。

A. 实际成本与标准成本的差异　　B. 实际成本与计划成本的差异

C. 预算成本与标准成本的差异　　D. 实际成本与预算成本的差异

4. 下列选项中，属于标准成本控制系统前提和关键的是(　　)。

A. 标准成本的制定　　B. 成本差异的分析

C. 成本差异的计算　　D. 成本差异的账务处理

5. 标准成本控制的重点是(　　)。

A. 标准成本的制定　　B. 成本差异的计算分析

C. 成本控制　　D. 成本差异的账务处理

二、多项选择题

1. 标准成本制度的优点是(　　)。

A. 有利于成本控制　　B. 有利于成本核算

C. 有利于简化会计工作　　D. 有利于正确评价业绩

2. 按制定标准成本依据的资料分类,标准成本可以分为(　　)。

A. 理想标准成本　　B. 正常标准成本

C. 历史标准成本　　D. 预期标准成本

3. 标准成本差异是实际成本与标准成本之间的差额,具体包括(　　)。

A. 直接材料数量差异　　B. 固定制造费用生产能力利用差异

C. 固定制造费用耗费差异　　D. 直接材料分配率差异

4. 与作业成本法相比,关于传统成本法,下列说法中错误的是(　　)。

A. 传统成本法低估了产量大而技术复杂程度低的产品成本

B. 传统成本法高估了产量大而技术复杂程度低的产品成本

C. 传统成本法低估了产量小而技术复杂程度高的产品成本

D. 传统成本法高估了产量小而技术复杂程度高的产品成本

5. 关于作业成本法的优点,下列说法中,正确的是(　　)。

A. 有利于提高成本信息质量,完全克服传统成本法下分配的主观因素影响

B. 有利于分析成本升降的原因

C. 有利于完善成本责任管理

D. 有利于成本的预测和决策

三、判断题

1. 制造费用标准成本的制定,应以各责任部门为单位,但不需要区分固定费用和变动费用来编制费用预算。(　　)

2. 直接材料三因素分析法,在将影响材料成本差异的因素分为数量差异和价格差异的基础上,将数量差异进一步区分为产出差异和耗费差异。(　　)

3. 固定制造费用差异的三因素分析法,将固定制造费用差异分为效率差异、耗费差异和生产能力利用差异。(　　)

4. 材料价格差异产生的原因是由于市场价格、采购地点、运输方式变动,以及生产技术上产品设计的变更造成的。(　　)

5. 在标准成本制度下,材料数量差异和材料价格差异都属于材料成本差异,可计入“材料成本差异”科目进行核算。(　　)

应会考核

■ 观念应用

【背景资料】

速达快递公司成本管理遇到的问题

速达快递公司负责财务的王经理手持文件夹准时来到CEO的办公室汇报。"从报告上看，公司的业绩不错，正处于快速增长时期，但是我有一个问题"，CEO突然问道，"我想知道，快递员从北京国贸大厦取一个银行的快件寄到厦门，这个单子的真实成本是多少？"王经理有些诧异，还是第一次有人问这样的问题，一时不知如何回答。"我们公司共有多少家分公司？"CEO又问。"90多家。"王经理回答说。"各分公司的盈利情况如何？""我们目前的成本核算方法都是以分公司为单位，按分公司归集成本费用，然后得到公司的总成本。至于分公司的盈利，因为长期以来我们都关注公司的整体业绩，没有做这方面的工作，无法让领导满意"，王经理有些沮丧。"如果我们不能算出每个单子的真实成本，也不能很好地计算各分公司的成本，这将使公司进行盈利能力分析、产品定价决策、路线优化分析等受到限制。""这个，这个……"王经理有些不知所措。"改革迫在眉睫，我们必须尽快找到合适的成本核算方法。你去想想办法。"CEO的语气很肯定。

为此，公司需要一套能解决问题的成本核算方法和成本管理工具，来解决如何把高额的间接费用准确分配到复杂多样的产品中，如何把多个分支机构的成本串联为产品的成本，如何衡量单一产品和客户的营利性……以便于公司进行成本管理。

【考核要求】

快递公司可以采用哪种成本核算方法进行改革，需要做哪些准备工作？

■ 技能应用

技能1：某企业生产甲产品，单位产品耗用的直接材料标准成本资料如表9—14所示。

表9—14　　单位产品耗用的直接材料标准成本资料

成本项目	价格标准	用量标准	标准成本
直接材料	0.5元/千克	6千克/件	3元/件

直接材料实际购进量是4 000千克，单价为0.55元/千克；本月生产产品400件，使用材料2 500千克。

【技能要求1】

(1)计算该企业生产甲产品所耗用直接材料的实际成本与标准成本的差异。

(2)将差异总额进行分解。

技能2：某企业月固定制造费用预算总额为100 000元，固定制造费用标准分配率为10元/小时，本月制造费用实际开支额为88 000元，生产A产品4 000个，其单位产品标准工时为2小时/个，实际用工7 400小时。

【技能要求2】

用两差异分析法和三差异分析法进行固定制造费用差异分析。

■ 案例分析

【分析情境】

WK公司的标准成本处理

WK公司生产和销售甲产品。甲产品生产需要耗用A、B两种材料，只经过一个生产加工过程，本月预计生产1 000件。本月预算固定制造费用为40 000元，预算变动制造费用为60 000元，预算工时为20 000工时。变动制造费用分配率和固定制造费用分配率均按直接人工工时计算。甲产品的标准成本资料如表9—15所示。

表 9—15 **单位产品标准成本**

项　目	标准消耗量	标准单价(元)	金额(元)
直接材料			
A 材料	20 千克	10	200
B 材料	30 千克	9	270
直接人工	20 千克	5	100
变动制造费用	20 千克	3	60
固定制造费用	20 千克	2	40
单位产品标准成本			670
变动制造费用预算分配率	60 000÷20 000=3	固定制造费用预算分配率	40 000÷20 000=2

甲产品月初没有在产品，本月投产 900 件，并于当月全部完工；本月销售甲产品 800 件，每件售价 950 元。本月其他有关实际资料如表 9—16 所示，本期所购材料货款已全部支付，所发生的各项制造费用均通过应付款科目核算。

表 9—16 **甲产品生产费用表**

项　目	采购材料数量	实际耗用量	实际单价(元)	实际成本(元)
直接材料				
A 材料	20 000 千克	19 800 千克	9	178 200
B 材料	25 500 千克	25 200 千克	9.5	239 400
直接人工		19 800 工时	5.2	102 960
变动制造费用			2.8	55 440
固定制造费用			2.1	41 580
实际产品成本总额				617 580

【情境思考】

如果 WK 公司请你根据上述资料为其进行标准成本的会计处理，那么你将怎样做？并请根据处理结果进行评价。

项目实训

【实训项目】

作业成本法和标准成本法的运用

【实训目的】

通过实训，使学生了解成本报表的编制依据，熟悉成本报表的编制程序，掌握产品生产成本报表、主要产品单位产品成本表的编制方法。

【实训情境】

【实训 1】资料：某企业生产甲、乙两种产品，其中，甲产品 900 件，乙产品 300 件，其作业情况数据如表9—17所示。

表9—17　　作业情况数据　　单位:元

作业中心	资源耗用(元)	动　因	动因量(甲产品)	动因量(乙产品)	合　计
材料处理	18 000	移动次数	400	200	600
材料采购	25 000	订单件数	350	150	500
使用机器	35 000	机器小时	1200	800	2 000
设备维修	22 000	维修小时	700	400	1 100
质量控制	20 000	质检次数	250	150	400
产品运输	16 000	运输次数	50	30	80
合　计	136 000				

要求:按作业成本法计算甲、乙两种产品的成本,并填制表9—18。

表9—18　　甲、乙两种产品的成本　　单位:元

作业中心	成本库(元)	动因量	动因率	甲产品	乙产品
材料处理	18 000	600			
材料采购	25 000	500			
使用机器	35 000	2 000			
设备维修	22 000	1 100			
质量控制	20 000	400			
产品运输	16 000	80			
合计总成本	136 000				
单位成本					

【实训2】　某企业生产甲产品,本月预计生产量250件,其他有关资料如表9—19和表9—20所示。

(1)产品标准成本和费用预算资料:

表9—19　　甲产品标准成本表　　单位:元

直接材料	标准单价	标准消耗量	金　额
A材料	20	200千克	4 000
B材料	10	40千克	400
小　计	—	—	4 400
直接人工	10	80	800
制造费用	—	—	—
变动制造费用	4	80	320
固定制造费用	12	80	960
小　计	—	—	1 280
单位产品标准成本	—	—6 480	

表 9—20 **费用预算表** 单位:元

项　目	每小时费用	总费用	项　目	每小时费用	总费用
		20 000 小时			20 000 小时
变动费用:			固定费用:		
消耗材料	2.00	20 000	折旧费	3.00	80 000
消耗动力	0.40	36 000	办公费	0.80	50 000
修理费	1.00	5 000	设计费	0.30	30 000
……	…	…	……	…	…
变动费用总计	4.00	80 000	固定费用总计	12	240 000
			费用总计	—	320 000

(2)本月实际发生有关业务内容如下:

购进 A 材料 24 000 千克,单价为 19 元;购入 B 材料 6 000 千克,购进单价为 12 元。生产甲产品领用 A 材料 42 000 千克,B 材料 8 600 千克。材料款项已通过银行支付。

本月发生生产工人实际工时数 18 000 小时,预算总工时为 20 000 小时,应付工资总额为 171 000 元,实际工资率为 9.5 元。

本月制造费用实际发生额为 316 000 元,其中,固定制造费用为 250 000 元,变动制造费用为 66 000 元,假设全部费用均以银行存款支付。

本月生产甲产品 200 件,期初和期末均无在产品。本月出售该产品 160 件,单价 8 000 元,收入确认的条件已具备,但货款尚未收到。

要求:

(1)根据本例所给资料,计算甲产品的标准成本,填列下列有关计算表(见表 9—21—表 9—26),并进行账务处理(本月发生的成本差异全部计入销售成本)。

表 9—21 **购入材料标准和价格差异计算表** 单位:元

材料名称	购入数量	标　准		实　际		价格差异
		单价	成本	单价	成本	
A 材料						
B 材料						
合　计						

表 9—22 **实际产量直接材料标准成本和数量差异** 单位:元

材料名称	标准单价	标　准			实　际		价格差异
		单位用量	总耗用量	总成本	总耗用量	总成本	
A 材料							
B 材料							
合　计							

表 9—23　**实际产量直接人工标准成本和差异**　单位:元

标准				实际			差异	
单位工时	总工时	小时工资率	总成本	总工时	小时工资率	总成本	效率差异	工资率差异

表 9—24　**实际产量变动制造费用标准成本和差异(1)**　单位:元

预算分配率	标准		实际		差异	
	总工时	总成本	总工时	总成本	效率差异	耗费差异

表 9—25　**实际产量变动制造费用标准成本和差异(2)**　单位:元

预算			标准		实际		差异		
总工时	分配率	总成本	总工时	总成本	总工时	总成本	效率差异	能力利用差异	耗费差异

表 9—26　**产品入库和销售标准成本计算**　单位:元

完工产品标准成本	单位产品标准成本	完工产品标准成本		销售产品标准成本	
		入库数量	总成本	销售数量	总成本
甲产品					

(2)撰写“作业成本法和标准成本法的运用”实训报告(见表 9—27)。

表 9—27　**“作业成本法和标准成本法的运用”实训报告**

项目实训班级:	项目小组:	项目组成员:
实训时间:　年　月　日	实训地点:	实训成绩:
实训目的:		
实训步骤:		
实训结果:		
实训感言:		
不足与今后改进:		
项目组长评定签字:		项目指导教师评定签字:

项目十

产品成本分析

○ **知识目标**

理解：成本报表的概念和特点、成本报表的作用和分类、成本报表的编制要求和编制依据；

熟知：成本分析的概念、影响产品成本的因素、成本分析的任务、成本分析的原则；

掌握：成本分析评价标准、成本分析的基本程序、成本报表的编制。

○ **技能目标**

能够掌握产品成本报表、主要产品单位成本报表、制造费用明细表、期间费用明细表的填列方法及编制；具备成本分析方法在实际运用中的基本技能。

○ **素质目标**

能够运用所学的产品成本分析知识研究相关案例，培养和提高学生在特定业务情境中分析问题与决策设计能力，分析企业与会计人员行为的善恶，强化学生的职业道德素质。

○ **思政目标**

能够正确理解“不忘初心”的核心要义和精神实质；树立正确的世界观、人生观和价值观，做到学思用贯通、知信行统一；通过学习产品成本分析知识，培养自己的职业控制力和职业道德素养，加强内部控制，提高业务能力。

○ **项目引例**

光明乳业的成本分析意义

在竞争日益激烈的社会，只有更加优秀的企业才能立于不败之地。优秀的企业离不开优秀的管理，而成本管理又是企业管理的重中之重。企业只有做好了成本控制管理，才能不断地向前发展，才能越走越远、越走越好。

光明乳业始于1911年，拥有100多年的历史。牛奶，作为美味营养的自然食品，从牧场到消费者，为消费者全程把关，通过打造全产业链，把牧场管理、乳品加工、物流冷链、品牌销售联结起来，层层监控，以牧业、乳制品的开发、生产和销售为主营业务，是中国领先的高端乳品生产者。公司拥有世界一流的乳品研究院、乳品加工设备以及先进的乳品加工工艺，主营产品包括新鲜牛奶、新鲜酸奶、乳酸菌饮品、常温牛奶、常温酸奶、奶粉、婴儿奶粉、奶酪、黄油、冰激凌、烘焙产品等多个品类。

公司在全产业链模式下放眼全球，不断完善生产过程中的各个环节。除了更好地满足需求，进行多产品的开发以外，还从物流与销售等环节，层层监控，确保高品质的产品与服务始终如一。

要取得良好的经济效益，进行成本管理和控制是一项十分重要的措施。对一个企业来说，材料物资消耗和产量的多少、生产设备和资金利用是否合理、经营管理水平的

动漫视频

比率分析法

好坏、劳动生产率的高低都会直接或间接地从成本指标中显示出来。作为全国最大的鲜奶制品生产销售企业，在蒙牛和伊利以常温奶迅速抢占全国市场份额的市场夹击下，在公众对食品安全始终保持高度敏感的今天，为了应对日益增长的成本压力，光明乳业如何来管理、分析和控制企业的成本呢？

请分析：企业进行成本分析的意义。

○ **知识精讲**

任务一　成本报表

一、成本报表的概念和特点

（一）成本报表的概念

成本报表是根据产品成本和期间费用的核算资料以及其他有关资料编制的，用来反映企业一定时期产品成本和期间费用水平及其构成情况的报告文件。

【提示】成本报表是用以考核、分析各项费用与生产成本计划执行结果的内部会计报表，是会计报表体系的重要组成部分。

（二）成本报表的特点

成本报表作为内部会计报表，与对外报送的财务报表相比较，主要有以下特点：

1. 成本报表是为企业内部经营管理的需要而编制的

正确、及时地编制成本报表，可以考核企业成本计划的完成情况，分析成本管理工作中的成绩和问题，以便挖掘降低成本、节约费用的潜力，及时做出生产决策，保持成本领先的优势。因此，为企业内部经营管理的需要而编制，是成本报表的主要特点。

2. 成本报表编制的时间、种类、格式、项目和内容等由企业自行决定

成本的核算方法，与企业的生产工艺过程、生产组织特点及其成本管理的要求密切相关。各个企业成本核算方法不同，所需成本信息也各有侧重点。因此，企业自行设计和编制成本报表具有较大的灵活性和实用性。这是成本报表区别于财务会计报表的一个重要特点。

3. 成本报表提供的成本信息（成本指标）反映企业各方面的工作质量

成本报表所提供的信息最具综合性和全面性。企业产品产量的多少，质量的高低，原材料、燃料的节约与浪费，工人劳动生产率的高低和平均工资水平的变动，固定资产的利用程度，废品率的变化以及管理水平的高低等都会或多或少、直接或间接地反映到成本、费用上来。因此，成本报表提供的信息可以综合反映企业经营管理工作的质量和管理水平的好坏。

二、成本报表的作用

成本报表主要向企业的各级管理部门、企业领导、企业职工以及有关部门提供成本信息。成本报表的作用主要有：

（1）提供企业在一定时期内的产品成本水平及费用支出情况。

（2）可据以分析成本计划或预算的执行情况、考核成本计划的完成情况，并查明产品成本升降的原因等。

（3）本期成本报表的成本资料是编制下期成本计划的重要参考依据。

（4）企业主管部门把所属非独立核算单位的成本报表资料和其他报表资料等结合起来运用，可以有针对性地对其进行指导和监督。

三、成本报表的分类

成本报表主要是为满足企业内部经营管理的需要而编制的报表，一般不对外公布，因此，无论是报表种类、格式内容、编制方法还是编报时间，通常都由企业根据自身的特点及管理的需要而定。成本报表主要有以下几种常见的分类方法：

(一)按成本报表反映的经济内容分类

成本报表按其反映的经济内容可分为产品成本类报表、费用类报表以及其他生产经营情况报表。

1. 产品成本类报表

产品成本类报表侧重于揭示企业为生产一定种类和数量的产品所花费的成本是否达到预定的目标，通过分析比较，找出差距，明确薄弱环节，进一步采取有效措施，为挖掘降低成本的内部潜力提供有效的资料，主要包括产品生产成本表、主要产品单位成本表。

2. 费用类报表

费用类报表主要包括制造费用明细表、销售费用明细表和管理费用明细表等。通过这类报表可以了解到企业在一定期间费用的支出总额及其构成，并可以考核费用支出的合理性、分析费用支出变动的趋势，有利于企业正确制定费用预算，控制费用支出，考核费用支出指标完成情况，明确有关部门和人员的经济责任，防止随意扩大费用开支范围。

3. 其他生产经营情况报表

该类报表主要是指除了上述成本费用类报表外，企业为更详细、全面地提供相关成本费用信息而编制的成本报表。该类报表一般属于专题报表，用于反映在生产过程中能够影响产品成本的某些特定重要问题，如材料耗用表、材料差异分析表、人工成本报告、质量成本报告等。这些报表通常体现出灵活性、多样性、及时性等特点。

(二)按成本报表编制的范围分类

成本报表按其编制的范围可分为全厂成本报表、车间成本报表、班组成本报表、责任岗位成本情况报表等。

(三)按成本报表编制的时间分类

成本报表按其编制的时间可分为年报、季报、月报、旬报、日报等。

成本报表根据管理上的要求一般可按月、按季、按年编报，但针对内部管理的特殊需要，也可以按日、按旬、按周，甚至按工作班来编报，目的在于满足日常、临时、特殊任务的需要，使成本报表资料及时服务于生产经营的全过程。

四、成本报表编制的要求

(一)数字真实，内容完整

企业在编制成本报表之前应将所有经济业务全部登记入账，并认真审核成本核算的账簿记录，做到账账相符、账实相符，以确保各项数据的真实、准确，以便为成本报表使用者做出正确决策提供依据。另外，企业编制的成本报表种类要齐全，表内的各个项目、指标及表外补充资料要填写完整，不得任意取舍。

(二)编制指标一致，具有可比性

成本报表提供的资料要尽可能做到口径一致，以方便报表使用者对不同时期的经营状况和生产水平进行比较，做出分析判断。这就要求企业在对同类经济业务进行计量和填报时方法一致，以确保资料的一贯性与可比性。若因客观条件变化确需改变原有指标的计算原则、方法等，企业则应对变更原因及变化结果做出充分说明，以帮助报表使用者正确理解报表内容，合理分析报表中有关项目变化对决策的影响。

（三）编报及时，具有实用性

成本报表是对已经发生的生产成本、费用所做的总结，在保证资料真实、准确的同时还应考虑信息传达的时效性。企业管理部门如果不能及时了解和掌握成本费用的实际发生情况，就无法做出正确的分析与判断，从而会影响企业决策的方向，即便再真实、全面的报表资料也失去了其应有的作用。

出于不同的管理需要，成本报表的指标设计应贯彻有用性原则，可以是总括数字，也可以是明细数字；可以是预算数字，也可以是实际数字；可以是完全成本，也可以是变动成本、标准成本、责任成本或作业成本等，以满足报表使用者决策的需要。

此外，在保证上述编制要求的前提下，企业还应对报表资料中反映的成本费用的升降情况及原因进行具体分析，并提出有针对性的措施与对策，为报表资料的阅读者提供更多的参考。

五、成本报表编制的依据

（一）相关的法律法规制度

成本报表作为反映企业成本费用水平及构成情况的内部报表，虽然在格式与内容上可以根据企业的需要自行设置，但仍应符合《企业会计准则》《企业财务通则》等重要的会计法规、制度中关于成本核算的规范和要求。

（二）企业内部管理要求

成本报表主要是为满足企业内部管理的要求而编制的，因此，其指标的设置、内容的编制等应以符合内部管理需要为原则。企业通过对报表内各项指标的分析，了解影响成本费用变化的原因，从而揭示其在生产、经营、管理等各方面存在的问题，并采取有针对性的措施，加强管理，提高经济效益。

（三）真实、准确的数据资料

成本报表编制的最主要依据是实际的生产成本及费用资料，要真实反映企业成本管理的水平，因此，在编制过程中一定要保证相关资料的真实、准确，这样才能检查成本计划的执行情况，并进一步分析完成或未完成计划的具体原因，从而为制订下期的成本计划提供重要依据。

（四）企业有关的统计资料和其他资料等

为了便于比较分析，企业还需要提供以前年度的会计报表资料以及其他相关部门的生产基本情况等。

任务二 成本分析

成本分析是按照一定的原则，采用一定的方法，利用成本计划、成本核算和其他有关资料，控制实际成本的支出，揭示成本计划完成情况，查明成本升降的原因，寻求降低成本的途径和方法，以达到用最少的劳动消耗取得最大的经济效益的目的。

一、成本分析的概念

成本分析是利用成本核算及其他相关资料，对成本水平及其构成的变动情况进行分析评价，以揭示影响成本升降的各种因素及其变动的原因，寻找降低成本的潜力。成本分析是成本管理的重要组成部分，其作用是正确评价企业成本计划的执行结果，揭示成本升降变动的原因，为编制成本计划和制定经营决策提供重要依据。

广义来说，成本分析可以在成本形成前后进行事前、事中和事后分析。(1)在成本形成之前，为了选择降低成本的最佳方案，确定目标成本，编制成本计划，需要对成本进行预测分析，即事前分析。(2)在成本形成的过程中，为了随时检查各项定额和成本计划的执行情况，控制各种消耗、费用支出，保证目标成本的实现，需要进行成本控制分析，即事中分析。(3)在成本形成之后，把成本核算数据与其他资料结合起来，评价成本计划的执行结果，揭露矛盾，总结经验教训，指导未来，需要进行成本考核分析，即事后分析。所以，成本分析贯穿于成本会计的全过程，对充分发挥成本会计的积极作用具有重要意义。

狭义来说，成本分析主要是指事后成本分析。事后成本分析是以成本核算提供的数据为主，结合有关的计划、定额、统计、技术和其他调查资料，按照一定的原则，运用一定的方法，对影响成本和成本效益升降的各种因素进行科学的分析，查明成本和成本效益变动的原因，制定降低成本的措施，以便充分挖掘企业内部降低成本和提高成本效益的潜力，用较少的消耗取得较大的经济效益。

二、影响产品成本的因素

企业产品成本的提高或者降低，是各种因素共同影响、综合作用的结果。这些因素概括起来可以分为固有因素、宏观因素和微观因素三大类。所谓固有因素，就是指企业创建时先天条件的好坏对企业产品成本影响的因素；所谓宏观因素，就是从整个国民经济活动的宏观方面来观察的因素；所谓微观因素，就是从企业本身的经济活动的微观方面来观察的因素。

(一)固有因素

1. 企业地理位置和资源条件

企业成本的高低在许多方面受到企业所处的地理位置和资源条件的影响。例如，由于地理位置和气候条件的不同，会影响到企业所用固定资产的结构，从而引起固定费用水平的不同。又如，如果企业地处经济落后或者交通闭塞的地区，与其他企业协作困难，那么势必会迫使企业什么都得自己生产，从而也就会引起产品成本的提高。另外，企业距离原材料产地和燃料产地以及销售市场的远近，不仅会造成运费、包装费、在途运输损耗的不同，而且会影响到原材料、燃料的储备数量，从而引起这些原材料、燃料储存成本的差别。对于采掘工业来说，开采还有难易之分，矿石有品位高低的差别。这些自然资源的条件不同，也在很大程度上影响了企业产品成本的高低。

2. 企业规模和技术装备水平

企业规模的大小，对产品成本水平有一定的影响。一般来说，生产规模大的企业，技术装备水平比较先进，产量高，消耗低，原材料资源利用充分，产品质量好，劳动生产率高。所以，它的产品成本比规模小的企业要低。例如，一个大型钢铁企业的产品成本要比中小型企业低20%以上。企业的技术装备水平对产品成本也有很大影响，技术装备水平高，有利于提高劳动生产率和节约物资，从而有利于降低产品成本。但这并不是说，生产规模越大，技术装备水平越高，产品成本必然越低。这里有一个前提，必须处于合理的经济结构之中。同样，企业技术装备水平的先进与落后也是相对的，它必须有利于提高经济效益。有些技术设备虽然先进，但价格昂贵，发挥的作用不大，并不利于经济效益的提高。总之，我们在分析企业规模和技术装备水平时必须从提高经济效益的前提出发，这也是我们进行各项分析的一个基本原则。

3. 企业的专业化协作水平

工业生产专业化是社会分工的表现形式和结果，协作是随工业生产专业化的发展而发展起来的。生产力越是发展，越需要专业化协作的充分发展。专业化协作可以发挥各方面的作用。它可以组织成批生产和大量生产；可以做到投资少，见效快；可以提高经营管理水平；能充分、合理地利用设备和人力，不断改进生产技术和生产工艺，因此，能够不断地提高产品质量，节约活劳动和物化劳动的消耗，促进产品成本大幅度降低。反之，如果盲目追求生产的“大而全”“小而全”，不仅会造成投资浪费，而且不能充分利用设备和人力，势必导致产品成本的提高。

（二）宏观因素

1. 宏观经济政策的调整

在社会经济的不同时期，经济工作的重心也不相同，国家总是通过及时调整各项政策，以保证各个时期经济目标的实现。例如，通过提高贷款的利率，促使企业减少资金占用，以提高资金的利用效率；为了促进技术进步，调整固定资产折旧率等。这些虽属宏观经济政策的调整，却会对成本产生直接的影响。

2. 成本管理制度的改革

在社会主义市场经济体制下，成本管理制度应由企业根据企业会计准则和相关规章制度的要求，并结合企业自身的特点来制定。但是，对产品成本应包括的内容、费用开支标准和开支限额等一些重大问题，仍应由国家按照合理补偿的原则统一规定，作为企业产品成本管理的依据。当然，根据不同时期宏观管理的要求，国家所做的一些统一规定也会有所调整。例如，在1993年会计改革之前，管理费用在产品成本中列支，现在改为直接计入企业当期损益等。这种宏观管理上的改革显然会对产品成本产生影响。

3. 市场需求和价格水平

随着社会主义市场经济体制的建立，企业的生产经营活动必须面向市场。产品的生产方向、品种结构、生产任务必须根据市场的需求来确定。企业能否依靠自身的应变能力，根据市场需求变化趋势和用户意图，制订生产计划，使企业生产能力得到最大限度的发挥，将直接影响产品成本水平。在生产资料市场逐步完善的条件下，企业的物资供应由国家计划调拨转向市场交换，物资价格在价值规律的作用之下发生波动，这种变化将对企业产品成本水平产生影响。

（三）微观因素

1. 劳动生产率水平

劳动生产率是影响成本变动的重要因素之一。它的提高不仅可以减少单位产品的工时消耗，而且有可能减少单位产品成本中的工资费用支出，同时还可能引起产量的增加，进而导致单位产品成本中固定费用的降低。此外，劳动生产率的提高往往是与技术进步、劳动组织的改善密切相关的，通常会连带地促进固定资产、原材料、燃料动力等利用程度的改善，从而减少单位产品中物化劳动的消耗。所以，提高劳动生产率几乎可以促进单位产品中各个成本项目的降低，这是在微观方面影响成本高低的决定性因素。

2. 生产设备利用效果

生产设备是企业进行生产的主要物质技术手段，因而它的利用情况必然影响到产品成本水平的高低。提高生产设备的利用率和生产效率，会使同等数量的生产设备生产出较多的有用产品，从而减少分摊在单位产品中的折旧费和修理费。生产设备利用情况的改善，还会影响其他成本项目的支出。例如，生产设备利用效率的提高，有利于提高劳动生产率，增加产量，减少单位产品中分摊的工资额。另外，生产设备利用情况的改善、产量的增加，也会使单位产品中原材料和燃料动力的消耗降低。

3. 原材料和燃料动力的利用情况

原材料和燃料动力消耗在产品成本中往往会占很大的比重，是影响产品成本的重要因素。原材料和燃料动力消耗直接取决于产品设计和生产工艺的合理程度。如果产品设计和生产工艺先进、合理，就可以用较少的原材料和燃料动力消耗，制造出质量高、效能好的产品，从而有助于产品成本的降低；反之，如果产品设计不当、生产工艺落后，就可能引起原材料和燃料动力消耗的增加，从而提高产品成本。此外，各种不同质量、不同型号、不同价格的原材料和燃料动力在生产过程中的消耗和使用比例以及它们的综合利用情况也会在一定程度上影响产品成本的升降。

4. 产品生产的工作质量

产品生产的工作质量一般是通过“废品率”“返修率”等指标来反映的。废品成本由同类合格品负担。工作质量越高，废品就越少，合格品也就越多，产品单位成本也就越低；反之，就会提高产品单位成本。如果废品是可修复的，在修复过程中所发生的加工费用也要由同类合格品负担，从而引起产品单位成本的提高。此外，工作质量的提高还会通过提高产品质量，节约原材料、燃料动力的消耗等方面表现出来，从而影响产品成本水平。

5. 企业的成本管理水平

企业产品成本的高低除了取决于材料、能源、设备等硬资源的利用情况外，还与成本管理等软资源的开发和利用有关。成本管理从根本上说是以生产耗费合理化为目的的活动，其基本任务就是把对成本的预测、决策、计划、控制、核算、分析和考核科学地组织起来，以达到降低成本的目的。企业的成本管理水平提高，产品成本水平就降低。在生产条件、技术水平基本相同的企业中，由于成本管理水平不同，产品单位成本相差很大的例子是屡见不鲜的。

6. 企业文化建设

企业文化是企业全体职工在长期的生产经营活动中培育形成并共同遵守的最高目标、价值标准、基本信念和行为规范。企业文化的结构可分为三个层次：一是精神层，包括企业精神、企业最高目标、企业风气等；二是制度层，包括一般制度、特殊制度和企业风俗；三是物质层，包括企业标志、厂容厂貌、产品特色、企业文化传播网络等。企业文化具有导向功能，能把职工个人的目标引导到企业目标上来，有助于形成企业的长期竞争力；企业文化具有激励功能，如果职工为企业作出了贡献，就会得到鼓励和奖励，从而使其对企业产生了强烈的主人翁责任感，使企业职工从内心产生一种奋发进取的效应。广大职工往往在企业的生产第一线，如果人人都以企业为家，为企业献计献策，那么将会对企业的各项管理工作产生不可估量的影响。所以，企业应注重文化建设，以激发广大职工的生产热情，这对于降低产品成本、提高经济效益具有重要意义。

三、成本分析的任务

企业成本分析的任务从事后成本分析来看主要有以下几个方面：

(一)揭示成本差异原因，掌握成本变动规律

成本计划在执行过程中受到多方面因素的影响，有技术因素和经济因素、宏观因素和微观因素、人的因素和物的因素。成本分析运用科学的方法，从指标、数据入手，找出差距，揭露矛盾，查明各种积极因素和消极因素及其对经济指标的影响程度，并分清主观原因和客观原因，从而逐步认识和掌握成本变动的规律，以便采取措施，不断提高企业的经营管理水平。

(二)合理评价成本计划完成情况，正确考核成本责任单位的工作业绩

成本分析应通过系统、全面地分析成本计划完成或没有完成的原因，对成本计划本身及其执行情况进行合理的评价，总结本期实施成本计划的经验教训，以便今后更好地完成计划任务，并为下期成本计划的编制提供重要依据。同时，通过分析，还要有根据地评价成本责任单位的成绩或不足，查明哪里先进、何处落后，分析先进的原因、落后的理由，这样才可以正确考核成本责任单位的工作业绩，为落实奖惩制度提供可靠依据，从而调动各责任单位和职工提高成本效益的积极性和主动性。

（三）检查企业是否贯彻执行国家有关的方针、政策和财经纪律

企业的生产经营活动必须遵守国家有关的方针、政策和财经纪律，以保证国家利益和人民利益不受损害。因此，分析企业是否降低成本和提高成本效益，就必须以国家有关的方针、政策和财经纪律为依据，及时纠正违纪的不合理行为。例如，企业有无通过压低产品质量、牺牲消费者利益来降低产品成本，企业有无任意缩小或扩大成本开支范围，企业有无该摊提费用而未摊提等。通过成本分析，能促使企业微观效益与社会宏观效益的提高协调起来。

（四）挖掘降低成本的潜力，不断提高企业经济效益

成本分析的根本任务是为了挖掘降低成本的潜力，促使企业以较少的劳动消耗生产出更多更好的使用价值，实现更快的价值增值。因此，成本分析的核心就是围绕着提高经济效益不断挖掘降低成本的潜力，充分认识未被利用的劳动和物质资源，寻找利用不完善的部分及其原因，发现进一步提高利用效率的可能性，以便从各方面揭露矛盾，找出差距，制定措施，使企业的经济效益越来越好。

四、成本分析的原则

（一）全面分析与重点分析相结合的原则

这里的所谓全面分析，并非完全是指分析内容的全面性，而是说成本分析要着眼整体，树立全局观念，切忌片面性，必须以有关的方针、政策、法令为依据，企业成本效益要与社会效益结合起来进行分析；要运用一分为二的观点来进行分析，对成绩和缺点、经验和存在的问题、有利因素和不利因素、主流和支流，必须坚持实事求是的态度，不能强调一个方面而忽视另一个方面，这样才能得出正确的结论；此外，要以产品成本形成的全过程为对象，结合生产经营各阶段的不同性质和特点进行成本分析。

必须指出，全面分析并不意味着要对与成本有关的生产经营活动进行面面俱到、事无巨细的分析，而要按照例外管理原则抓住重点，找出关键性问题，深入剖析。一般来说，企业日常出现的成本差异繁多，管不胜管。为了提高成本分析的工作效率，分析人员要把精力集中在例外差异上，即对那些差异率或差异额较大、差异持续时间较长、差异影响了企业长期赢利能力的项目进行重点分析，并及时反馈给有关责任单位，迅速采取措施予以消除。

（二）专业分析与群众分析相结合的原则

成本涉及企业所有部门及全体职工的工作业绩，为了使成本分析能够做到经常性和有效性，真正达到成本分析的目的，必须发动群众，将分析化为广大群众的自觉性行动。这就要求成本分析上下结合，专群结合，充分发挥每个部门和广大群众分析成本、挖掘降低成本潜力的积极性，把专业分析建立在群众分析的基础上。这样才能充分揭露矛盾，深挖提高成本效益的潜力，把成本分析搞得生机勃勃，充分发挥其应有的作用。

（三）经济分析与技术分析相结合的原则

成本的高低既受经济因素影响，又受技术因素影响，在一定程度上技术因素起决定性作用。因此，成本分析如果只停留在对经济指标的分析，而不深入技术领域，不结合技术指标进行分析，就不能达到其目的，为此，必须要求分析人员通晓一些技术知识，并注意发动技术人员参与成本分析，把经济分析与技术分析结合起来。所谓经济分析与技术分析相结合，就是通过经济分析为技术分析提供课题，增强技术分析的目的性；而技术分析又可反过来提高经济分析的深度，并从经济效益角度对所采取的技术措施加以评价，从而通过改进技术来提高经济效益。这两方面分析的结合，能防止片面性，并能结合技术等因素查明成本指标变动的原因，以全面改进工作，提高效益。

（四）纵向分析与横向分析相结合的原则

纵向分析是指企业内部范围内的纵向对比分析，包括本期实际与上期实际比较，与上年同期实际比较，与历史最好水平比较，与有关典型意义的时期比较等。这种纵向对比，是成本分析的主要内容，可以观察企业成本的变化趋势。但在市场经济体制下，企业必须面向市场、面向世界，所以要收集和掌握国内外同类型企业成本的先进水平资料，广泛开展横向厂际对比分析。这种横向对比，有助于企业在更大范围内发现差距，促使企业产生紧迫感，增强竞争能力。

（五）事后分析与事前、事中分析相结合的原则

现代成本分析不能局限于事后分析，还应包括事前分析和事中分析，特别是要开展事前分析。这三个阶段的分析，是相互联系的，各有其特定作用。只有在成本发生之前开展预测分析，在成本发生过程中实行控制分析，在成本形成之后搞好考核分析，把事前分析、事中分析和事后分析结合起来，建立起完整的分析体系，将成本分析贯穿于企业再生产全过程，才能做到事前发现问题，事中及时揭示差异，事后正确评价业绩，这对于提前采取相应的措施，把影响成本升高的因素消灭在发生之前或萌芽状态之中，以及时总结经验教训，指导下期成本工作等，都具有明显的积极意义。

（六）报表数据分析与实地分析相结合的原则

成本分析必须系统掌握和充分利用报表数据，这是做好分析工作的基础。但是要完整了解实际情况，真正弄清问题的实质，从复杂因素中找出关键因素，得出全面的分析结论，只凭报表数据是不够充分的，还必须深入实践，有的放矢地进行必要的调查研究，把报表数据和实际情况结合起来，才能加深认识，进一步提高分析的质量。

五、成本分析评价标准

成本分析评价标准主要有历史标准、行业标准和预算标准等。所谓历史标准，是指企业在以前年度中某项成本指标的最低水平。历史标准不会一直保持不变，如果企业以后年度中成本指标有了新的突破，历史标准将被更新、更好的指标所代替，直到企业重新产生新的标准。根据历史标准，可以判断企业现时的工作与以前相比，是取得了成绩，还是退步了，使企业看到自己的差距。所谓行业标准，是指由企业主管部门根据所属行业的生产经营的实际情况所制定的同行业的成本指标水平。行业标准应是体现全行业平均水平的成本指标，一般情况下，大多数企业经过努力可以达到这一标准。根据这一指标，企业可以了解自己在同行业中所处的水平，是超过同行业平均水平，还是未达到同行业平均水平，从而可以促使企业努力采取措施，赶超先进。所谓预算标准（或称计划标准、目标标准），是指企业预先规定的在计划期内产品生产耗费和各种产品的成本水平。预算标准具体包括主要产品单位成本预算、商品产品成本预算、制造费用预算、销售费用预算、管理费用预算和财务费用预算等。根据预算标准，企业可以分析其实际生产消耗水平与预算之间的差异，并通过分析差异原因，使之在以后的经营管理中力争成本消耗不突破预算，使成本水平不断降低，从而增加企业经济效益。

六、成本分析的基本程序

（一）准备阶段

1. 明确成本分析目的

成本分析的主要目的是全面分析成本水平与构成的变动情况，研究影响成本升降的各种因素及其变动原因，以便挖掘降低成本的潜力，控制成本，提高经济效益。为了达到这一目的，必须制订成本分析计划。制订成本分析计划是为了保证分析工作有目的、有步骤地进行，并且不致因遗漏任何重要问题而影响分析效果。分析计划应确定分析的目的、要求、范围，分析的主要课题，分析工作的组织分工、进度安排、资料来源等。分析工作要按计划进行，但也应根据分析过程中的实际情况修改补充计划，以提高分析质量。

2. 确立成本分析标准

进行成本分析，通常情况下是以企业制订的成本计划指标作为成本分析标准。具体做法是将企业的实际成本指标与计划指标进行对比，找出差异，并分析原因，也可将企业的实际成本指标与历史标准、同行业标准等进行对比。

3. 收集成本分析资料

占有大量完备的各种资料，是正确进行成本分析的基础。企业在进行成本分析时，必须首先收集内容真实、数据正确的资料。分析所需要的资料是多方面的，不仅需要收集各种核算的实际资料，还要收集有关的计划、定额资料；不仅要收集有关的数据资料，而且还要收集会议记录、决议、报告、备忘录等文字资料；不仅需要国内同行业先进企业的有关资料，而且需要国际先进企业的资料。收集资料要注意日常积累，才能对企业工作逐步形成概念；必须实事求是，并且进行必要的去粗取精、去伪存真的整理工作，以筛选真实反映企业经营状况的资料，才有可能得出正确的结论和提出切实可行的建议。

（二）实施阶段

1. 报表整体分析

工业企业编制的成本报表主要有商品产品成本表、主要产品单位成本表和制造费用明细表等。企业进行成本分析时，首先要对成本报表整体进行分析。例如，对商品产品成本表，可按产品类别和成本项目对全部商品产品成本进行分析，将商品产品的实际成本与计划成本进行对比分析，对其中的可比产品，可将实际成本与计划成本进行比较，还可以与上年实际比较；对主要产品单位成本表，可将产品单位成本分别与上年或与计划进行比较；对制造费用明细表，可将实际费用与计划或与上年同期水平进行比较，以说明有关成本费用的升降情况。

2. 成本指标分析

成本指标分析，或称成本指标对比，是在已经核实资料的基础上，对成本的各项指标的实际数进行各种形式、各个方面的比较，经过比较，就可以确定差异，揭露矛盾。这样，一方面可以明确必须深入进行分析的问题，寻找产生问题的原因，另一方面又为挖掘潜力指出了方向和途径。

3. 基本因素分析

通过对比，揭露矛盾，只能看出数量上、现象上的差异，不能反映差异的根源，因此，还要相互联系地研究各项成本指标发生差异的原因。影响成本指标差异的原因是多种多样的，既有人的因素，也有物的因素；既有技术因素，也有生产组织因素；既有经济方面的因素，也有非经济方面的因素；既有企业内部的因素，也有企业外部的因素。因此，只有运用对立统一的方法来分析，才能查明成本指标产生差异的原因。

（三）报告阶段

1. 得出成本分析结论

企业在实际工作中，首先，要在研究有关成本指标差异形成过程的基础上进行因素分析；其次，将有关因素加以分类，衡量各个因素对指标差异产生的影响程度和影响方式，在相互联系中，找出起决定作用的主要因素；最后，综合分析各方面因素对指标差异的影响程度。有分析还要有综合，这是密不可分的两个过程。其中，分析是基础，综合是分析的概括和提高。如果只重分析，忽视综合，最后只能得出个别的和部分的结论，看不出影响指标差异的各个因素的内在联系。因此，只有把分析和综合正确地结合起来，才能在多种矛盾中找出主要矛盾，从复杂因素中找出决定性因素，对企业成本和成本效益由感性认识上升到理性认识，抓住问题的关键，得出成本分析的结论。

2. 提出可行的措施和建议

成本分析在揭露矛盾和分析矛盾以后要对企业成本工作做出评价，提出解决矛盾的可行措施。分析工作的最后阶段，应根据分析的结果，认真总结经验教训，克服缺点；要依靠群众，针对生产实践中的关键问题和薄弱环节，提出措施，挖掘潜力，改进工作，提高成本效益；同时，必须注意抓好措施的实施与检查，继续开展成本分析工作。只有不断地发现、分析、解决实践中出现的新矛盾与新问题，才能不断提高企业的科学管理水平。

3. 编写成本分析报告

成本分析报告是在完成了成本分析全部程序之后对成本分析结果作出的文字报告。成本分析报告的内容见本任务的有关内容。

七、成本分析的方法

成本分析方法多种多样，具体选用哪种方法，取决于企业成本分析的目的、费用和成本形成的特点、成本分析所依据的资料性质等。常用的成本分析方法有比较分析法、比率分析法和因素分析法。

（一）**比较分析法**

比较分析法是将两个或两个以上相关的可比数据进行对比，从数量上确定差异的方法。成本报表（以及成本计划）中有关成本指标数量的差异，反映了成本管理工作的成绩好坏。运用比较分析法就是要揭示这种差异，分析产生差异的原因，以便研究解决问题的途径和方法，提高成本管理水平。

在成本分析中运用比较分析法，主要有以下几种比较（对比）方式：

1. 分析期实际数据与计划（预算）数据对比

将分析期实际数据与计划（预算）数据进行比较，是基本的比较方法。这种方法可以找出分析期实际成本费用与计划成本和费用预算之间的差异，了解成本计划和费用预算的执行情况，在具体比较时，可以计算差异额和差异率两个指标。

（1）实际脱离计划的差异额，即实际与计划比较增加或减少的数额。其计算公式为：

$$\text{实际脱离计划的差异额}=\text{分析期指标的实际数据}-\text{分析期指标的计划数据}$$

企业在对费用总额和产品单位成本进行分析时经常用到上述公式。分析期实际费用总额大于预算中费用总额或者产品实际单位成本大于计划单位成本时，称为费用或成本的超支；反之，称为费用的节约或成本的降低。

企业在实际工作中经常要计算成本降低额指标。实际单位成本小于计划单位成本时，形成成本的降低额；实际单位成本大于计划单位成本时，形成成本的超支额。与计划成本比较的成本降低额是同一产量的计划成本总额减去实际成本总额后的差额。其计算公式为：

$$\text{与计划成本比较的成本降低额}=\text{实际产量按计划单位成本计算的总成本}-\text{实际总成本}$$

上述公式中的计划成本，是按实际产量进行调整以后的计划总成本（计划单位成本×实际产量），它与实际总成本（实际单位成本×实际产量）之差，若为正数，则称为成本降低额；若为负数，则称为成本超支额。这是“实际脱离计划的差异额”的计算公式的另一种表现形式。

（2）实际脱离计划的差异率，即实际较计划增加或减少的百分比。其计算公式为：

$$\text{实际脱离计划的差异率}=\frac{\text{分析期指标的实际数据}-\text{分析期指标的计划数据}}{\text{分析期指标的计划数据}}\times 100\%$$

根据上述公式原理，企业在对成本计划完成情况的分析中，经常需要计算与计划成本比较的成本降低率。其计算公式为：

$$与计划成本比较的成本降低率=\frac{实际产量按计划单位成本计算的总成本-实际总成本}{实际产量按计划单位成本计算的总成本}\times 100\%$$

将分析期实际数据与计划(预算)数据进行比较,如果实际数据与计划数据的差异额较大,则必须对计划(预算)的编制情况进行检查。如果将实际数据与质量不高、不切实际的计划(预算)数据进行比较,得出的结论不能说明问题,分析则没有实际经济意义。

2. 分析期实际数据与前期实际数据对比

将分析期实际成本费用与前期(上月、上季、上年、上年同期等)实际成本费用进行比较,可以反映企业成本费用的变动趋势。在有关成本计划(费用预算)资料不全或者计划(预算)的质量不高时,这种比较尤为重要。

在成本分析中,将分析期实际数据与前期实际数据进行对比,除了可以计算出分析期实际数据较前期增加或减少的数额(差异额)和增加或减少的百分比(差异率)外,主要产品成本降低额和降低率也是这种对比方式的另一种表现形式。

企业主要产品成本降低额和降低率,无论是计划降低额(降低率)还是实际降低额(降低率),都是与上年实际进行比较来计算的。其计算公式为:

$$主要产品实际成本降低额=实际产量按上年实际平均单位成本计算的总成本-实际总成本$$

$$主要产品实际成本降低率=\frac{主要产品实际成本降低额}{实际产量按上年实际平均单位成本计算的总成本}\times 100\%$$

$$主要产品计划成本降低额=计划产量按上年实际平均单位成本计算的总成本-计划总成本$$

$$主要产品计划成本降低率=\frac{主要产品计划成本降低额}{计划产量按上年实际平均单位成本计算的总成本}\times 100\%$$

在成本分析中,分析期实际数据除了与上月、上季、上年和上年同期等前期实际数据进行比较以外,还应当与本企业历史先进水平的成本费用指标进行比较。历史先进水平是指本企业生产的某种产品,其成本水平最低的年度实际成本,或者在生产规模、生产条件大致相同的情况下,某种费用总额最低的年度费用额。历史先进水平年份的成本费用资料,也是一种前期实际数据。

3. 分析期实际数据与本行业(企业集团)实际平均数据及本行业(企业集团)先进企业实际数据对比

将分析期实际数据与计划数据及前期实际数据进行对比,可以考查企业成本费用计划(预算)的完成情况和成本费用的变动趋势,找出成本管理工作中的成绩和问题。但是,这种企业内部的纵向比较还不能充分说明成本管理工作的成绩和成本费用水平,只有将企业实际数据与行业实际平均数据及行业内先进企业的实际数据进行横向对比,才能找出本企业的差距,才能确定企业成本管理水平在同行业同类企业中的位置。因为企业对于成本数据通常是保密的,所以成本数据在企业之间的横向比较只有在行业内各企业之间达成某种协议,同行业同类企业之间有成本数据交换的情况下才可能进行。至于企业集团(总公司)内部各企业之间的成本数据则是公开的,这种企业之间的横向比较应当经常进行。

(二)比率分析法

比率是用倍数或比例表示的分数式。比率分析法是通过计算比率进行分析的方法。在成本分析中,常用的比率分析法有相关比率分析法、构成比率分析法等。

1. 相关比率分析法

相关比率是两个相互联系、相互依存(相关)但性质不同的指标计算出的比率。例如,利润总额与成本费用总额的比率,反映了企业一定时期内所得(利润总额)与所费(成本费用总额)之间的比例关系,即企业每百元成本费用的投入能获得多少利润。这一比率是反映成本效益的重要指标,称为成本费用利润率。相关比率分析法就是通过计算性质不完全相同而又相关的两个指标的比率进行分析的方法。通过对相关比率的计算，可以排除企业之间的某些不可比因素，有利于企业经营管理者进行成本效益分析和经营决策。

在成本效益分析中，与企业成本指标性质不同而又相关的指标有反映生产成果的产值(工业总产值和商品产值)指标、反映销售成果的营业收入指标和反映财务成果的利润(营业利润和利润总额)指标等。运用相关比率分析法所计算的相关比率也包括产值成本率、营业收入成本率和成本费用利润率等。

(1)产值成本率。产值成本率是产品生产成本与工业总产值或商品产值的比率。其计算公式为：

$$产值成本率=\frac{产品生产成本}{工业总产值或商品产值}\times 100\%$$

(2)营业收入成本率。营业收入成本率是营业成本与营业收入的比率，反映企业一定时期内生产耗费与销售成果的关系。其计算公式为：

$$营业收入成本率=\frac{营业成本}{营业收入}\times 100\%$$

(3)成本费用利润率。成本费用利润率是利润与成本费用的比率，反映企业一定时期内的财务成果(利润总额或营业利润额)与生产耗费(成本费用总额或营业成本总额)的关系。其计算公式为：

$$成本费用利润率(成本利润率)=\frac{利润总额(营业利润额)}{成本费用总额(营业成本)}\times 100\%$$

2. 构成比率分析法

构成比率也称作结构比率，是局部数量(数额)与总体数量(数额)之比，即局部在总体中的比重，或称部分与全部的比率。例如，在单位产品成本或产品总成本中各个成本项目所占的比重、在费用总额中各个费用项目所占的比重等，都是构成比率。构成比率分析法就是通过计算构成比率来进行分析的，因此也称作结构分析法。

在成本分析中，通过计算产品成本中各个成本项目的比重、费用总额中各个费用项目的比重，可以反映产品成本或费用总额的构成是否合理，为寻找降低成本、节约费用的途径指明方向。成本分析中有关构成比率的计算公式为：

$$产品成本的构成比率(某成本项目的比重)=\frac{直接材料(燃料和动力、直接人工、制造费用)数额}{产品成本总额}\times 100\%$$

$$期间费用的构成比率(某项期间费用的比重)=\frac{管理费用(财务费用、销售费用)数额}{期间费用总额}\times 100\%$$

$$制造费用的构成比率(某费用项目的比重)=\frac{制造费用中某费用项目数额}{制造费用总额}\times 100\%$$

管理费用、财务费用、销售费用在分别计算其费用项目的构成比率时，其公式与制造费用构成比率的计算公式相同。产品成本(期间费用等)的构成比率之和等于1。

(三)因素分析法

成本是反映企业工作质量的综合性指标，企业成本费用的高低是多种因素共同影响的结果。因素分析法就是将综合经济技术指标分解为各个原始因素，并确定各个因素变动对该项经济指标的影响方向和影响程度的方法。成本分析中的因素分析法包括连环替代法和差额计算法。

1. 连环替代法

连环替代法又称连锁替代法，是将综合性经济指标分解为各个因素后，用组成该指标的各个因素的实际数，按顺序替换比较标准（如计划数、前期实际数等），来计算各个因素变动对该指标的影响程度的方法。运用连环替代法进行分析计算有以下几个步骤：

（1）根据综合性经济指标的特征和分析目的，确定组成该项指标的因素。例如，企业在分析单位产品成本中直接材料费用的变动原因时，可以确定分析单位产品材料消耗量和材料单价两个因素的影响。

（2）根据各因素的依存关系按一定的顺序排列。采用连环替代法，改变各因素的排列顺序，计算结果会有所不同，为了便于比较和分析，应当确定各因素的排列顺序。在实际工作中，企业一般将反映数量的因素排列在前，反映质量的因素排列在后；反映实物量和劳动量的因素排列在前，反映价值量的因素排列在后。例如，影响单位产品成本中直接材料费用的因素有单位产品材料消耗量和材料单价两个因素，单位产品材料消耗量一般排列在前面。又如，影响材料消耗总额的因素有产品产量、单位产品材料消耗量和材料单价三个因素，企业一般按产品产量、单位产品材料消耗量、材料单价的顺序排列。

（3）确定比较的标准（各因素的本期计划数或前期实际数）后，依次以各因素的本期实际数替代该因素的标准数（本期计划数或前期实际数），每次替换都计算出新的数据，有几个因素就需替换几次，直至最后计算出该指标的实际数据。

（4）以每次替换后计算出的新数据减去前一个数据，其差额即为该因素变动对经济指标的影响程度。

（5）综合各因素的影响程度，其代数和（正负数抵消以后）应等于该经济指标的实际数与标准数（本期计划数或前期实际数）的差异。

【做中学 10－1】 海林工厂利用 A 材料加工成甲产品，20××年 6 月单位产品 A 材料计划消耗量为 100 千克，实际消耗量为 95 千克；A 材料计划单价为 20 元，实际单价为 22 元；单位产品 A 材料消耗计划成本为 2 000 元（100×20），实际成本为 2 090 元（95×22）。运用连环替代法分析单位产品材料消耗量和材料单价两个因素对材料成本的影响，分析过程如下：

①分析对象（单位产品材料成本脱离计划的差异）＝2 090－2 000＝90（元）（超支）

②计划数据（比较标准）＝100×20＝2 000（元）

③第一次替换（以单位产品 A 材料实际消耗量替换计划消耗量）＝95×20＝1 900（元）

④单位产品 A 材料消耗量变化对成本的影响＝1 900－2 000＝－100（元）（节约）

⑤第二次替换（以 A 材料实际单价替换计划单价）＝95×22＝2 090（元）

⑥A 材料单价变化对成本的影响＝2 090－1 900＝190（元）（超支）

⑦综合以上计算结果可以看出，甲产品成本中 A 材料实际成本比计划超支 90 元，是材料消耗量和材料单价两个因素共同影响的结果。单位产品 A 材料消耗量减少 5 千克，使成本降低 100 元；A 材料单价超支 2 元，使成本超支 190 元。对于 A 材料单价超支的原因应当进一步分析。

2. 差额计算法

差额计算法是连环替代法的简化形式，它是根据各因素本期实际数与标准数（本期计划数或前期实际数）的差额，直接计算各因素变动对经济指标影响程度的方法。

【做中学 10－2】 根据【做中学 10－1】的资料，运用差额计算法分析单位产品材料消耗量和材料单价两个因素对材料成本的影响。分析过程如下：

（1）分析对象（单位产品材料成本脱离计划的差异）＝2 090－2 000＝90（元）（超支）

（2）单位产品 A 材料消耗量变化对成本的影响＝（95－100）×20＝－100（元）（节约）

（3）A 材料单价变化对成本的影响＝（22－20）×95＝190（元）（超支）

（4）综合以上计算结果可以看出，差额计算法与连环替代法的分析计算结果完全相同。

上述计算数据见表10—1。

表10—1

材料成本分析表

产品：甲产品

20××年6月

单位：元

项　目	计　划	实　际	差　异	差异分析	
				单位产品材料消耗量影响	材料单价影响
单位产品A材料成本	2 000	2 090	+90	−100	190
单位产品材料消耗量(千克)	100	95	−5	(−5)×20=−100	
单位材料价格	20	22	+2		2×95=190

任务三　成本报表的编制

一、产品生产成本表的编制

(一)产品生产成本表的概念

产品生产成本表是反映企业在报告期内生产的全部产品生产总成本和各种主要产品单位成本的会计报表。该表可以用于揭示企业产品成本计划的执行情况以及可比产品成本降低任务的完成情况，也可以作为评价企业成本管理工作水平和成本控制工作业绩的依据，同时还可通过对报表数据的分析找出成本升降变化的原因，为进一步降低产品成本、提高成本管理水平提供有效途径。

(二)产品生产成本表的结构和内容

产品生产成本表分为报表正表和补充资料两部分。

1. 报表正表部分

(1)“产品名称”栏。全部商品产品分为可比产品和不可比产品两部分，并按产品品种逐一列报。可比产品是指以前年度正式生产、报告年度继续生产、有完整的成本资料可以比较的产品。不可比产品是指本年度初次生产，或虽然本年度不属于初次生产，但以前年度属于试制生产，缺乏可比成本资料的产品。

(2)“实际产量”栏。该栏分“本月”与“本年累计”两栏分别列报。

(3)“单位成本”栏，分为“上年实际平均”“本年计划”“本月实际”和“本年累计实际平均”四栏列报。“上年实际平均”是指上年累计实际平均单位成本；“本年计划”是指报告年度成本计划规定的单位产品成本；“本月实际”是指本月完工产成品成本计算单确定的实际单位成本；“本年累计实际平均”是指报告年度1月份至编报月份止累计产品生产总成本与累计实际产量平均计算确定的单位成本。

(4)“本月总成本”栏分为“按上年实际平均单位成本计算的本月总成本”“按本年计划单位成本计算的本月总成本”和“按本月实际单位成本计算的总成本”三栏列报，各栏均按本月实际产量计算确定本月总成本。

(5)“本年累计总成本”栏分为“按上年实际平均单位成本计算的本年累计总成本”“按本年计划单位成本计算的本年累计总成本”和“按本年累计实际单位成本计算的本年累计总成本”三栏列报，各栏均按本年累计实际产量计算确定本年累计总成本。

2. 补充资料部分

(1)可比产品实际成本降低额，是指各品种可比产品报告年度实际产量按上年实际平均单位成本计算的本年累计总成本与报告年度实际产量累计实际总成本的差额之和，反映可比产品成本在报告年度产量一定的条件下，可比产品成本总额的实际降低情况，超支额用“－”号表示。

$$\text{可比产品实际成本降低总额}=\sum\left(\begin{matrix}\text{某可比产品按上年平均单位}\\\text{成本计算的本年累计总成本}\end{matrix}-\begin{matrix}\text{该可比产品按本年平均单位}\\\text{成本计算的本年累计总成本}\end{matrix}\right)$$

$$=\sum\left(\begin{matrix}\text{本年累计}\\\text{实际产量}\end{matrix}\times\begin{matrix}\text{上年实际累计}\\\text{平均单位产品}\end{matrix}\right)-\sum\left(\begin{matrix}\text{本年累计}\\\text{实际产量}\end{matrix}\times\begin{matrix}\text{本年实际累计}\\\text{平均单位产品}\end{matrix}\right)$$

(2)可比产品实际成本降低率，是指可比产品实际成本降低额与按上年实际累计平均单位成本计算的累计总成本的百分比，反映可比产品成本实际降低的程度，超支率用“－”号表示。

$$\text{可比产品实际成本降低率}=\frac{\text{可比产品成本降低总额}}{\sum\left(\begin{matrix}\text{本年累计}\\\text{实际产量}\end{matrix}\times\begin{matrix}\text{上年实际累计}\\\text{平均单位产品}\end{matrix}\right)}\times100\%$$

由于不可比产品缺乏基期成本资料，无法对比研究，因此，在成本计划中，不可比产品只规定本年度计划成本数，而可比产品除规定本年度计划成本指标外，还规定本年度成本降低指标，包括计划成本降低额和计划成本降低率两个方面，它是考核可比产品成本降低任务完成情况的重要依据。

(三)产品成本报表的编制

1. 按成本项目编制的产品成本报表

按成本项目编制的产品成本报表是指按成本项目汇总反映企业在报告期内发生的全部生产费用及产品生产总成本的报表。其格式见表10－2。

表10－2　产品成本报表(按成本项目反映)

编制单位:江岸公司　　2021年12月　　单位:元

项　目	行次	上年实际	本年计划	本月实际	本年累计实际
生产费用	1				
(1)直接费用	2	524 950	534 300	54 300	574 300
其中:原材料	3	449 450	471 900	44 900	489 900
燃料及动力	4	75 500	62 400	9 400	84 400
(2)直接人工	5	429 400	449 400	45 900	494 400
(3)其他直接费用	6				
(4)制造费用	7	418 950	424 400	41 400	464 725
生产费用合计	8	1 373 300	1 408 100	141 600	1 533 425
加:在产品、自制半成品期初余额	9	81 900	79 400	79 400	79 400
减:在产品、自制半成品期末余额	10	79 400	77 950	78 150	78 150
产品生产成本合计	11	1 375 800	1 409 550	142 850	1 534 675

表10－2通过从两个方面四种情况对企业在报告期内全部产品生产费用的构成和各项费用的支出进行分析和考核，并据以分析影响成本升降的各项因素，一方面，将表10－2中的12月份本年累计实际生产费用与本年计划数相比较，可以考核和分析年度生产费用计划的执行情况，以及本年生产费用比上年的升降情况；另一方面，将表10－2中的12月份本年累计实际产品生产成本与本年计划数和上年实际数相比较，还可以考核和分析年度产品生产成本计划的执行结果，以及本年产品生产总成本比上年的升降情况。

2. 按产品品种和类别编制的产品成本报表

按产品品种和类别编制的产品成本报表是指按品种和类别汇总反映企业在报告期内的全部产

品总成本和单位成本的报表。本表分正表和补充资料两部分。

(1)正表中的两类产品:可比产品和不可比产品。

①可比产品是指企业曾经正式生产过,有完整的成本资料可以进行比较的产品。对可比产品来说,由于有上年实际成本可比较,因此需要计算按上年实际平均单位成本计算的总成本、本年计划单位成本计算的总成本和本年实际总成本三种总成本,以便考核成本计划的执行情况和成本降低任务的完成情况。

②不可比产品是指企业本年度初次生产的新产品,或虽非初次生产,但以前年度没有正式生产过,缺乏可比成本资料的产品。不可比产品由于没有上年实际成本可比较,因此只计算计划和实际两种总成本。各种主要产品,无论是可比产品还是不可比产品,都要按产品品种逐项反映。

(2)补充资料部分只填列本年累计实际数。可比产品成本降低额是指可比产品累计实际总成本比按上年实际单位成本计算的累计总成本降低的数额,节约额用正数表示,超支额用负数表示。其计算公式如下:

可比产品成本降低额=可比产品按上年实际平均单位成本计算的总成本－可比产品本年累计实际总成本

【做中学 10－3】 江岸公司 2021 年 12 月产品成本汇总资料见表 10－3,本年实现的按现行价格计算的产品产值为 200 万元。

要求:根据上述资料编制 2021 年度 12 月的产品成本报表。

表 10－3　　**产品成本资料汇总表**

编制单位:江岸公司　　2021 年 12 月

产品名称		可比产品		不可比产品
		甲	乙	丙
产量(件)	本年计划	1 139	1 439	119
	本月实际	119	149	11
	本年累计	1 199	1 499	119
单位生产成本(元)	上年实际	239	479	
	本年计划	234	459	599
	本月实际	219	464	589
	本年累计	215	467	595

根据表 10－3 的资料,江岸公司 2021 年 12 月的产品成本报表中“产品名称”“实际产量”“单位成本”“本月总成本”和“本年累计总成本”的填列结果见表 10－4。

补充资料(本年累计实际数):

①可比产品成本降低额为 46 764 元(本年计划降低额为 34 475 元)。

②可比产品成本降低率为 4.66%(本年计划降低率为 3.59%)。

③按现行价格计算的商品产值为 2 000 000 元。

④每百元产值成本率为 51.43 元/百元(本年计划产值成本率为 49.92 元/百元)。

补充资料的相关数据计算如下:

①江岸公司 2021 年度可比产品成本降低额的计算过程如下:

可比产品成本计划降低额=1 139×(239－234)+1 439×(479－459)=34 475(元)

可比产品成本实际降低额=1 004 582－957 818=46 764(元)

②可比产品成本降低率是指可比产品本年累计实际总成本比按上年实际平均单位成本计算的累计总成本降低的比率，节约率用正数表示，超支率用负数表示。其计算公式如下：

可比产品成本降低率＝可比产品成本降低额÷可比产品按上年实际平均单位成本计算的总成本×100%

表 10－4　　**产品成本报表(按产品种类反映)**

编制单位：江岸公司　　2021 年 12 月　　单位：元

产品名称	计量单位	实际产量		单位成本				本月总成本			本年累计总成本		
		本月实际产量	本年累计实际产量	上年实际平均	本年计划	本月实际	本年累计实际平均	按上年实际平均单位成本计算	按本年计划单位成本计算	本月实际	按上年实际平均单位成本计算	按本年计划单位成本计算	本年实际
		1	2	3	4	5＝9÷1	6＝12÷2	7＝1×3	8＝1×4	9	10＝2×3	11＝2×4	12
可比产品								99 812	96 237	95 197	1 004 582	974 602	957 818
其中：甲产品	件	119	1 199	239	234	219	215	28 441	27 846	26 061	286 561	280 566	257 785
乙产品	件	149	1 499	479	459	464	467	71 371	68 391	69 136	718 021	688 041	700 033
不可比产品									6 589	6 479		71 281	70 805
其中：丙产品	件	11	119		599	589	595		6 589	6 479		71 281	70 805
全部产品成本总额									102 826	101 676		1 045 883	1 028 623

江岸公司 2021 年度可比产品成本降低率的计算过程如下：

可比产品成本计划降低率＝34 475÷(1 139×239＋1 439×479)×100%＝3.59%

可比产品成本实际降低率＝46 764÷1 004 582×100%＝4.66%

③按现行价格计算的产品产值，根据有关的统计资料填列。

江岸公司 2021 年度按现行价格计算的商品产值为 200 万元。

④产值成本率是指产品生产总成本与产品产值的比率，通常用每百元产品产值总成本表示。其计算公式如下：

每百元产值成本率＝产品生产总成本÷产品产值×100

江岸公司 2021 年度每百元产值成本率的计算过程如下：

每百元产值成本率(计划)＝(1 139×234＋1 439×459＋119×599)÷2 000 000×100＝49.92(元/百元)

每百元产值成本率(实际)＝1 028 623÷2 000 000×100＝51.43(元/百元)

注：不可比产品因为没有成本资料可比较，所以不必填列按上年实际平均单位成本计算的本月总成本、本年累计总成本。

二、主要产品单位成本报表的编制

(一)主要产品单位成本报表的概念及结构

主要产品单位成本报表是反映企业在一定时期内生产的各种主要产品单位成本的构成情况，及各种产品生产技术经济指标执行情况的成本报表，用以考核和分析各种主要产品单位成本计划的执行情况及各成本项目和消耗定额的变化原因，通过进行成本对比，有效降低产品的成本。

该报表按成本项目反映单位成本的构成，具体填列历史先进水平、上年实际平均单位成本、本年计划单位成本、本月实际单位成本和本年累计实际平均单位成本，此外，还要反映主要技术经济指标的上年实际、本年实际水平。其格式见表10—5。

表10—5　　**主要产品单位成本报表**

编制单位：江岸公司　　2021年12月　　单位：元

产品名称	甲产品		本月计划产量			158
规格	Φ12		本月实际产量			138
计量单位	件		本年累计计划产量			1 090
销售单价	N元		本年累计实际产量			990
成本项目	行次	历史先进水平单位成本（20××年）	上年实际平均单位成本	本年计划单位成本	本月实际单位成本	本年累计实际平均单位成本
		1	2	3	4	5
直接材料	1	74	89	84	90	89
直接人工	2	40	44	39	41	42
制造费用	3	29	34	29	34	33
合　计	4	143	167	152	165	164
主要技术经济指标	5	用量	用量	用量	用量	用量
普通钢材	6	54	62	56	60	59
工时	7	7	8	8	9	10

（二）主要产品单位成本报表的填列方法及编制

根据上述主要产品单位成本报表的格式，企业在填列过程中要注意以下几个方面：

（1）历史先进水平单位成本，根据成本资料在历史上该种产品成本最低年度的实际平均单位成本填列。

（2）上年实际平均单位成本，根据上年度表中的实际平均单位成本填列。

（3）本年计划单位成本，根据年度成本计划填列。

（4）本月实际单位成本，根据本月完工的该产品的成本计算单填列。

（5）本年累计实际平均单位成本，根据年初至本月末为止的各该项目总成本除以累计产量计算后填列。

（6）补充资料中各技术经济指标，分别根据企业上年和本年统计、会计资料计算填列。

（7）本表中有关数字应与商品产品成本表中该产品单位成本的有关数字相符。

三、制造费用明细表的编制

制造费用明细表是反映企业在报告期内所发生的全部制造费用和各明细项目数额的报表。制造费用明细表只反映基本生产车间制造费用，不反映辅助生产车间制造费用。该表应按制造费用项目分别反映各项费用的“本年计划数”“上年同期实际数”“本月实际数”和“本年累计实际数”，其格式见表10—6。

表 10－6

制造费用明细表

编制单位：江岸公司　　2021 年 12 月　　单位：元

费用项目	本年计划数	上年同期实际数	本月实际数	本年累计实际数
职工薪酬	73 900	75 900	7 100	74 900
办公费	10 260	10540	908	10 400
折旧费	29 900	28 900	2 900	30 900
修理费	9 400	9 300	740	9 600
租赁费	19 900	0	1 900	19 900
机物料消耗	13 400	13 400	1 300	15 000
低值易耗品摊销	1 000	1 160	100	1 180
水电费	14 900	21 400	1 200	15 400
劳动保护用品费	11 000	21 200	2 000	13 160
差旅费	2 400	3 000	200	3 800
运输费	5 400	5 400	400	5 600
保险费	2 200	2 000	100	2 400
图纸资料费	－1 700	1 500	100	1 900
其他	900	700	20	100
合　计	196 260	194 400	18 968	204 240

四、期间费用明细表的编制

期间费用明细表是反映企业在报告期内发生的各项期间费用情况的报表，具体包括销售费用明细表、管理费用明细表、财务费用明细表。通过该报表，可以分析和考核期间费用的计划执行情况和执行结果；分析期间费用的构成情况和与上年同期比较增减变化情况及升降变动的主要原因。其结构与制造费用明细表基本相同，一是采用对比分析法，按费用项目对本期费用和上期费用进行对比，分析超支和节约的原因；二是采用结构分析法，分析各项费用的构成是否合理，并比较各项费用比重的增减变化，对占比重较大以及增减变化较大的费用进行重点分析，找出费用增减变化的原因，制定行之有效的控制成本费用的措施，真正做好成本控制和成本管理。

1. 销售费用明细表(见表 10－7)

表 10－7

销售费用明细表

编制单位：江岸公司　　2021 年 12 月　　单位：元

费用项目	本年计划数	上年同期实际数	本月实际数	本年累计实际数
职工薪酬	50 400	50 350	4 200	58 900
办公费	3 400	3 300	325	3 500
差旅费	9 400	7 900	900	10 700
水电费	2 400	2 800	110	2 250
折旧费	2 900	2 900	160	2 900

续表

费用项目	本年计划数	上年同期实际数	本月实际数	本年累计实际数
修理费	900	900	50	700
机物料消耗	1 300	1 400	60	1 500
低值易耗品摊销	400	400	20	450
运输费	7 900	6 400	700	8 400
装卸费	1 650	1 100	80	1 800
包装费	9 900	8 400	550	8 900
保险费	21 900	19 400	1 900	21 900
委托代销手续费	2 400	1 900	200	2 550
广告费	49 400	24 400	4 400	49 400
展览费	3 400	0	900	2 900
销售服务费	4 050	2 950	250	3 000
其他	10 450	16 450	1 000	12 450
合　计	182 150	150 950	15 805	192 200

2. 管理费用明细表(见表10—8)

表10—8　　**管理费用明细表**

编制单位:江岸公司　　2021年12月　　单位:元

费用项目	本年计划数	上年同期实际数	本月实际数	本年累计实际数
工资	88 900	81 900	6 700	86 400
福利费	12 360	11 380	800	8 100
差旅费	29 400	34 400	2 300	26 400
办公费	34 400	44 400	2 700	33 400
折旧费	2 400	2 400	110	2 400
修理费	1 400	1 150	70	1 450
机物料消耗	4 400	3 400	220	4 150
低值易耗品摊销	3 900	4 150	250	4 000
工会经费	1 900	3 500	80	3 000
职工教育经费	1 275	1 350	50	980
劳动保险费	22 400	20 900	1 600	21 100
水电费	3 900	4 000	250	4 100
董事会费	3 400	3 900	200	3 550
咨询费	1 900	2 400	90	1 450
审计费	4 400	8 400	0	6 400
诉讼费	3 525	9 400	0	4 400

续表

费用项目	本年计划数	上年同期实际数	本月实际数	本年累计实际数
排污费	4 900	4 900	320	4 900
绿化费	4 400	6 400	300	7 750
税费	34 400	35 400	2 775	33 900
土地使用费	2 900	2 400	150	2 900
技术转让费	86 400	89 400	0	71 900
技术开发费	73 400	0	0	64 900
无形资产摊销	4 700	4 900	4 900	4 700
开办费摊销	0	0	0	0
业务招待费	19 400	21 400	21 400	16 900
保险费	4 900	4 900	4 900	4 900
存货盘亏、毁损	1 400	1 300	1 300	1 550
其他	9 300	16 300	16 300	7 910
合　计	465 960	424 330	67 765	433 490

3. 财务费用明细表(见表10—9)

表10—9　　**财务费用明细表**

编制单位:江岸公司　　2021年12月　　单位:元

费用项目	本年计划数	上年同期实际数	本月实际数	本年累计实际数
利息支出(减利息收入)	128 900	109 900	10 900	129 400
汇兑损失(减汇兑收益)	0	0	0	0
金融机构手续费	11 900	8 800	700	12 750
其　他	0	0	0	0
合　计	140 800	118 700	11 600	142 150

应知考核

一、单项选择题

1. 下列不属于成本报表的是(　　)。

A. 商品产品成本表　　B. 主要产品单位成本表

C. 现金流量表　　D. 制造费用明细表

2. 成本报表属于(　　)。

A. 对外报表　　B. 对内报表

C. 既是对内报表,又是对外报表　　D. 对内还是对外由企业决定

3. 下列不属于成本分析的基本方法是(　　)。

A. 对比分析法　　B. 产量分析法　　C. 因素分析法　　D. 比率分析法

4. 根据实际指标与不同时期的指标对比来揭示差异、分析差异产生原因的分析方法称为

( )。

A. 因素分析法　B. 差量分析法　C. 对比分析法　D. 相关分析法

5. 一定时期销售一定数量产品的销售成本与销售收入的比率是( )。

A. 成本费用利润率　B. 销售利润率　C. 销售成本率　D. 产值成本率

二、多项选择题

1. 工业企业编制的成本报表有( )。

A. 商品产品成本表　B. 主要产品单位成本表

C. 制造费用明细表　D. 成本计算单

2. 工业企业编报的成本报表必须做到( )。

A. 数字准确　B. 内容完整　C. 字迹清楚　D. 编报及时

3. 生产多品种的情况下，影响可比产品成本降低额的因素有( )。

A. 产品产量　B. 产品单位成本　C. 产品价格　D. 产品品种结构

4. 影响可比产品降低率变动的因素可能有( )。

A. 产品产量　B. 产品单位成本　C. 产品价格　D. 产品品种结构

5. 成本报表分析常用的方法有( )。

A. 对比分析法　B. 比例分析法　C. 因素分析法　D. 趋势分析法

三、判断题

1. 成本报表是一种内部管理会计报表，一般不对外报送和公开。 ( )

2. 成本报表的格式和内容应当具有统一性，以便统计、汇总和社会公众理解。 ( )

3. 产品生产成本表只能按成本项目编制。 ( )

4. 制造费用明细表只汇总企业基本生产单位的制造费用，不包括辅助生产单位的制造费用。 ( )

5. 制造费用明细表与期间费用明细表的编制方法类似。 ( )

应会考核

■ 观念应用

【背景资料】

大发服装厂是否可以不编制成本报表

大发服装厂是一家刚刚成立的服装制造企业。该厂负责财务的厂长认为既然成本报表是一种内部报表，不必对外报送，而企业现在又刚刚成立，又没有那么多种类的产品，那么根据管理需要，可以在未来需要的时候再进行报表编制和分析就可以了。

【考核要求】

企业领导的这种想法是否正确？

■ 技能应用

某企业2021年的可比产品成本报表(按产品种类反映)见表10—10。

表 10—10　　可比产品成本报表(按产品种类反映)　　单位:元

产品名称	计量单位	实际产量	单位成本			总成本		
			上年实际平均	本年计划	本年实际	按上年实际单位平均成本计算	按本年计划单位成本计算	本年实际
A 产品	台	100	3 000	2 950	2 925			
B 产品	台	200	4 000	3 900	3 850			
可比产品成本合计	—	—	—	—	—			

【技能要求】

(1)根据资料计算填列产品成本报表中的总成本。

(2)计算该企业 2021 年可比产品成本的降低额和降低率。

■ 案例分析

【分析情境】

报表设置是否重复

丁力同学在学习完报表编制与分析后认为,产品单位成本表既分析了单位产品成本降低额和降低率,又进一步分析了每个因素的影响程度,已经较为全面,既然这样,就没有必要再编制产品成本表使工作量重复。

【情境思考】

请分析上述说法,你认为正确吗？产品成本表和单位产品成本表各自的作用是什么？

项目实训

【实训项目】

产品成本分析

【实训目的】

通过实训,使学生了解成本报表的编制依据,熟悉成本报表的编制程序,掌握产品生产成本报表、主要产品单位产品成本表的编制方法。

【实训情境】

资料 1. 某企业生产乙产品的 2021 年计划成本和 12 月份实际发生的材料消耗量及材料价格见表 10—11。

表 10—11　　乙产品消耗材料成本项目资料

项　目	材料消耗数量(千克)	材料价格(元/千克)
本年计划	100	15
本月实际	105	14

资料 2. 某企业产品单位成本直接人工费用项目本年计划和本月实际的有关资料见表 10—12。

表 10—12　　产品单位成本直接人工费用项目资料

项　目	单位产品所耗工时(小时)	每小时工资费用(元)
本年计划	20	3
本月实际	16.5	3.4

【实训任务】

要求：

(1)根据资料 1 和资料 2 回答：

①根据资料 1，计算直接材料成本差异，并分别计算材料消耗数量变动和材料价格变动对成本的影响。

②根据资料 2，采用差额计算分析法计算单位产品所耗工时和每小时工资费用两因素变动对直接人工费用差异的影响。

(2)撰写“产品成本分析”实训报告(见表 10—13)。

表 10—13　　“产品成本分析”实训报告

<table>
<tr><td>项目实训班级：</td><td>项目小组：</td><td>项目组成员：</td></tr>
<tr><td>实训时间：　　年　月　日</td><td>实训地点：</td><td>实训成绩：</td></tr>
<tr><td colspan="3">实训目的：</td></tr>
<tr><td colspan="3">实训步骤：</td></tr>
<tr><td colspan="3">实训结果：</td></tr>
<tr><td colspan="3">实训感言：</td></tr>
<tr><td colspan="3">不足与今后改进：</td></tr>
<tr><td colspan="2">项目组长评定签字：</td><td>项目指导教师评定签字：</td></tr>
</table>

参考文献

[1]中国注册会计师协会. 2021 年度注册会计师全国统一考试指定辅导教材——财务成本管理[M]. 北京:中国财政经济出版社,2021.

[2]揭志锋,邓艳. 成本会计[M]. 3 版. 大连:东北财经大学出版社,2019.

[3]鲁亮升,庞碧霞. 成本会计[M]. 3 版. 大连:东北财经大学出版社,2020.

[4]翟金花. 成本核算与管理[M]. 大连:东北财经大学出版社,2021.

[5]徐哲,李贺. 成本会计基础[M]. 上海:上海财经大学出版社,2017.

[6]企业会计准则编审委员会. 企业会计准则及应用指南实务详解[M]. 北京:人民邮电出版社,2019.

[7]财政部会计司.《企业产品成本核算制度(试行)》讲解[M]. 北京:中国财政经济出版社,2014.

[8]亨格瑞,达塔尔,等. 成本与管理会计[M]. 王立彦,刘应文,译. 16 版. 北京:中国人民大学出版社,2019.

[9]李贺. 初级会计实务[M]. 2 版. 上海:立信会计出版社,2021.

[10]李贺. 管理会计[M]. 上海:上海财经大学出版社,2020.

[11]《企业产品成本核算》编写组. 企业产品成本核算:详解与实务[M]. 北京:人民邮电出版社,2020.

[12]孙茂竹. 成本与管理会计[M]. 3 版. 北京:中国人民大学出版社,2020.